비대칭 탈냉전

비대칭 탈냉전 1990-2020

평화로 가는 좁은 회랑에 새긴 남북관계 30년

초판 1쇄 발행 2023년 8월 25일

지은이　이제훈
펴낸이　이영선
책임편집　이민재

편집　이일규 김선정 김문정 김종훈 이민재 김영아 이현정 차소영
디자인　김회량 위수연
독자본부　김일신 정혜영 김연수 김민수 박정래 손미경 김동욱

펴낸곳 서해문집 | 출판등록 1989년 3월 16일(제406-2005-000047호)
주소 경기도 파주시 광인사길 217(파주출판도시)
전화 (031)955-7470 | 팩스 (031)955-7469
홈페이지 www.booksea.co.kr | 이메일 shmj21@hanmail.net

ISBN 979-11-92988-27-6 03910

비대칭 탈냉전

1990-2020

영원로 가는 좁은 희망에 새긴 남북관계 30년

이제훈 지음

서해문집

일러두기

• 남과 북의 공식 국호는 '대한민국ROK'(한국)과 '조선민주주의인민공화국DPRK'(조선)이다. 현실에서는 각자의 국호에 맞춰 '남한-북한' '남조선-(북)조선'이라는 표현을 주로 쓰고, 남북 간 공식 회담과 합의서 등에는 '남쪽-북쪽' 또는 '남측-북측'이라고 표현한다. 이 책에선 지칭을 고정하지 않고 상황과 맥락에 따라 '남한-북한' '남-북' '대한민국-조선민주주의인민공화국' '한국-조선' 등을 섞어 썼다.

• 특정 국가 간 관계를 지칭하는 줄임말은 일반명사로 굳어진 표현으로 보고 가운뎃점(·)이나 이음표(-) 없이 붙여서 썼다(예: 한미동맹, 북미수교, 미중 패권경쟁, 한미일 대 북중러). 단순히 국명을 나열한 경우엔 가운뎃점을 사용했다(예: 북한은 미·일과의 수교에 실패했다).

기자의 안목과 학자의 통찰로 건져 올린
남북관계 30년사

임동원 제25·27대 통일부장관

세계사의 지각변동을 불러온 동서냉전의 종식은 한반도에도 기회의 창을 열어주었습니다. 이후 30여 년간 남과 북은 오랜 적대를 끝내고 화해·협력하며 평화와 통일을 지향하는 관계 수립을 위한 노력을 경주했습니다. 하지만 한반도 문제는 민족 내부의 일인 동시에 미국이 깊이 개입된 국제문제입니다. 그리하여 지난 30여 년은 북미 적대관계와 북핵문제, 그리고 정전체제가 남북관계와 얽히고설킨 도전의 시간이었습니다. 전진과 후퇴가 반복된 전환의 시대, 격동의 역사가 전개된 것입니다.

이제훈 《한겨레》 선임기자의 《비대칭 탈냉전 1990-2020: 평화로 가는 좁은 회랑에 새긴 남북관계 30년》(이하 《비대칭 탈냉전》)은 바로 그 시간대를 돌아보는 책입니다. 마침 그 시기는 제가 정부에 몸담으면서 남과 북의 협상에 참여하고, 대북정책을 수립·집행하는 등 남북관계 개선을 위해 애쓴 시기와 적잖이 겹칩니다. 그런 인연으로 저는 이 책의 바탕이 된 연재 〈이제훈의 1991~2021〉을 탐독하면서 늘 다음 편을 기다렸습니다. 지난 역사를 생생하게 재현하며 긴 안목에서 재해석하는 심층기사에 늘 탄복하며 이 기록이 책으로 묶여 더 많은 독자에게 공유되기를 희망했습니다. 그 바람이 이루어져 진심으로 기쁘게 생각합니다.

격동의 현장에서 숱하게 마주친 기자 이제훈의 모습이 떠오릅니다. 그는 눈앞의 현상뿐만 아니라 그 뒤에 숨겨진 맥락에 주목하고, 현상과 맥락의 의미를 건져올리는 데 탁월한 저널리스트입니다. 그런 미덕은 특히 복잡다단한 한반도 문제를 다루며 반전·반핵·평화의 가치를 전할 때 더욱 빛을 발합니다.

동시에 그는 저널리즘의 영역을 넘어 학문으로서 남북관계를 연구해온 학자입니다. 이 책에서 지난 30년간 남북관계를 관통하는 실(프레임)로 제시한 '비대칭 탈냉전'은 한반도 문제를 거시적·국제적으로 조망하는 학자 이제훈의 역량을 보여줍니다.

《비대칭 탈냉전》은 남북관계 30년의 물줄기를 고비마다 휘저은 42개의 주요 장면을 다룹니다. 시작은 최초의 남북고위급회담(1990)과 UN 공동가입(1991), 그리고 서로를 '통일을 지향하는 과정에서 잠정적으로 형성되는 특수관계로 인정'한 남북기본합의서 채택(1991)을 통해 남북이 한반도 냉전을 허물고 새로운 관계를 모색하는 장면입니다.

그러나 그 탈냉전은 비대칭적(소련·중국 등 공산권 국가들과 수교에 성공한 한국과 미국·일본과 불화를 이어간 북의 엇갈림)으로 진행되며 이후 남북관계와 동아시아 정세를 크게 뒤틀었습니다.

그 기울어진 탈냉전의 기저 위에서 1차 북핵위기와 봉합, 김대중·노무현 정부의 화해·협력 정책, 이명박·박근혜 정부의 역진과 문재인 정부의 한반도 평화 프로세스라는 전진과 후퇴가 일어납니다. 그 전진과 후퇴의 사이사이에서 5차례의 남북정상회담, 6차례의 북한 핵실험, 6자회담, 김일성-김정일-김정은으로의 권력 승계, 금강산관광과 개성공단 사업으로 대표되는 남북 교류협력의 부침, 두 차례의 북미정상회담과 남북미정상회동이라는 격동이 벌어집니다. 그리하여 이 책은 바로 그 시기에 남북관계의 현장을 빠짐없이 지켜온 저자가 기자의 안목과 학자의 통찰로 정리한 '남북관계실록'입니다.

과거를 알면 미래가 보인다고 합니다. 이제훈의 《비대칭 탈냉전》은 과거의 레거시를 이어가기 위해서든, 새로운 시대를 열기 위해 과거를 정확하게 이해하기 위해서든 길잡이가 될 책입니다. 남북관계 개선과 한반도 평화 만들기에 관심 가진 모든 분들은 물론 오늘의 한반도를 살아가는 모든 분들의 필독서로 추천합니다.

한반도 문제를 이해하는
최고의 길잡이

문정인 정치학자, 연세대학교 명예교수

70년 넘은 전쟁을 끝내고 새로운 평화의 길을 모색하는 것은 지극히 당연한 이 시대의 상식이자 역사의 순리다. 그러나 한반도 상황은 그 반대로 치닫고 있다. 북한은 계속해서 탄도미사일을 시험발사하고 있고, 한국과 미국은 그 빈도와 강도에 있어 전례를 찾아볼 수 없을 만큼 강력한 한미연합군사훈련과 연습, 전략무기의 전진 배치, 그리고 핵 확장억제력 강화로 그에 맞서고 있다. 이러한 '강 대 강' 대결 구도가 참으로 우려스럽다.

《비대칭 탈냉전 1990-2020: 평화로 가는 좁은 회랑에 새긴 남북관계 30년》은 이러한 한반도 안보 위기를 이해하는 데 중요한 역사적 단서를 제공한다. 특히 이 책은 지난 30년 남북관계사의 42개 주요 사건과 현상에 대한 심층적 분석을 통해 한반도에 평화와 위기가 어떻게 반복됐는가를 설득력 있게 보여준다.

이 책은 크게 3부로 구성되어 있다. 1부에서는 탈냉전 이후인 노태우·김영삼 정부(1990~1998) 의 남북관계를 다룬다. 남북 UN 동시 가입, 남북기본합의서, 냉전 해체에 따른 동북아의 역동성, 1차 북핵위기와 제네바 기본합의, 그리고 김일성 사망을 둘러싼 남북관계의 변화 등을 세밀하게 회고한다. 2부에서는 김대중·노무현 진보 정부 시대(1998-2007)의 화해·협력정책과 남북관계를 1·2차 남북정상회담, 2차 북핵위기의 대두와 6자회담, 금강산과 개성공단 사업 등을 중심으로 예리하게 분석해낸다. 마지막 3부에서는 이명박·박근혜 보수정부 10년 (2008-2017)의 남북관계 파탄과 문재인 정부 3년 (2017-2020)의 반전과 좌절을 담담하게 그려내고 있다.

저자는 이 책에서 한반도가 지속가능한 평화로 나아가지 못하는 이유를 굳건히 고착한 냉전 구조에서 찾는다. 남북 불신과 적대, 북미 적대, 핵·미사일 등 대량살상무기를 포함한 군비경쟁, 그리고 군사정전체제라는 냉전의 잔재를 극복하지 않는 한 한반도 평화와 통일을 실현하기 어렵다는 이야기다. 따라서 남북관계 개선·발전, 북미관계 정상화, 한반도 비핵화, 그리고 정전상태의 평화체제로 전환을 모색할 때 진정한 한반도 평화의 길이 열릴 것이라고 결론 내린다.

남북관계사에 대한 저술은 많이 있다. 그러나 세 가지 면에서 이 책이 돋보인다. 첫째, '강대국 결정론'을 기계적으로 적용하는 여타 저술과 다르게 남북관계 역동성의 주요 변수로 국내정치에 주목한다는 점이다. 요컨대 국내정치의 양극화와 국민적 합의 결여가 남북관계의 파행을 가져온다는 지적이다. 1992년 훈령 조작 사건을 비롯해 정권교체에 따른 남북관계의 변화를 깊게 파고들면서 이러한 폐단을 잘 분석해 내고 있다.

둘째, 남북관계의 주요 변곡점마다 미국이 평화의 훼방꾼 노릇을 해왔다는 지적 또한 새롭다. 1~2차 북핵위기, 2005년 9·19 공동성명과 BDA 사건, 그리고 2019년 2월 하노이 북미정상회담 실패에서 볼 수 있듯이 결정적 순간마다 미국은 패착을 두었고, 그 후과는 우리가 고스란히 떠안아야 했다는 것이다. 저자는 미국이 이러한 과오를 인정하지도 학습하지도 않은 채 정책 실패를 반복한다는 점을 설득력 있게 설파한다.

마지막으로 이 책은 간결한 필치로, 과장 없이 경험적 사실 재현에 충실하다. 42개나 되는 각기 다른 사건·현상이 꼬리에 꼬리를 물며 남북관계 30년이라는 큰 얼개를 완성해낸다. 읽는 데 박진감마저 느끼게 한다. 한반도 문제를 이해하는 최고의 길잡이라 할 만하다. 한반도의 평화와 통일에 관심이 있는 모든 이들에게 강력히 일독을 권한다.

차례

1부 비대칭 탈냉전과 한 민족 두 국가의 시작 1990-1997

2부　좁디좁은 평화의 회랑으로 1998-2007

정전 70년,
다섯 번째 '평화의 파도'를
기다리며

세계질서가 요동치고 있다. 미국과 중국의 전략·패권 경쟁이 최대 변수다. 그 여파로 남북관계와 동북아시아 질서도 크게 흔들린다.

세계질서의 향배만큼이나 이에 대한 갑론을박도 격하다. 줄잡아 두 갈래다. 우선 세계가 정치·군사는 물론 경제적으로도 '미국권'과 '중국권'으로 완전하게 갈라지리라는 '신냉전론'. 미국-소련의 체제경쟁으로 세계가 둘로 쪼개져 대립한 20세기 중후반 냉전질서가 21세기에도 되풀이되리라는 예측이다. 신냉전론자들은 한국이 미국과 중국 사이에서 우물쭈물하지 말고 확실하게 미국 쪽에 서야 한다고 주장한다. 엉거주춤하다 주권을 빼앗긴 구한말의 잘못을 되풀이하지 말아야 한다는 '역사 공갈'과 함께.

다른 쪽에선 미중이 반도체 등 첨단기술을 놓고 전략·패권 경쟁을 벌이더라도 양국을 중심으로 세계가 단절되는 일은 없으리라고 본다. 30여 년 '세계화'의 영향으로 촘촘하게 얽힌 상호의존적 경제·무역 질서를 고려하면, '신냉전' 규정은 과장이라는 판단이다. 이들은 미중 사이에서 섣부른 선택은 한국의 미래와 한반도 평화에 치명적이라며 신중한 균형 전략을 권한다. 어느 쪽이 더 타당한 진단·전망일지 섣불리 답변할 필요는 없다. 앞일을 누가 장담할 수 있을까?

좋은 답은 좋은 질문에서 나온다고 했다. 질문을 해보자. 지혜로운 이들은 갈 길이 보이지 않을 땐 그동안 걸어온 길을 되돌아보라고 조언한다. 정전 70년을 넘긴 오늘날, 우리는 어디로 가야 할까? 그걸 알아내려면 '지금 우리가 사는 한반도의 질서는 어떻게 만들어졌을까?'라는 질문을 먼저 던져야 한다.

21세기 한반도·동북아의 전략 지형은 두 층의 기초 위에서 작동한다. 심층엔 '샌프란시스코평화체제', 그 위에 '한반도임시군사정전체제'가 있다. 샌프란시스코평화체제는 미국이 주도한 2차 세계대전 이후 동북아 냉전질서의 밑그림이다. 그런데 미국은 이를 논의할 샌프란시스코평화회담에 중국과 한반도의 두 나라를 초대하지 않았다. 중국은 중화인민공화국과 중화민국 가운데 한 나라만 부를 수 없다며, 대한민국과 조선민주주의인민공화국은 전승국이 아니라는 이유로 회담에서 배제한 것이다. 소련은 이에 반발해 회담 이틀째부터 불참했다. 더구나 미국은 패전국 일본을 처벌하지 않았을뿐더러 양자 안보조약을 맺어 동북아의 가장 중요한 동반자로 삼았다.

한국전쟁 와중인 1951년 9월 8일 체결된 샌프란시스코평화조약과 미일안보조약은 한 몸체의 서로 다른 두 얼굴이다. 그 위에 한국전쟁 정전협정(1953년 7월 27일)과 한미상호방위조약(1953년 10월 1일)을 기둥으로 한 한반도임시군사정전체제가 얹혔다. 동북아에 한미일 대 북중러의 적대적 냉전질서가 구축된 것이다.

이 질서는 1970년대 들어 중대한 변곡점을 맞는다. 1972년 2월 리처드 닉슨 미국 대통령의 중국 방문을 계기로, 한국전쟁에서 적국으로 맞선 미중 간 역사적 화해가 이뤄졌다. 중일수교(1972년 9월), 미중수교(1979년 1월)가 뒤따랐다. 샌프란시스코평화체제의 질서 밖으로 밀려났던 중국이 마침내 질서 안으로 들어온 것이다.

1980년대 말~1990년대 초 소련의 해체, 동유럽 사회주의 국가들의 연쇄적 체제전환과 함께 한반도에도 기회가 왔다. 대한민국은 소련(1990년 9월), 중국(1992년 8월)과 국교를 맺었다. 북으로 가는 길을 열며 냉전의 장벽을 뛰어넘을 디딤돌을 마련한 것이다. 남과 북은 UN 동시·분리 가입(1991년 9월)과 '남북 사이의 화해와 불가침 및 교류·협력에 관한 합의서'(남북기본합의서, 1991년 12월) 체결로 평화공존의 기반을 넓혔다. 그러나 조선민주주의인민공화국은 미국·일본과 관계 정상화에 실패했다. 요컨대 동북아의 '비대칭 탈냉전'이다.

미국은 '북핵문제'를 이유로 북한과 관계 정상화를 거부했고 북일수교를 가로막았다. 한국의 노태우 정부(1988~1993)도 "북한이 미국·일본 등 우리 우방과의 관계를 개선하는 데 협조할 용의가 있다"던 공언(민족자존과 통일번영을 위한 대통령 특별선언, 1988년 7월 7일)과 달리 북미·북일 관계 정상화를 경계하며 방해했다. 완전한 고립으로 생존의 위협을 느낀 북은 위험천만한 '핵게임'으로 활로를 열려 했고, 북미 갈등의 격화 끝에 이른바 '1차 북핵위기'가 판도라의 상자를 빠져나왔다. 그렇게 한반도냉전구조 해체를 향한 첫 번째 '평화의 파도'는 목적지에 이르지 못한 채 흩어졌다. 이 시기는 이 책의 1부에서 다룬다.

두 번째 '평화의 파도'는 김대중 정부(1998~2003)의 출범과 함께 찾아왔다. 한국은 미국의 빌 클린턴 행정부(1993~2001)와 협력해 〈페리 프로세스Perry Process〉라는 이름의 한반도 냉전구조 해체 프로그램을 가동한다. 남북은 사상 첫 남북정상회담(2000년 6월)으로 화해·협력과 평화공존의 문을 열었다. 분단 이후 최대 규모의 인적 교류인 금강산관광사업이 마중물이 됐다. 개성공단사업과 남북철도 연결사업도 의욕적으로 추진했다. 남북 간 화해·협력의 훈풍을 타고 북미는 2000년 10월 특사를 교환하며 정전체제의 평화체제전환, 북미관계 정상화, '비핵평화 한반도' 등을 추진하겠다는 '북미 공동 코뮈니케'(2000년 10월)를 체결했고, 내처 클린턴의 평양 방문 추진에 합의했다.

그러나 2001년 1월 조지 W. 부시(아들 부시) 행정부(2001~2009)의 출범과 함께 모든 것이 달라졌다. 부시는 'ABCAnything But Clinton'('무엇이든 클린턴 정부와 반대로')를 외치며 북을 '악의 축'으로 규정했다. 2002년 10월엔 북한의 새로운 핵개발 ─ 고농축우라늄HEU 프로그램 ─ 의혹을 빌미로 제네바 기본합의(1994)를 무너뜨리며 '2차 북핵위기'의 문을 열었다. 이에 고이즈미 준이치로 일본 총리의 방북(2002년 9월)을 계기로 급물살을 타던 북일관계 정상화 움직임도 좌초했다. 북일정상회담을 준비한 일본 외무성의 간부는 "우리가 움직이면 미국은 반드시 제지하려 든다는 생각이 들기도 한다"

며 불만을 터트렸다. 냉전의 장벽을 넘어서려던 두 번째 '평화의 파도'는 그렇게 동력을 잃었다.

김대중 정부를 이은 노무현 정부(2003~2008)는 한반도 정세의 역진을 막으려 안간힘을 쏟았다. 2차 북핵위기 발발로 북미 갈등이 격화했지만, 남북은 금강산관광사업 확대, 개성공단 가동(2004년 12월), 남북 연결 철도 시범운행(2007년 5월)으로 화해·협력의 불씨를 이어갔다. 2005년 한국과 중국은 빛나는 협력 외교로 남·북·미·중·일·러가 모두 참여한 6자회담에서 '9·19 공동성명'이라는 한반도 탈냉전 청사진 마련을 주도한다.

그러나 부시 정부는 9·19 공동성명 합의와 동시에 북한에 금융제재를 가하는 이중플레이를 했고, 북은 1차 핵실험(2006년 10월)으로 반발했다. 그렇게 한반도에 핵실험의 지옥문이 열렸고, 북의 핵실험 및 대륙간탄도미사일ICBM 발사와 미국·UN의 대북제재가 꼬리에 꼬리를 무는 악순환이 이어진다. 그럼에도 우여곡절 끝에 6자회담은 2007년 '2·13 합의'와 '10·3 합의'라는 9·19 공동성명 이행 합의를 이끌어냈고, 그 힘을 토대로 2차 남북정상회담(2007년 10월)과 10·4 남북정상선언이 이루어졌다. 세 번째 평화의 파도가 일렁인 것이다. 김대중·노무현 정부 시기는 이 책의 2부에서 다룬다.

그러나 2008년 출범한 이명박 정부(2008~2013)는 전임 정부가 합의한 남북정상선언 승계·이행을 거부하며 대북 강경정책을 펼쳤다. 북한은 그해 여름 김정일 국방위원장(1994~2011)이 뇌졸중으로 쓰러지자 '3세 승계'에 골몰하며 외교와 남북 협상에 거리를 둔다. 북의 새로운 지도자 김정은(2011~)은 "핵무기 보유국들만은 군사적 침략을 당하지 않았다"며 '경제·핵 건설 병진노선'(2013년 3월)을 선언하고, 2009~2017년 5차례의 핵실험을 감행한다. 이 시기에 금강산관광이 중단되고, 개성공단이 문을 닫았다. 위태위태하던 한반도는 2017년 김정은 국무위원장과 도널드 트럼프 미국 대통령(2017~2021)의 겁쟁이게임Chicken Game에 휘말리며 전쟁위기의 수렁에 빠져든다. 그렇게 세 번째 '평화의 파도'도 힘을 잃었다.

2018년 2월, 백척간두에 선 한반도에 네 번째 '평화의 파도'가 거세게 밀려왔다. 평창 동계올림픽에서의 남북 교감을 계기로 문재인 대통령(2017~2022)과 김정은 국무위원장은 2018년에만 세 차례 정상회담(4·5·9월)을 가진 것이다. 남북 정상은 "한반도에 더 이상 전쟁은 없을 것이며 새로운 평화의 시대가 열렸다"며 '비핵·평화·번영의 한반도'를 선언했다. 그사이 2018년 6월 싱가포르 센토사섬에서 김정은과 트럼프가 사상 첫 북미정상회담을 가졌고, 북미관계 정상화와 한반도의 완전한 비핵화 등을 다짐했다. '비핵·평화·번영의 한반도', 곧 한반도 냉전구조 해체가 손에 잡히는 듯했다.

그러나 2019년 2월 베트남 하노이에서 열린 2차 북미정상회담의 결렬로 모든 것이 바뀌었다. 직접적으론 트럼프의 변심, 더 근본적으론 미중 전략·패권 경쟁 가열에 따른 미국의 전략 변경이 네 번째 '평화의 파도'를 삼켜버린 것이다. 다시 갈등과 적대의 한반도다. 2008년 이후의 이야기는 3부에서 다룬다.

이 책은 1990년대 초반 이후 동북아시아 '비대칭 탈냉전 30년'의 시공간을 담는다. 2021년 4월부터 《한겨레》에 격주로 45회에 걸쳐 연재한 〈이제훈의 1991~2021〉의 원고를 보완하고 적잖은 글을 새로 덧댔다. 노태우 정부 시기의 이야기는 필자의 박사학위 논문 〈노태우 정부의 북방정책과 비대칭 탈냉전〉(2016)에서 적잖이 원용했음을 밝힌다.

　이 책이 한반도 냉전구조를 무너뜨릴 다섯 번째 '평화의 파도'에 작은 보탬이 되기를 바란다. 희망은 절망하지 않는다.

비대칭 탈 냉전과

한민족 두 국가의 시작

1차 한소정상회담에서 마주한 노태우 대통령과
미하일 고르바초프 소련 대통령(1990년 6월 4일, 미국 샌프란시스코)

1990년대 남한이 소련·중국과 국교를 맺으며 사회주의 진영과의 관계 정상화에 성공한 반면 북한은 일본·미국과 수교에 끝내 실패하며 고립된다. 이러한 '기울어진 탈냉전'은 이후 30년간 남북관계 및 한반도 문제를 뒤틀어놓은 뿌리이자, 이를 풀어가는 열쇳말이 된다.

1차 북일정상회담에서 악수하는 김정일 국방위원장과
고이즈미 준이치로 일본 총리(2002년 9월 17일, 평양)

한소수교와 사라진 핵우산

1990. 9

소련 아에로플로트 특별기가 거센 강풍에 흔들리며 아슬아슬하게 평양 순안공항에 내렸다. 에두아르드 셰바르드나제Eduard Shevard-nadze 소련 외무장관은 북한을 설득할 논리를 다듬느라 주위를 살필 겨를이 없었다. 1990년 9월 2일 평양은, 대한민국과 수교할 것이라는 소련 정부의 통보에 비감한 듯 가을비에 젖어 들었다. 노태우 대통령과 미하일 고르바초프 소련 대통령이 1990년 6월 4일 미국 샌프란시스코에서 첫 양자 정상회담을 한 지 석 달도 지나지 않은 때다.

그날 오후 평양 만수대의사당에서 셰바르드나제 장관의 통보를 받은 김영남 조선민주주의인민공화국 외교부장은 준비가 돼 있지 않으니 다음에 공식 답변을 하겠다고 했다. 그때 누군가 회담장 문을 열고 들어와 쪽지를 건넸고, 김영남은 태도를 바꿔 날카롭고 높은 목소리로 소련의 '배신'을 맹비난했다. 회의장을 지켜볼 누군가가 잘 들을 수 있게.

소련이 남조선과 '외교관계'를 맺으면 조소동맹조약을 스스로 유명무실한 것으로 되게 할 것이다. 그렇게 되면 우리는 이때까지 동맹 관계에 의거했던 일부 무기들도 자체로 마련하는 대책을 세우지 않을 수 없게 될 것이다. 이것은 조선반도에서 군비경쟁을 격화시키게 되고 조선반도 정세를 극도로 첨예화시키게 된다. 더 나아가 아시아 태평양 지역의 전반적인 정세를 첨예화시키게 될 것이다.

요컨대 북한에 '핵우산'을 제공하던 조소동맹이 유명무실해졌으니 '핵무기를 자체 개발하겠다'고 선언한 것이다. 이는 확인할 길이 없는 익명의 외교소식통의 전언이 아니다. 1990년 9월 19일 북한의 내각 기관지 《민주조선》이 4면 머리기사로 공식 보도한 내용이다.[1]

당시 회담장에 있던 한 소련 대표는 김영남 외교부장이 '핵무기'를 직접 거론하며 위협한 것으로 기억했다.[2] 그러나 '핵무기'라는 단어의 발설 여부와 무관하게 "이때까지 동맹 관계에 의거했던 일부 무기들도 자체로 마련하는 대책"이라는 《민주조선》 보도만으로도 북한은 사실상 '핵개발'을 공개 선언한 셈이다. 세기가 바뀌고 21세기의 세 번째 십 년대가 시작된 2020년대에도 한반도의 숨통을 죄는 '북핵문제'라는 판도라의 상자가 열린 역사적 순간이다.

소련의 표변,
핵개발로 맞불 놓은 북

김영남 외교부장은 "조선민주주의인민공화국이 창건됐을 때 맨 선참으로 우리 공화국을 조선 민족의 유일한 합법적 국가로 인정한 나라"인 소련이 "남조선과 '외교관계'를 설정하면 우리나라에서의 사회주의 제도를 뒤집어엎으려는 미국과 남조선의 공동 음모에 가담해 3각 결탁 관계를 형성하는 것"이라고 목소리를 높였다. 한국과 수교하려는 소련을 '미제의 앞잡이'라 비난한 것이다.

셰바르드나제 장관은 김일성 주석 예방을 요청했다. 김일성을 만나 소련 정부의 방침을 해명하는 게 방북의 1차 목적이었기 때문이다. 그러나 김영남의 반응은 싸늘했다. "주석님은 지금 평양에 계시지 않고, 만나기 아주 어려울 것"이라고 했다. 사실상 거부이고, 전례를 찾기 어려운 냉대였다. 셰바르드나제는 평양에 머문 이틀 내내 김영남의 비난에 시달려야 했다. 결국 예정보다 몇 시간 앞당겨 북한을 떠나며 그는 "내 평생 가장 끔찍했던 며칠"이라고 진저리를 쳤다.

곤욕을 치른 셰바르드나제 장관은 같은 달 30일 미국 뉴욕에서의 UN총회를 계기로 열린 한소 외무장관 회담에서 양국 간 수교에 전격 합의·조인해버린다. 애초 소련 정부가 설정한 국교수립일은 이듬해인 1991년 1월 1일이었다. 놀람과 기쁨이 뒤섞인 낯빛의 최호중 외무부장관을 옆에 두고 셰바르드나제는 "이걸로 조선 친구들도 정신을 차릴 것"이라고 중얼거렸다.

닷새 뒤인 1990년 10월 5일 조선노동당 중앙위 기관지《노동신문》에 〈딸라로 팔고사는 외교관계〉라는 논평이 대문짝만하게 실렸다. "소련은 사회주의 대국으로서의 존엄과 체면, 동맹국의 이익과 신의를 23억 딸라에 팔아먹은 것이다" "이것을 '배신'이란 말 이외의 무슨 말로 표현할 수 있겠는가" "조선반도에서 세력균형을 허물고 북남대결과 군비경쟁을 격화시키게 되며 정세를 극도로 첨예하게 만들 것이다."

한소수교라는 '마른하늘의 날벼락'에 넋을 잃은 북한은 그 와중에도 소련이 "극동에서 가장 유망한 경제 파트너"(1988년 11월 10일 소련공산당 중앙위 정치국 회의)라 평가한 한국을 "미제의 식민지"로 폄훼하는 '정신승리'를 잊지 않았다. "오늘의 남조선 형편에서는 (23억 달러라는) 그 막대한 돈을 낼 원천도 없거니와 아마도 그것은 사회주의를 와해시키기 위한 미제의 특별기금에서 나올 것이 뻔하다"라고.

길을 잃었을 땐 걸어온 길을 되짚어보라는 오랜 조언이 있다. 30년도 더 지난 '옛날이야기'를 지금 다시 꺼낸 까닭이다. 사회주의 종주국 소련의 '배신'에 치를 떨며 버림받았다는 공포를 떨치려는 듯한 김영남 외교부장의 단말마적 '핵개발' 외침은, 지금 사실상의 '9번째 핵국가'라는 현실로 바뀌었다.* 김정은 조선노동당 총비서겸 국무위원장은 2017년 11월 "국가 핵무력 완성의 역사적 위업,

---

* '핵무기의 비확산에 관한 조약NPT' 등 국제비확산체제가 공인한 '합법적 핵국가'는 미국·러시아·중국·영국·프랑스 5개국뿐이다. 인도와 파키스탄, 이스라엘은 '국제비확산체제 바깥의 핵국가'다. 북한은 6차례 핵실험을 통해 '핵강국'을 자임하지만, 미국·러시아·중국·영국·프랑스 등은 북한을 핵국가로 공식 인정하지 않고 있다.

로케트 강국 위업 실현"을 선언했다. 북한은 소련이나 동독처럼 지도에서 사라지지 않았다.

그래서 지난 30년은 "주체조선의 성공의 역사, 영광의 역사"인가? 1990년대 중후반 '고난의 행군' 땐 적어도 30만을 웃도는 인민이 굶주림에 목숨을 잃었다. 현대 국제정치사에 유례없는 '3대 세습'은 기괴하다. "사회주의 조선의 시조"이자 "영원한 수령"인 김일성 주석의 평생 꿈이던 "이팝(쌀밥)에 고깃국, 기와집에 비단옷"은커녕 하루 세 끼도 보장 못 하는 만성적 식량 부족에 시달린다. 요컨대 북녘의 핵은 숱한 인민의 목숨과 평안을 갈아 넣은 저주받은 무력이다.

남과 북의 엇갈린 30년

1990년 이후 북녘이 자의 반 타의 반으로 '자력갱생'의 길을 걸었다면, 남녘은 개방의 길을 질주했다. '원조받는 나라'에서 '원조하는 나라'로 거듭난 세계 유일의 국가, 경제성장과 민주화를 함께 이룬 유일한 전후 독립국, 나아가 《기생충》과 BTS로 세계 시민의 영혼을 흔든 '한류' 즉 'K-브랜드'의 나라다. 세계는 이미 한국을 명실상부한 선진국으로 여긴다.*

---

* 2021년 7월 제68차 UN무역개발회의UNCTAD는 한국의 지위를 기존의 그룹A(아시아·아프리카)에서 그룹B(선진국)로 바꾸는 데 만장일치로 결의했다. 1964년 UN무역개발회의 설립 이래 '선진국' 그룹에 새로 진입한 유일한 사례다.

그래서 한국의 지난 30년은 모자람 없는 '성공과 영광의 역사'
인가? 코로나19 대유행 직전인 2019년 기준으로 한 해 1750만 명
의 외국인이 찾아오고, 2871만 명의 내국인이 세계 각지를 누빈 '열
린 나라' 한국의 또 다른 얼굴은 북한·미국·중국·일본 정도를 뺀 다
른 나라와의 정상회담은 뉴스로 취급하지도 않는 '우물 안 개구리'
다. 세계 3대 세력권인 유럽연합EU의 집행위원장 이름을 아는 한국
인이 몇이나 될까? 세계 6위의 군사력을 갖추고도 작전통제권을 유
엔군 사령관의 모자를 쓴 주한미군 사령관에게 맡긴 현실, 그 현실
을 바로잡으려는 군사주권 회복 정책에 두려움을 느끼는 이들이 숱
한 한국 사회의 심층 심리는 또 어떤가.

이러한 남과 북의 기이한 자화상은 분단(임시군사정전체제)의 장
기 지속, 미국의 북한 '봉쇄'와 핵·대륙간탄도미사일ICBM을 앞세운
북한의 생존·돌파 시도, 남과 북의 화해·협력과 갈등·적대 따위가
어지럽게 뒤엉킨 남북미 3각(또는 남북미중 4각)관계를 빼고는 온전히
설명하기 어렵다.

한반도의 먼저 온 미래

한국의 상식적 시민은 '핵을 가진 북한'과 함께 미래를 도모할 생각
이 없다. 1990년 이후 극단적 고립에 시달려온 조선민주주의인민공
화국은 어느덧 체제경쟁은 엄두도 못 낼 만큼 거대해진 대한민국을
앞에 두고 흡수통일의 공포에 사로잡힌 채 '생존의 길'을 찾느라 몸
부림치고 있다. 5차례의 정상회담에도 북한이 화해·협력의 큰길을

내달리지 못하게 뒷덜미를 낚아채는 불안의 심연이다.

어떤 이의 '반전·평화' 주장은 '핵'을 외면하기에 편향이다. 핵을 손에 쥐고 '전쟁 반대'와 평화를 외쳐봐야 울림이 없다. 어떤 이의 '반핵·평화' 주장은 '전쟁 반대'를 외면하기에 편향이다. '핵을 버리면 잘해줄게'라는 사탕발림은 흡수통일·체제붕괴의 공포를 이기지 못한다. 핵을 포기할 조선민주주의인민공화국과 어떤 경우에도 흡수통일을 꾀하지 않을 대한민국이 만나야 한다. 그래야 길이 열린다.

기회가 없었던 건 아니다. 한반도 냉전체제의 와해를 알린 한소수교 이듬해인 1991년, 남북은 누구도 예상·기대하지 못한 극적인 2인무를 춘다. 국제적으로 두 개의 독립된 주권국가임을 인정(1991년 9월, UN 동시·분리 가입)받고, 양자 차원에선 '통일 지향 특수관계'를 확인(1991년 12월, 남북기본합의서 채택)하며 '비핵·평화 한반도'를 함께 천명(1991년 12월, 한반도비핵화공동선언)한 것이다. 불과 석 달 사이에 이뤄진 'UN 가입+남북기본합의서+비핵화공동선언'의 대의를 온전히 살렸다면, 30년이 지난 2020년대 한반도의 풍경은 지금과 전혀 달랐을 터다. 1991년은 '먼저 온 미래'다. 그 시간을 거슬러 잃어버린 길을 되짚어보자.

남북한 UN 동시·분리 가입

1991. 9

우리가 아는 주권국가 가운데 국제연합UN 회원국이 아닌 나라는 대만 정도다. 특수한 경우라 할 바티칸과 팔레스타인은 정식 회원국은 아니지만 옵서버UN observer(참관국) 자격으로 UN총회에 참여하고 뉴욕에 대표부를 두고 있다. 대만은 이마저도 못한다. 강력한 경제와 민주주의를 갖춘 인구 2400만의 대만이 UN 회원국이 아닌 이상한 현실은 미국과 패권을 겨루는 중화인민공화국(중국)을 빼곤 설명할 수 없다. 대외관계의 제1원칙으로 '하나의 중국'을 내세운 중국과 관계를 트기 위해 대부분의 나라가 대만을 버린 탓이다. 한국도 1992년 8월 중국과 수교하며 대만과 대사급 외교관계를 끊었다. UN조차 '하나의 중국' 원칙을 피해가지 못한다. 살벌하고도 냉혹한 국제정치의 민낯이다.

한국도 오랜 세월 UN 울타리 밖을 떠돌았다. 거부권을 지닌 소련과 중국의 반대에 가로막혀 UN의 문을 열 수 없었다. 1990년 9월 한소수교가 그 벽에 균열을 냈다. 1991년 9월 17일 제46차 UN총회는 대한민국과 조선민주주의인민공화국의 UN 가입을 만장일치로 승인한다.³ 영문 표기 순(북DPRK, 남ROK)에 따라 북한이 160번째 회원국, 남한이 161번째 회원국이 된 것이다. 1948년 8월과 9월, 저마다 '분단정부'를 세운 지 43년 만이다.＊

남북관계의 근본을 바꾸다

남과 북의 동시·분리 UN 가입은 남과 북의 대외관계와 양자관계를 질적으로 바꾼 역사의 분수령이다. 첫째, 한반도에 두 개의 주권국가가 존재한다는 국제사회의 공인이다. UN 가입과 함께 남과 북은 적어도 국제무대에선 서로를 '주권국가'로 인정하게 된다. 그때까지

＊ '분단정부'는 현대사학계의 보편적 관점과 남북관계의 복잡성을 함께 고려한 용어다. 남과 북은 국제법적으론 1991년 9월 UN에 동시·분리 가입한 두 개의 '주권국가'다. 그러나 석 달 뒤인 1991년 12월에 탄생한 '남북기본합의서' 서문은 남과 북 양자를 "나라와 나라 사이의 관계가 아닌 통일을 지향하는 과정에서 잠정적으로 형성되는 특수관계"로 규정했다. 요컨대 국제사회를 향해선 두 개의 주권국가이되 서로에게는 '통일 지향 특수관계'라는 자기규정이다. 남북관계의 이런 복잡성 탓에 1948년 8월 15일이 '국가 수립일'인지 '정부 수립일'인지를 두고 논란이 끊이지 않는다. 2000년대 이후 북한에 대체로 강경 노선을 취한 이명박-박근혜-윤석열 정부 시기엔 '국가 수립일'로 봐야 한다는 주장이 정부 안팎에서 드세고, 대북 화해·협력 정책을 펼친 김대중-노무현-문재인 정부 시기엔 그런 목소리가 잦아든다. 이런 사정을 염두에 두고, 이 책에선 "우리 대한국민은 3·1운동으로 건립된 대한민국임시정부의 법통과 불의에 항거한 4·19 민주이념을 계승"한다고 명시함으로써 대한민국의 시작점을 1919년이라 밝힌 헌법 전문, 그리고 탈냉전기 남북기본합의서와 UN 동시·분리 가입 등을 두루 고려해 '분단정부'라는 표현을 사용한다.

만 해도 남과 북은 서로를 국가로 인정하지 않을뿐더러, 남북관계에 대한 합의된 견해조차 없었다.

둘째, 탈냉전과 공존공영의 기반이 될 '교차승인'의 환경이 마련되었다. UN의 큰손인 미국·소련·중국이 모두 남과 북의 UN 가입에 동의한 터라 한소에 이은 한중수교, 북미·북일 간 수교를 기대할 수 있게 된 것이다. 그러나 한국은 중·소와 수교하지만 북한은 미·일과 관계 정상화에 실패한다.

1990년대 초반의 이런 '비대칭 탈냉전'은 이후 30여 년간 핵문제를 고리로 한 북미 간 적대에 한반도의 평화가 인질로 잡히게 된 역사적 뿌리다. 아울러 1991년 남과 북의 UN 가입 앞뒤의 사정은 남북관계가 왜 아직도 화해·협력과 갈등·적대를 롤러코스터처럼 오가며 8000만 시민·인민을 어지럼증에 시달리게 하는지 성찰하는 데 많은 시사점을 준다.

무엇보다 남과 북의 UN 가입은 상호 신뢰·합의가 아닌 힘 대결의 결과다. 한국은 자력으로 중·소의 동의를 얻어 UN 가입의 길을 열었다. 북한은 남한의 UN 가입을 막을 수 없다는 사실이 분명해지고 나서야 분리 가입 쪽으로 돌아섰고, 그 뒤엔 미국의 반대로 홀로 UN 문밖에 버려질까 전전긍긍했다. 그렇게 1991년 9월 17일 휴전선을 경계로 '승리의 환호'(남)와 '공포와 적의'(북)가 뒤엉켰다.

북한 당국은 단독으로라도 UN에 가입하겠다는 노태우 정부의 행보를 "나라와 민족의 분열을 영구화·합법화하려는 시도"이자 "하나의 조선을 둘로 갈라놓는 천추에 용서 못할 대죄"라며 저주했다.[4]

중국의 압박과 배려

그러던 북한이 돌연 태도를 바꾼 배경은 한소수교와 중국의 '최후통첩'이었다. 1991년 5월 초 방북한 리펑李鵬 중국 총리가 연형묵 북한 정무원 총리에게 "한국의 UN 가입 신청에 더는 반대 태도를 유지하기 어렵다. 한국이 단독 가입에 성공한 뒤에는 조선이 가입하려 해도 어려움이 따를 것"이라고 압박한 것이다.⁵ 결국 그달 27일 북한은 외교부 성명으로 'UN 분리 가입 방침'을 처음으로 밝힌다. "남조선 당국자들에 의해 조성된 일시적 난국을 타개하기 위한 조치로서 현 단계에서 UN에 가입하는 길을 택하지 않을 수 없게 됐다"는 것이다. 울며 겨자 먹기라는 주장이다.

북한이 '분리 가입'에 반대하고 '단일 의석 가입'을 주장한 속내는 공식문서인 외교부 성명만으론 가늠하기 어렵다. 조선역사학회장을 지낸 북한의 대표적 역사학자 허종호가 쓴 《주체사상에 기초한 남조선혁명과 조국통일이론》(1975)에 북한의 진의를 짐작할 만한 대목이 보인다. "북과 남이 따로따로 UN에 들어간다면 비법적인 남조선괴뢰정권이 합법적인 것으로 인정받게" 되고, 단일 의석 가입은 "'대한민국'이 조선반도에서 '유일한 합법정부'라는 1948년 UN의 '결정들', 미제와 남조선괴뢰들간에 맺어진 온갖 매국조약들이 무효로 된다". 상대의 존재 근거를 전적으로 부인하는 대결적 인식이다. 이런 태도로는 공존공영의 길을 열 수 없다.

통일 이전 서독과 동독은 1973년 UN 가입 뒤 총회장에 사이좋게 나란히 붙어 앉았다. 그러나 1991년 남과 북은 영문 표기 순서대로 멀찍이 떨어져 앉는 쪽을 택했다. 대한민국과 조선민주주의인민 공화국, 두 주권국가의 UN 가입이 단일 안건으로 표결·토론 없이 만장일치로 처리된 데는, 미국의 반대로 홀로 가입이 무산될까 걱정한 북한을 배려한 중국의 '외교'가 있었다.

북한의 자기모순

남과 북의 UN 가입은 북이 줄기차게 주장해온 '하나의 조선론'과 '즉각적인 2체제 연방제 통일' 방안의 기반을 허물었다. 남과 북의 공존은 피할 수 없는 현실이 됐다. 북한은 달라져야만 했고, 그 첫 변화는 1991년 12월 '남북 사이의 화해와 불가침 및 교류협력에 관한 합의서'(남북기본합의서)로 현실화한다.

사실 북한의 '하나의 조선론'이나 UN 동시·분리 가입이 '두 개의 조선 조작 책동'이라는 오랜 수사는 역사적·현실적 근거가 튼실하지 못한 '통치 이데올로기'에 가깝다.

1988년 기준으로 북과 외교관계를 맺은 100개국 중 남북 동시 수교국은 89개국이었다. 2023년 2월 현재 북한의 159개 수교국 중 쿠바·시리아·팔레스타인을 뺀 156개국이 남북 동시 수교국이다. 이렇듯 북의 '하나의 조선론'은 대만과 수교하면 바로 단교해버리는 중국의 '하나의 중국' 원칙에 견줘 실상과 성격이 다르다.

UN 동시·분리 가입이 "두 개의 조선 조작 책동"이라는 북의 오랜 주장도 불변의 원칙이 아니다. 오히려 '남북한 UN 동시 가입'을 먼저 추진한 쪽은 북한이다. 북한은 소련이 제출하는 형식을 빌려

1956년과 1958년에 각각 남북한 UN 동시 가입을 권고하는 결의안을 제출했으나 안전보장이사회(안보리)에서 모두 부결된 바 있다.[6] 이러던 북은 정작 1973년 6월 박정희 대통령이 '평화통일외교정책선언'(6·23선언)을 통해 "국제연합의 다수 회원국의 뜻이라면 통일에 장애가 되지 않는다는 전제하에 우리는 북한과 함께 UN에서의 한국 문제 토의에 북한 측이 같이 초청되는 것을 반대하지 않는다"고 밝히자, 그해 8월 남북조절위원회 북측 위원장 김영주 명의의 성명에서 6·23선언을 '두 개의 조선 책동'이라 비난하며 폐기를 요구하고, 일체의 남북 대화 중단을 일방적으로 선언한다.[7] 이후 북쪽은 남북한 UN 동시 가입은 '두 개의 조선'을 용인하는 분단 고착화, 분열 책동이라 비난하며 반대해왔다.

이렇듯 통일과 관련한 북한의 주장과 태도는 남과 북의 역량 변화와 국제정세에 따라 변해왔다. 그러므로 우리는 남과 북의 말보다 말에 감춰진 속내와 행동, 무엇보다 그 행동이 불러온 현실의 변화를 중시해야 한다.

평화로 가는 수레의 두 바퀴

또한 당시 남과 북이 UN 가입을 체제경쟁의 승패가 담긴 성적표로 여겼다고 해도 UN 가입의 긍정적 효과와 미래 지향성은 완전히 사라지지 않는다. 한소수교에 이은 남과 북의 UN 가입은 동북아의 강고한 냉전질서를 뿌리부터 뒤흔들며 공존공영의 미래를 열어갈 변화의 씨앗을 흩뿌렸다.

UN 회원국으로서 남과 북은 상호 간 군사적 충돌을 억제할 국제법적 의무를 지게 됐다(무력행사 금지를 규정한 UN헌장 2조 4항). 무엇보다 UN 가입은 냉전기의 분별없는 체제경쟁과 갈등을 넘어 국제사회의 일원으로 평화와 공존, 발전을 지향할 튼실한 외교적 기반이자 제도 마련의 디딤돌이다.

덧붙여 UN 가입은, 북한 입장에서 흡수통일을 막아줄 국제 방파제 구실을 했다.* 당시 소련과 동유럽 사회주의 진영에서는 연쇄 체제전환이 일어났고, 김일성 주석은 밤잠을 설치고 있었다. 그런데 국제질서의 최상위 국제규범인 UN헌장은 "침략행위와 평화의 파괴"를 금지하며 "주권평등의 원칙"에 따라 "평화적 수단"을 국제분쟁 해결의 원칙으로 삼는다. 《노동신문》(1991년 9월 19일)도 1면에 크게 실은 UN 가입 기사와 외교부 성명에서 "우리나라의 UN 가입을 만장일치로 지지찬동한 것은 우리 인민의 선택에 대한 존중의 표시"라거나 "UN 성원(회원)국들이 우리 공화국과 긴밀히 협조해나갈 데 대한 진지한 염원을 뚜렷이 표시한 것"이라며 나름의 기대감을 드러냈다.

UN 무대는 애초 하나이던 남북이 다시 하나가 될 필요와 마음이 있는지를 서로 탐색·확인하며 공존공영의 꿈을 키울 인큐베이터이자 검증대다. UN총회는 남북정상회담을 환영·지지하는 결의를 여러 차례 만장일치로 채택했다. 예컨대 2007년 노무현-김정일의 남북정상회담 직후인 10월 22일 제62차 UN총회는 남과 북에 "정

---

* 가입 당시 북한이 이를 인식하고 있었는지는 불명확하다.

상선언 완전·충실 이행"으로 "한반도 평화"와 "평화통일"의 "굳건한 기반 마련"을 권고하며 "이 과정을 계속 지지·지원하기를 회원국들에 요청한다"고 밝혔다. 이렇듯 굳이 따지자면 UN은 남북 화해·협력의 지지자·지원자에 가깝다. UN 가입이 없었다면, 남과 북이 양자를 '통일 지향 특수관계'로 규정한 남북기본합의서 채택은 쉽지 않았을 것이다. 1991년 석 달의 시차를 두고 일어난 남과 북의 UN 동시·분리 가입과 남북기본합의서 채택은 이후 굽이굽이 이어질 화해·협력의 길을 달릴 수레의 두 바퀴로 작동하게 된다.

하나와 둘 사이의 희비극,
남북기본합의서 ①

1991. 12

남과 북은 (…) 쌍방 사이의 관계가 나라와 나라 사이의 관계가 아닌 통일을 지향하는 과정에서 잠정적으로 형성되는 특수관계라는 것을 인정하고, 평화 통일을 성취하기 위한 공동의 노력을 경주할 것을 다짐하면서….

'남북 사이의 화해와 불가침 및 교류협력에 관한 합의서'(이하 '남북기본합의서') 서문의 한 구절이다. 두 세기에 걸친 분단사에 독보적 위상을 지닌 양자관계 규정이자, 분단 이후 남북관계의 성격을 문서로 합의·규정한 유일한 사례다. 1991년 12월 13일 제5차 남북고위급회담에서 채택된 이 합의서는 이후 30년 넘게 살아 숨 쉬며 남북관계의 안내자 구실을 해왔다.

두 가지가 중요하다. 우선 남북관계는 "나라와 나라 사이의 관계가 아니다"라고 선언한 것. 그다음으로 "통일 지향"을 분명히 한 것. 남과 북은 UN 동시·분리 가입으로 국제법상 각각의 주권국가임을 인정받았지만, 상호 관계는 '민족 내부 관계'라고 달리 합의·규정한 것이다. 이 문구를 "통일 지향 특수관계론"이라 압축해 부르는 배경이다.

'통일 지향 특수관계'가 바꾼 것들

남북기본합의서 서문의 '통일 지향 특수관계' 규정은 힘이 세다. 현실과 무관한 현학적 말장난이거나 실체 없는 종이호랑이가 아니다. 남북교류에 관한 것이라면 당국 관계든 민간의 행보든 예외 없이 압도적 규정력을 발휘한다. 작동 방식은 이렇다.

　미국·중국·일본 등 외국으로 여행·출장을 떠날 때 필요한 신분 증명서인 여권의 발급 주체는 '대한민국 외교부장관'이다. 그런데 군사분계선을 넘어 북쪽에 가려는 이에게 여권은 무용지물이다. 통일부장관이 발급한 '북한 방문 증명서'가 있어야 한다. '쌍방 사이의 관계가 나라와 나라 사이의 관계가 아니다'라는 기본합의서 서문 규정에 따라 북한은 외국으로 간주하지 않아서다. 인천공항·부산항 등을 통해 외국을 오가는 걸 '출국·입국'이라 하는데, 경의선 남북 연결도로나 도라산역, 동해선 남북 연결도로나 고성역을 거쳐 군사분계선MDL을 넘나드는 행위는 '출경·입경'이라 한다. 국경이 아닌 남북의 '경계선'을 오간다는 뜻이다. 1998년 11월부터 2008년 7월까지 금강산관광을 다녀온 한국인 193만4662명은 기억할 것이다. 여권이 아닌 '북한 방문 증명서'로 신분을 확인했다는 사실을.

남북교역은 '민족 내부거래'로 여겨 관세를 매기지 않는 정책도 '통일 지향 특수관계' 규정에 뿌리를 둔다. 남북교역은 수출입 통계에도 넣지 않는다. '개성공단산 학생복'에 관세가 붙지 않는 것도 마찬가지 이유다. 2000년대 중반부터 10여 년간 남쪽 중고등학생들의 교복 공급을 도맡아온 개성공단은 군사분계선 이북에 있다. 남쪽 기업 123곳과 북쪽 노동자 5만4988명(2015년 12월 기준)이 어우러져, 2005년 1월~2016년 2월까지 32억3304만 달러어치의 상품을 만들어냈다.

한국 정부는 유럽연합EU 등 다른 나라와의 자유무역협정FTA 협상 때마다 개성공단 제품을 대한민국산으로 인정하는 예외 규정을 관철했다(한미FTA에서는 이 규정을 인정하지 않고 있다). 남과 북은 국제법상 별개의 주권국가인데 이게 어떻게 가능했을까? '통일 지향 특수관계' 규정이 설득의 논거가 됐다. 이뿐만 아니다. 남과 북이 합의만 하면 올림픽 등 국제 스포츠대회에서 '한반도기를 든 단일팀' 출전이 가능한 것 또한 기본합의서 서문에 대한 국제사회의 인정과 지지를 웅변한다.

한국은 '원조받는 나라'에서 '원조하는 나라'가 된 유일한 케이스다. 정부 차원의 원조 사업인 국제개발협력ODA에서 무상 원조는 외교부, 유상 원조는 기획재정부가 주관한다. 하지만 식량 등 대북 지원은 ODA 통계에 넣지 않는다. 인도적 지원을 포함한 남북협력 재원은 국회 심의를 거쳐 '남북협력기금'으로 조성하며 통일부가 주관한다. 이 또한 북한을 외국으로 대하지 않는 기본합의서 서문에 근거를 둔다. 역대 대북 지원 내역을 한국의 ODA, 즉 유무상 원조 금액에 넣는다면 한국의 공여 액수는 공식 통계치인 국민총소득 GNI의 0.15%(25억4000만 달러, 2019년 기준)보다 적잖이 높아질 터다.

이렇듯 '통일 지향 특수관계' 규정은 지난 30여 년간 남과 북의 화해·협력 여정에 강력한 안내자 구실을 해왔다. 그러나 '더 나은 미래'를 열어온 역사가 이 규정의 전부는 아니다. 남과 북 당국이 '통일 지향 특수관계'의 아름다운 면만 존중했다면 지난 30여 년의 남북관계가 '가다 서다'와 '굴러떨어지기'를 시시포스의 운명처럼 되풀이하지는 않았을 것이다.

국가보안법과 조선노동당 규약의
동상이몽

'통일 지향 특수관계' 규정의 어두운 심연을 직시해야 한다. 그래야 남북관계의 뒷덜미를 잡은 역사의 저주를 떨치고 공존·공영의 너른 들판으로 나아갈 수 있다. 이를 위해 UN 가입과 남북기본합의서 협상 경과를 되짚어보자.

1990년 9월 4~7일 서울 인터컨티넨탈호텔에서 제1차 고위급회담이 열릴 때만 해도 남북은 양자관계 규정에 아무런 관심을 보이지 않았다. 1·2차 회담에서 양쪽이 내놓은 합의서 초안에도 '통일 지향 특수관계'로 이어질 단서는 없었다. 분단사 최초의 양자관계 규정은, 역설적이게도 UN 동시·분리 가입을 둘러싼 논란에 젖줄을 대고 있다. 1차 고위급회담 직후 북쪽 제안으로 판문점 중립국감독위 회의실에서 세 차례 열린 'UN 가입 문제와 관련한 실무대표접촉'(1990년 9월 18일, 10월 15일, 11월 9일)이 그것이다.

당시 남쪽의 임동원 대표는 '하나의 조선론'에 따라 '단일 의석 UN 가입'을 주장한 북쪽에 "남과 북이 UN에 가입하자는 것은 통일이 될 때까지의 잠정적 조치를 말하며, 어디까지나 상호 실체를 인정하는 바탕 위에서의 통일 지향적 특수관계 유지를 전제로 한 것"이라고 맞받았다.* 기본합의서 서문의 "통일 지향" "잠정적" "특수관계"라는 개념이 이때 등장한다.

남과 북은 UN 가입 직후 열린 4차 고위급회담(1991년 10월 22~25일 평양 인민문화궁전) 첫날 주고받은 합의문 초안에 각자가 구상한 남북관계 규정을 처음으로 담았다. 남쪽은 "대한민국과 조선민주주의인민공화국은 (…) 쌍방 간의 관계가 통일을 지향하는 과정에서 잠정적으로 형성되는 특수관계라는 점을 인정하고"라고, 북쪽은 "북과 남은 (…) 쌍방 사이의 관계가 나라와 나라 사이의 관계가 아니라는 것을 인정하고"라고 적었다.

남쪽은 5차 고위급회담 준비접촉(1991년 11월 11·15·20·26일 판문점)에서 "대한민국과 조선민주주의인민공화국"을 "남과 북"으로 바꾸고 "쌍방이 각기 국제연합 회원국으로 국제연합 헌장에 규정된 모든 의무를 수락한 사실에 유의하며"라는 구절을 추가한다. 북쪽은 "남북관계 문제인데 국제관계 문제는 언급하지 말자"며 "국제연합 회원국·헌장" 따위의 표현을 기본합의서 서문에 명시하는 데 반

---

* 임동원은 회고록에서 "남북관계의 성격을 '통일 지향적 특수관계'로 유지해야 한다는 개념은 내가 여기서 처음으로 주장한 것"이라고 밝혔다.

대했다.

　이후로도 남쪽은 기본합의서 서문에 'UN 동시·분리 가입'의 현실을 반영하려 했고, 북쪽은 극구 반대했다. 결국 서문의 문구는 남쪽의 "통일 지향 특수관계"와 북쪽의 "나라와 나라 사이의 관계가 아닌"을 결합·절충하는 방식으로 타결되었는데, 여기엔 '통일 의지'뿐만 아니라 '상대 부정'과 '적대의식'에 버무려진 남북의 동상이몽도 작용했다.

　1991년 당시 정부 수반인 노태우 전 대통령은 이렇게 회고한다. "북한을 권력 실체로는 인정하지만 국가로는 인정하지 않는다는 뜻이 있었다. 우리 헌법은 북한을 반국가단체로 규정하고 있다."⁹ 30년이 훌쩍 지난 지금도 살아 숨 쉬는 국가보안법은 '통일 지향 특수관계' 규정이 감춰온 '어두운 심연'의 부인할 수 없는 증거다.

　한편 북쪽은 UN 가입이라는 '패배'에도 국시이자 가장 강력한 통치 이데올로기인 '조국통일'의 깃발을 유지하려고 "나라와 나라 사이의 관계가 아니다"라는 문구를 기어코 기본합의서 서문에 명기하려 했다. 남쪽을 '혁명 대상'으로 적시했던, 조선노동당 규약의 "당면 목적은 전국적 범위에서 민족해방민주주의혁명"이라는 문구는 기본합의서 서문 규정의 또 다른 '어두운 심연'이자 국가보안법의 거울이다.*

---

* "전국적 범위에서 민족해방민주주의혁명 과업 수행"이라는 당규약 서문의 '남조선혁명론' 관련 문구는, 2021년 1월 9일 조선노동당 8차 대회 닷새째 회의에서 채택된 새로운 당규약 서문에서 "전국적 범위에서 사회의 자주적이며 민주적인 발전 실현"으로 대체되었다.

공존을 덜고 적대를 남기다

남과 북 모두 국가보안법과 노동당 규약 서문의 '남조선혁명론' 규정이 문제라는 것을 모르는 게 아니다. 이후 남북 정상 간 만남 때마다 고치자고 의기투합하기도 했다. 2000년 6월 첫 남북정상회담 때 김정일 국방위원장은 김대중 대통령한테 "국가보안법은 도대체 왜 폐기를 안 합니까? 우리도 남쪽에서 제기하는 옛날 당 규약과 강령을 새 당대회에서 개정하고자 합니다. 이렇게 서로 하나씩 새것으로 바꿔나가야 합니다"라고 밝혔다.[10]

이어 노무현 대통령과 김정일 국방위원장은 2007년 10월 정상회담에서 "남과 북은 남북관계를 상호 존중과 신뢰 관계로 확고히 전환시켜 (…) 통일지향적으로 발전시켜나가기 위해 각기 법률적 제도적 장치를 정비해 나가기로 했다"(10·4 정상선언 2조)고 약속했다. 상대방을 인정하지 않고 적대시하는 대표적 법·제도인 노동당 규약과 국가보안법의 개폐를 염두에 둔 합의다. 하지만 이 합의는 아직 온전히 이행되지 않았다.

2021년 30돌을 맞은 남북의 UN 가입과 남북기본합의서는 별개가 아닌 한 쌍이다. UN 가입은 'UN헌장 준수 의무를 지닌 두 주권국가'라는 남북관계의 국제적 보편성을, 기본합의서는 '통일 지향 특수관계'라는 남북관계의 민족적 특수성을 확인한 것이다. 그러나 남과 북은 UN 가입으로 확인한 '두 주권국가의 병존'이라는 명백한 현실을, 기본합의서 서문 규정으로 굳이 다시 부인하며 '상대 부정'과 '적대의식'을 온전히 제거하지 않았다. 서글픈 희비극이다.

남과 북의 이런 선택은, 통일 이전 서독과 동독의 선택에 비해 퇴행적이다. 서독과 동독은 1972년 12월 체결한 '기본조약Grundla-genvertrag'의 전문에서 "민족문제를 포함한 여러 가지 기본문제들에 대하여 견해의 차이가 있음에도 불구하고"라고 단서를 단 뒤, 제1조에서 "독일연방공화국과 독일민주공화국은 동등한 권리의 토대위에서 정상화된 선린관계를 발전시킨다"라고, 제2조에서 "독일연방공화국과 독일민주공화국은 UN헌장에 명시되어 있는 제반목표와 원칙, 특히 모든 국가의 주권·평등·독립·자주·영토보전의 존중, 인권보호 및 차별대우 금지 등을 지향한다"고 명시해 상대방의 정치적 실체와 상호 국제법적 의무를 폭넓게 인정·규정했다.[11]

이는 기본합의서 체결 당시 상대의 국가적 실체를 인정하는 데 소극적이거나 부정적이었던 남북한의 태도 및 접근법과 사뭇 다르다.[*] 기본조약 체결에 앞서 서독의 빌리 브란트 총리는 1969년 10월 28일 연방의회 시정연설에서 "비록 독일 땅에 두 개의 국가가 존재한다고 해도 그것은 서로 외국이 아니며 그들의 상호 관계는 오직 특수한 성격을 갖는 것"이라고 선언했다.[13] 요컨대 동서독의 관계는 '두 개의 국가인데 외국은 아닌 특수관계'라는 것이다.[**] 이는 궁극적

---

[*] 당시 《한겨레신문》은 사설에서 기본합의서 전문의 '나라와 나라 사이가 아닌 통일지향의 잠정적 특수관계'라는 남북관계 성격 규정에 대해 "UN 동시 가입으로 국제사회에서 공인받은 '한반도의 두 나라'라는 현실과 동떨어진 인식"이라고 지적했다.[12]

[**] 동서독 기본조약의 '특수관계'에 대한 최초의 유권해석은 서독연방헌법재판소의 1973년 7월 31일 판결이다. 서독연방헌법재판소는 동서독의 관계가 '대외적으로는 두 개의 국제법상 주권국가, 대내적으로는 민족 내부의 특수관계'이며, 기본조약은 국제법상 조약으로서 법적 구속력이 있다고 판시했다.[14]

궁극적으로 통일의 필요성을 전제하면서도, 남북기본합의서 전문의 '나라와 나라 사이가 아닌 통일지향의 잠정적 특수관계'라는 규정보다 상대의 실체를 훨씬 적극적으로 인정·존중하는 방식이다. 다시 말해 남과 북은 적대를 누르고 공존의 의지를 드러내는 데 망설이고, 주저했다.

김일성은 만세 부르고 김영철이 투덜거린 까닭은? 남북기본합의서 ②

1991. 12

김일성 조선민주주의인민공화국 주석은 남북기본합의서 협상에 성공한 고위급회담 대표단을 평양으로 모셔 오라고 개성으로 헬기를 띄웠다. 1991년 12월 13일 오전 9시 서울 쉐라톤워커힐호텔에서 서명식을 마치고 오후 4시 40분 판문점을 통과한 북한 대표단은 개성에서 헬기로 갈아타고 평양으로 직행했다. 김일성 주석은 이들을 주석궁(현 금수산태양궁전)으로 불러 만찬을 베풀었다. 김 주석이 연형묵 정무원 총리 등 고위급회담 대표단과 함께 찍은 기념사진은 다음 날 《노동신문》 1면 머리로, 그 밑엔 남북기본합의서 전문이 크게 실렸다. 이에 따르면 김일성은 "대표단 성원들이 조국통일의 밝은 전망을 열어놓은 데 큰 기여를 하고 돌아온 데 대하여 커다란 만족을 표시하셨으며 그들의 성과를 축하하셨다".[15]

한소수교로 대외 환경이 크게 나빠진 데다가 UN에 '떠밀려' 가입한 지 석 달 만인 1991년 12월의 김일성은 남북기본합의서를 손에 쥐고 왜 이리 좋아했을까? 북한 당국의 공식 평가는 이렇다. 남북기본합의서는 "나라의 평화와 평화통일의 새 국면을 열어나가는 데서 획기적인 의의를 가지는 평화통일촉진강령"(1991년 12월 24일 조선노동당 중앙위원회 6기19차 전원회의)이라는 것이다.[16]

'흡수통일 막았다'
김일성의 환호

이게 무슨 뜻일까? '번역기'를 돌려보자. 김일성은 연형묵 등 대표단을 만나 "이 문서는 천군만마보다 위력하다. 이로써 적들의 발목을 잡았다"고 평가했다.[17] '적들의 발목을 잡았다'는 김일성의 표현을, 정세현 전 통일부장관은 '흡수통일의 위험을 피할 수 있게 됐다'는 뜻으로 풀이한다.

　정세현에 따르면 서문과 본문 25개 조로 이뤄진 남북기본합의서 가운데 1~4조가 '흡수통일 배제'를 가리키며, 이 4개 조항이야말로 남북기본합의서 협상에서 북이 진정으로 원하던 것이다. 한편 고위급회담 남쪽 대표였던 임동원은 기본합의서 1~4조를 두고 "이걸지키는 건 남과 북이 상당 기간 평화공존한다는 뜻이어서 대단히 중요한 조항"이라고 평가한다.[18*]

　기본합의서 1~4조는 어떤 내용을 담고 있나? "남과 북은 서로 상대방의 체제를 인정하고 존중한다"(1조), "남과 북은 상대방의 내

---

* 임동원은 "그런데 그게(1~4조항이) 지켜지지 않았다"고 덧붙였다.

부 문제에 간섭하지 아니한다"(2조), "남과 북은 상대방에 대한 비방·중상을 하지 아니한다"(3조), "남과 북은 상대방을 파괴·전복하려는 일체 행위를 하지 아니한다"(4조)가 그것이다. 요약하면 체제 인정·존중(1조), 내정 불간섭(2조), 비방·중상 금지(3조), 파괴·전복 행위 금지(4조)다. 개성 남북공동연락사무소 폭파(2020년 6월)라는 비극으로 이어진 '대북전단 사태'에서 보듯, 북이 지금도 매우 중시하는 내용이다.

당시 북한 당국은 동서독 통일, 소련 해체, 동유럽 사회주의국가의 연쇄 체제전환을 지켜보며 체제 붕괴와 흡수통일의 공포에 사로잡혀 있었다. 북은 8차례의 예비회담과 1~5차 고위급회담 과정에서 다양한 방식으로 '흡수통일' 우려를 제기했다. 예컨대 이런 식이다. "통일은 절대로 어느 일방에 의한 통일로 되어서는 안 됩니다"(1차 회담 기조연설), "동서독식의 통일과정을 모방하려는 것은 매우 비현실적"(2차 회담 기조연설), "무슨 '승공'이니 '흡수통합'이니 하는 망상을 실현하기 위해 계속 대결만을 추구한다면…"(4차 회담 기조연설).

이에 대해 통일부는 당시 북의 대남정책이 "남한에 흡수당할지도 모른다는 공포감"에 따른 "수세적 체제생존전략의 일환으로 추진"됐다고 평가한다.[19] 실제로 고위급회담 북쪽 단장인 연형묵은 기본합의서 채택 이후 열린 6~8차 회담에선 흡수통일 우려를 제기하지 않았다.

'너무 양보했다'
김영철의 불만

동북아 냉전질서의 비대칭적 해소, 곧 한중·한소수교와 북미·북일 적대 지속이라는 절체절명의 위기에서 기본합의서 협상 테이블에 앉은 임한 북의 전략 목표는 '흡수통일 배제'였다. 그리고 이를 관철하기 위해서 북은 많은 양보를 할 수밖에 없었다. 고위급회담 남쪽 대표단의 회담 대표인 이동복의 회고에 따르면 남북기본합의서와 3대 부속 (화해·불가침·교류협력) 합의서 내용의 90% 남짓은 남쪽이 제안한 내용이다.[20] 예컨대 기본합의서가 채택된 5차 고위급회담 직전까지 남과 북이 이견을 좁히지 못한 '미합의 8대 쟁점'은 모두 남쪽이 제안한 것이다. 그 쟁점이란 '정전상태의 평화상태로의 전환, 해상 불가침 경계선, 불가침의 이행보장장치, 서울·평양 상설연락사무소 설치, 언론·출판물의 상호 개방, 통행·통신·통상의 3통위원회 설치, UN헌장에 따른 분쟁의 평화적 해결, 남북 양쪽이 각각 체결한 기존 협정과의 관계' 등이다.

이런 사정은 남과 북의 협의와 그 결과가 한쪽으로 크게 기울었음을 말해준다. '흡수통일을 막으려다 너무 많은 것을 내줬다'는 반발·불만이 북 내부에서 나올 만한 상황이었고, 실제 그런 일이 있었다. 고위급회담 북쪽 대표단의 김영철 조선인민군 소장*은 남쪽 대

---

* 2018~2019년 남북·북미 정상회담 과정에서 김정은 국무위원장의 대리인 구실을 하게 되는 그 김영철이다.

표인 박용옥 육군 소장한테 "이것은 당신네 협정이지 우리 협정이
아니다"라고 불평했다.[21] 이런 '아픔' 탓인지 북은 지금껏 남북기본
합의서 채택일을 기념하지 않으며, 당국 간 회담이나 공식문서에서
기본합의서를 언급하는 것도 피해왔다.

그래서 기본합의서는 화려한 말잔치에 불과한 '죽은 문서'인가?
전혀 그렇지 않다. 역대 남북 회담의 결과물 가운데 가장 강력하고
지속적인 영향력을 발휘하는 '합의'가 바로 기본합의서다. 전쟁과
분단으로 점철된 남과 북의 험난한 '따로 또 같이' 여정을 비추는 꺼
지지 않는 등불이다. 서문의 '통일 지향 특수관계' 규정이 핵심이다.
앞서 언급했듯 무관세 민족 내부거래, 개성공단 상품의 한국산 인
정, 남북단일팀의 국제대회 출전 등은 이 규정을 향도 삼은 남과 북
의 화해·협력 여정에 대한 국제사회의 지지·협력의 산증인이다.

남북기본합의서 비준하지 않은 한국

그런데 이 귀중한 기본합의서를 두고 대한민국은 국회의 동의를 거
쳐 대통령이 비준하는 절차를 밟지 않았다. 1992년 2월 17일 기본
합의서에 노태우 대통령이 서명하고 국무총리와 모든 국무위원이
부서해 대통령령으로 관보에 싣는 걸로 공식 절차를 마무리했다. 결
과적으로 기본합의서에 법적 구속력을 부여하지 않은 것이다. 정부
가 남북기본합의서를 조약으로 간주해 그에 걸맞은 국내법적 절차
를 밟지 않은 데는 헌법 해석을 비롯해 국가보안법 등 다양한 정치

적 고려가 작용한 것으로 보인다.[22] 이는 북쪽이 조선노동당 중앙위
6기19차 전원회의(1991년 12월 24일)와 중앙인민위원회·최고인민회
의상설회의 연합회의(1991년 12월 26일)를 거쳐 김일성 주석의 비준
을 마친 사실과 대비된다.

이는 이후 대한민국이 남북정상회담 합의(6·15 공동선언, 10·4 정상
선언, 4·27 판문점선언, 9월 평양공동선언)를 국회 동의를 거쳐 비준하지 않
는(또는 '못하는') 악습의 선례다. 정권교체 때마다 대북정책의 승계·
단절을 둘러싼 논란과 '남남갈등' 격화의 불쏘시개 구실을 하는 중
대한 '입법 미비' 상황의 지속이다. '적이자 동반자'라는 형용모순 관
계인 북을 대하는 정책과 관련한 최소한의 합의 기반이자 기준선
구실을 할 남북 정상선언 비준동의 등 제도화 절차를 더는 미루지
말아야 한다.

---

* 임동원은 애초 노태우 정부가 "국민의 기본권과 관련된 중대한 합의사항이며 국제조
약 못지않게 국민에게 중대한 재정적 부담을 지우는 합의서이므로 국회의 비준동의
를 원한다"는 방침이었지만, 당시 총선을 앞둔 점 등을 고려해 대통령 서명으로 국내
절차를 마무리했다고 증언했다. 이후 임동원은 2015년 별도 인터뷰에서 당시 상황을
좀 더 상세하게 증언한다. "애초 청와대와 통일부는 남북기본합의서를 조약으로 간주
해 국회 비준을 받는 데 적극적이었다. 그런데 총선(1992년 3월 24일)을 앞두고 여야 대
립으로 국회를 개원하기가 어려운 데다, 법무부와 여당 일부에서 헌법에 비춰 북한은
외국이 아니므로, 남북기본합의서에 대해 국회 비준 절차를 밟은 건 위헌이라는 주장
이 제기됐다. 이런 여러 사정이 작용해 비준 절차를 밟지 않게 된 것이다."

남북교류협력법, 분단사의 분수령

1990. 8

'남북교류협력에 관한 법률'(이하 '교류협력법')의 탄생은 남북 분단사에 분수령이다. 과장을 조금 섞어 말하자면 파천황의 사태다. 이 법의 목적을 규정한 제1조는 이렇다. "이 법은 군사분계선 이남지역(이하 '남한'이라 한다)과 그 이북지역(이하 '북한'이라 한다) 간의 상호 교류와 협력을 촉진하기 위하여 필요한 사항을 규정함을 목적으로 한다."

'애걔, 이게 무슨 파천황? 그래서 어쩌라고?'라고 되묻고 싶더라도 잠깐 참아주시길. 이 법은 노태우 정부 3년차인 1990년 8월 1일 제정·시행됐다. 그 이전까지 대한민국에 남북관계를 규율하는 법은 국가보안법뿐이었다. 알다시피 국가보안법은 조선민주주의인민공화국을 "정부를 참칭하거나 국가를 변란할 것을 목적으로 하는" 사실상 '반국가단체'로 규정한다. 북을 오가거나 북쪽 사람과 만나는 행위는 물론이고 말을 섞기만 해도 국가보안법 위반으로 처벌됐다.

국가보안법은 1948년 12월 1일 제정·시행됐고, 오랜 세월 '헌법 위의 법률' '실질적 헌법'으로 불렸다. 국가보안법의 관점에서 '반국가단체'와 교류·협력 촉진은 어불성설이다. 그런데 교류협력법은 남과 북 사이의 "상호 교류와 협력 촉진"을 목적으로 한다고 1조에 명시한다.

북한을 '동반자'로 인식한 첫 법률

교류협력법의 제정으로 남북관계를 규율하는 국내 법체계는 국가보안법과 교류협력법으로 이원화됐다. 조선민주주의인민공화국을 국가보안법이 '순전한 적'으로 간주한다면, 교류협력법은 "함께 번영을 이룩하는 민족공동체"로 관계를 발전시키기 위해 함께 노력해야 할 '동반자'로 여긴다. 국가보안법이 북의 실체성과 교류협력의 필요성을 부인한다면, 교류협력법은 북을 대화와 협력의 상대로 인식해 '정부 승인'을 전제로 교류협력에 합법성을 부여한다. 1948년생 국가보안법과 1990년생 교류협력법의 '북한 인식'은 티끌만큼의 공통점도 없다. 교류협력법의 탄생이 남북 분단사의 파천황적 사태라는 비유가 과장만은 아닌 까닭이다.

교류협력법의 탄생을 두고 당시 국토통일원(현 통일부)은 "남북 간 교류협력을 우리 헌정사상 최초로 법적으로 보장"했다고 자평했다.[23] '헌정사상 최초 법적 보장'의 의미는 넓고 깊다. 그야말로 역사적이다. 먼저 교류협력법의 탄생으로 통일 문제를 대통령의 통치행위로 여기던 관행이 법치행정으로 전환됐다. 둘째, 남북관계에서

'교류협력'이라는 법적 영역이 개척되었다. 셋째, 교류협력 과정에서 '비국가 행위자'(시민사회, 기업·자본)의 역할을 처음으로 인정했다. 넷째, 대북정책이 '말'을 넘어 '실천'으로 도약할 법적 디딤돌이 마련됐다.

교류협력법은 '북한'이라는 개념이 명시된 첫 국내법이다. 교류협력법은 1987년 개정된 현행 헌법 4조 '평화통일 원칙'에 근거한 법률이자, 1988년 7월 7일 노태우 대통령이 서울올림픽을 앞두고 안팎에 천명한 '민족자존과 통일번영을 위한 대통령 특별선언'(7·7 선언)을 구체화할 수단으로 마련된 법이다. 하지만 정작 당시 노태우 정부는 7·7 선언의 실천을 도울 새로운 법률안을 내놓거나 구체적 입법 준비를 하지는 않았다.

교류협력법이 세상에 나오느라 겪어야 할 산통은 1989년 이른바 '비국가행위자'의 잇단 방북, 특히 정주영 현대그룹 명예회장 방북의 후폭풍과 함께 왔다. 그해 1월 정주영의 방북은 노태우 대통령의 전폭적 지지 속에 이뤄졌다. 정부(상공부)의 방북 승인 공식 발표도 있었다. 그런데도 '불법 방북' 논란에 휩싸였다.

정주영이 서울에 돌아온 다다음 날인 2월 4일, 박세직 국가안전기획부장(안기부장)은 언론사 정치부장들을 안기부로 불러 정주영이 평양에서 "위대한 김일성 장군"이라 추임새를 넣는 장면이 담긴 영상물을 보여주며 '정주영 국가보안법 위반 논란'을 부추긴다. 노재봉 대통령 특보는 대통령 면전에서 정주영의 방북을 '불법 방북'이라 공격했다. 심지어 박세직은 정주영의 금강산 관광·개발 사업을 "잘 추진되도록 하라"는 노태우 대통령의 공식 지시를 "사문서로 법적 효력이 없다"며 깔아뭉갰다.[24] 정치적으론 변화를 거부하는 강경파의 격렬한 반발·저항에 따른 권력의 내분인데, 근본적으론 '교류협력'을 규율하며 합법성을 부여할 법률의 부재, 곧 입법 미비에 따른 과도기의 혼란이었다.

정주영·문익환·임수경 방북의
나비효과

노태우 정부는 '무슨 근거로, 왜 정주영의 방북만 승인했냐'는 물음에 답해야 했다. 무엇보다 대통령의 통치권을 뒤흔든 내분을 빠르게 수습할 정치적 필요가 있었다. 잇단 고위 당정협의를 거친 1989년 2월 11일 노태우 정부는 남북교류협력특별법안 단 한 건을 심의하기 위해 임시 국무회의를 연다. 이틀 뒤 이홍구 통일원장관은 '남북교류협력에 관한 특별법안'을 국회 외무통일위원회에 냈다. 정주영의 귀환일인 2월 2일 법률 제정 방침 결정에서 2월 13일 법안 제출까지 열하루밖에 걸리지 않은 속전속결이었다.[25]

노태우 정부의 입법안을 보면 '창구 단일화'를 전제로 교류협력을 정부가 관리·통제하려는 의도가 뚜렷하다. 다시 말해 남북 교류협력은 정부를 통해야만 한다는 '국가중심주의적 접근'이다. 그런 동시에 이 법안은 적대 일변도의 남북관계를 화해와 협력으로 이끌 안내도를 담고 있다. 그 얼개는 이렇다. 첫째 "이 법에 따른 행위에는 국가보안법을 적용하지 아니함", 둘째 통일원장관을 위원장으로 하는 남북교류협력추진협의회 설치, 셋째 인적 왕래에 통일원장관의 승인권, 넷째 남북교역을 민족 내부거래로 간주해 무관세 적용, 다섯째 남북교역은 국가기관·지자체·정부투자기관과 무역업 허가를 받은 자로 한정 등이다. 국토통일원이 1969년 3월 개원 이래 21년 만에 제출한 첫 법률안이라는 점도 기록해둘 만하다.

그 와중에 1989년 3월 25일~4월 3일 문익환 목사 '미승인 방북'의 후폭풍이 한국 사회를 강타한다. 노태우 정부는 정주영과 달리 문 목사를 구속하고 '공안정국'을 조성해 1987년 6월항쟁 이후 목소리를 높여온 노동자 등 민중운동 탄압에 들어갔다. 이제는 영화 《범죄와의 전쟁: 나쁜놈들 전성시대》(2012)로 더 익숙한, 노태우 정부의 '범죄와의 전쟁'은 노동자·민중 탄압에 쏠릴 여론을 흩트리려는 성동격서였다.

여기에 같은 해 7월 1일 제13차 평양 세계청년학생축전 개막식에 참석한 두 사람의 한국인—전국대학생대표자협의회(전대협) 대표 임수경과 대통령 정책특보 박철언—에 대한 전혀 다른 처분이 방북 논란에 기름을 부었다. 같은 시각 같은 공간에 있었음에도 임수경은 구속되어 감옥에 갇힌 반면 박철언은 멀쩡했기 때문이다. 정주영의 방북에 대한 권력 내분으로 시작된 논란은 문익환·박철언·임수경을 거치며 거대한 이슈로 번졌다. 국가보안법의 자의적 적용 등을 둘러싼 문제제기와 논란을 '통치행위' 논리로 무마하기 어려운 상황에 이른 것이다.

국가보안법에 포획된 채 태어난 교류협력법

노태우 정부의 수습 방안은 정부가 통제·관리하는 남북 교류협력의 합법화였다. 국회의 입법을 기다릴 여유가 없었다. 7·7 선언(1988)으로 이미 물꼬를 터놓은 참이기도 했다. 이에 따라 1989년 6월 12일 '대통령특별지침 1호'의 형식을 빌려 '남북교류협력에 관한 기본지침'이, 7월 21일에는 '남북교류협력 세부시행지침'이 제정·시행된다. 이 지침은 이듬해 8월 1일 교류협력법이 제정·시행·공포될 때까지 1년간 남북교류협력과 관련한 법률 구실을 했다. 국회에서 위헌 논란이 있었음은 물론이다. 사실상 '입법'인 '대통령 특별지시'는 그 이전에도 이후에도 찾아볼 수 없는 정부 행위였다.

안타깝게도 교류협력법은 국가보안법의 굴레에 갇힌 채 탄생했다. 애초에 노태우 정부는 "이 법에 따라 행하여지는 행위에 대하여는 국가보안법을 적용하지 아니한다"고 규정해, 교류협력법을 국가보안법과 동급의 법률로 만들려 했다. 그러나 1990년 1월 '3당 합당'으로 출범한 217석의 초거대 보수여당 민주자유당(민자당)의 견제 끝에 이 문구는 "(…) 정당하다고 인정되는 범위 안에서 다른 법률에 우선하여 이 법을 적용한다"로 바뀌었다. 교류협력법에 근거를 둔 행위라도 정당하다고 인정받지 못하면 국가보안법으로 처벌할 수 있는 평계를 만들어놓은 것이다. 다시 말해 교류협력법은 사실상 국가보안법의 하위법, '특별법의 특별법'으로 세상에 나온 셈이다.

30여 년이 흐른 지금 '다른 법률과의 관계'를 규정한 현행 교류협력법 3조는 "이 법률의 목적 범위에서 다른 법률에 우선하여 이 법을 적용한다"고 밝히고 있다. '정당하다고 인정되는 범위'라는 주관적 표현이 '법률의 목적 범위'라는 한결 명확한 용어로 개선됐지만, 아직도 국가보안법의 어두운 그림자에서 완전히 벗어나지는 못했다. 갈 길이 멀다.

1989년 평양의 문익환과 황석영, 그리고 임수경

'하늘을 우러러 한 점 부끄러움이 없기를' 바랐던 윤동주의 말, '모든 통일은 선'이라고 외쳤던 장준하의 마음을 스스로의 마음으로 하면서, 김일성 주석 동지를 만나고자 합니다.

1989년 3월 25일 평양 순안공항에서 전국민족민주운동연합(전민련) 고문 문익환(당시 71세)이 읽은 '평양 도착 성명'의 한 구절이다.[26] 문익환은 그 자리에서, 1948년 4월 19일 김구 선생이 해방 조국의 분단을 막고자 38선을 넘으며 읊은 이양연의 〈야설野雪(들판의 눈)〉을 노래했다. "내가 밟고 가는 눈 덮인 들판 길 조심하여 헛 밟지 말지어다. 오늘 걷는 나의 발자취가 뒤에 오는 이의 표식이 될 것임에."

문익환은 평양에 내딛자마자 김구와 윤동주, 장준하를 되새겼다. 이들을 꿰는 낱말은 '민족'. 문익환은 "김구 선생님의 뼈아픈 실패를 결코 되풀이할 수 없다는 결의로 이 자리에 왔다"고 외쳤다. 그러고는 "윤동주는 저의 죽마지우, 장준하는 나의 둘도 없는 마음의 벗"이라 밝혔다.

문익환, 윤동주, 장준하는 일제강점기인 1930년대 중반 평양 숭실학교를 함께 다녔다. 문익환과 윤동주는 '조선을 밝힌다'는 뜻의, 북간도 명동明東촌에서 함께 나고 자랐다. 윤동주가 1917년 12월, 문익환이 1918년 6월 세상에 나왔다. 장준하는 1918년 8월 평안북도 삭주에서 났다. '세 친구'는 강물을 거슬러 오르는 연어처럼 '자유롭고 독립된 조국'과 '분단되지 않은 조국'을 찾아 한평생 시대를 거슬렀다. 윤동주는 해방을 반년 앞둔 1945년 2월 후쿠오카형무소에서 숨을 거뒀고, 장준하는 박정희 독재에 맞서 '민주'와 '통일'을 외치다 1975년 8월 경기도 포천 약사봉에서 의문사했다.

그러므로 1989년 평양의 문익환은, '김구'이자 '윤동주'이자 '장준하'다. 앞서 떠난 세 사람이 그랬듯, 문익환도 "역사를 산다는 것은 벽을 문으로 알고 부딪치는 것"이라던 평소의 외침대로 국가보안법을 포함해 남과 북의 그 무엇과 누구 앞에서도 주눅 들거나 멈춰 서지 않았다. 문익환은 도착 성명 발표 뒤 문답 없이 기자회견을 끝내려는 정준기 조국평화통일위원회(조평통) 부위원장의 제지를 뿌리치고 외쳤다. "한편이 이기고 한편이 지는 일이 아니라 우리 모두가 승리자가 되는 길을 찾아왔습니다."

'벽을 문으로 알고 부딪혀'
뚫어낸 남북의 활로

서울에서 '택시요금 2만 원'이면 족하다 여긴 평양을, 문익환은 도쿄와 베이징을 돌아 닷새 만에야 도착했다. 그곳에서 문익환은 김일성과 두 차례 만난다. 3월 27일 주석궁에서 김 주석과 오찬을 겸해 1차 회담을, 4월 1일 모란봉초대소에서 2차 회담을 했다.[27] 문익환-김일성의 회담 결과는, '전민련 고문 문익환'과 '조평통 위원장 허담'을 공동 주체로 한 9개 항의 공동성명(이하 '4·2 공동성명')으로 발표됐다.[28]

4·2 공동성명의 3항과 4항이 특히 중요하다. "쌍방은 정치군사 회담을 추진시켜 북남 사이의 정치군사적 대결 상태를 해소하는 동시에 이산가족 문제와 다방면에 걸친 교류와 접촉을 실현하도록 노력한다"(3항), "쌍방은 누가 누구를 먹거나 누구에게 먹히우지 않고 일방이 타방을 압도하거나 타방에게 압도당하지 않는 공존의 원칙에서 연방제 방식으로 통일하는 것이 우리 민족이 선택해야 할 필연적이고 합리적인 통일 방도가 되며 그 구체적인 실현 방도로서는 단꺼번에 할 수도 있고 점차적으로 할 수도 있다는 점에 견해의 일치를 보았다"(4항)가 그것이다.

3항은 '정치군사 먼저'(북)와 '교류협력 먼저'(남)로 평행선을 그어온 남북의 협상 의제 기싸움이 공통의 기반을 마련할 수 있다는 실증이자, 남북 당국이 8차례 1년 6개월에 걸친 예비회담 끝에 가까스로 합의한 남북고위급회담 의제를 선취한 것이다. 1990년 7월

26일 남북이 합의·발표한 고위급회담 의제는 "남북 간의 정치·군사적 대결 상태 해소와 다각적인 교류협력 실시 문제"로 4·2 공동성명의 3항과 큰 틀에서 같다. 문익환의 방북이 남북고위급회담의 마중물 구실을 한 셈이다.

"연방제 방식 통일을 점차적으로 할 수도 있다"는 4항은, 북이 '통일은 과정이다'라는 인식에 공개 동의한 첫 사례다. 이 합의는 남북통일 방안과 관련해 정상 차원에서 문서로 합의한 유일한 표현인 2000년 6·15 공동선언 2항*의 밑돌이 된다. '통일은 과정'이라는 인식에 따라 사실상 이를 장기 과제로 미뤄둔 6·15 공동선언 이후 남북 당국은 통일 방안을 두고 더는 공개 설전을 벌이지 않았다.

4·2 공동성명 6항에 문익환의 주도로 (중·소가 남과, 미·일이 북과 수교하는) '교차승인'이라는 표현이 들어간 사실도 주목해야 한다. 문익환이 김일성을 만나 가장 먼저 꺼낸 화두가 바로 교차승인이었다. 김일성이 오랜 세월 '두 개의 조선 조작·분열 책동'이라 맹비난해온 사실을 모를 리 없는 문익환이 '벽을 문으로 알고' 일부러 부딪친 것이다. 2년 6개월 뒤인 1991년 9월 남과 북은 UN에 동시·분리 가입했고, 이는 지금껏 남북 공존의 국제법적 기반이다.

문익환의 방북은 "남북 교류는 정부뿐만 아니라 민간 차원에서도 이뤄져야 한다"(1989년 4월 4일 베이징 기자회견)는 소신의 실천이었다. 문익환-김일성 회담은 남북 당국의 공개·비공개 회담과 별개로

---

* "남과 북은 나라의 통일을 위한 남측의 연합제안과 북측의 낮은 단계 연방제안이 서로 공통점이 있다고 인정하고 앞으로 이 방향에서 통일을 지향시켜 나가기로 하였다."

남쪽 시민사회와 북쪽 (준)당국 사이의 '제3의 남북 대화'가 가능함을 실증한 역사적 선례다.

노태우 정부의 자기분열

문익환의 '방북 성과'에 대한 노태우 정부의 대응은 분열적이었다. 조심스러운 긍정과 전면 부정이 뒤엉켰다. 1989년 5월 국회 외무통일상임위에서 평화민주당 김대중 의원이 "(문익환을 만난) 김일성이 '노태우 대통령'이란 호칭을 써 남북정상회담의 가능성을 시사했다"고 짚자, 이홍구 통일원장관은 "정상회담의 가능성이 생긴 것을 절대 가볍게 생각하지 않는다"고 호응했다. 이홍구는 "(4·2 공동성명에 밝힌 대로) 북한이 정치·군사를 비롯한 교류협력에 대한 모든 문제를 논의할 용의가 있다는 것만으로도 남북 고위당국자회담의 전망이 밝아질 수 있다"고 밝혔다. 문익환 방북의 성과를 인정한 것이다.

하지만 노태우 정부는 문익환의 방북 성과를 남북 대화와 공존의 디딤돌이 아닌 '공안정국'의 빌미로 삼는다. 노태우 정부는 문익환이 평양을 떠난 1989년 4월 3일, 공안합수부를 꾸려 학생·노동·사회운동 탄압에 들어간 것이다. 검찰은 문익환에게 국가보안법상의 잠입탈출(6조)·회합통신(8조)·금품수수(5조)·기밀누설(4조)·찬양고무(7조) 등 길고 다양한 죄목을 붙여 재판에 넘겼고, 1990년 6월 대법원은 '징역 7년, 자격정지 7년'을 확정판결했다.

문익환은 '몰래 방북'하지 않았다. 문익환은 자신의 방북 계획을 김대중 평화민주당 총재를 만나 알렸고, 김영삼 통일민주당 총재한테는 지인을 보내 전했다.[29] "역사를 산다는 건, 하늘을 땅으로 땅을 하늘로 뒤엎는 일"이라는 문익환한테 덮어씌운 '잠입탈출죄'는 얼마나 옹색한가. "공산통일은 먹힘이지 통일이 아닙니다"라는 문익환한테 '찬양고무죄'는 또 얼마나 가당찮은 것인가.

국가보안법의 위헌성

1989년 정부의 승인을 받지 않고 평양에 간 이가 문익환만은 아니다. 문익환이 감옥에 갇혀 있던 1989년 6월 30일 당시 한국외국어대학교 4학년생 임수경이 평양에 도착해 전대협 대표 자격으로 제13차 세계청년학생축전(평양축전)에 참가했다. 임수경 역시 남쪽으로 돌아온 뒤 '징역 5년, 자격정지 5년'을 선고받고 감옥에 갇혔다. 그러나 임수경에게 적용된 '국가보안법 위반죄'는 두 가지 측면에서 문제적이다.

첫째, 노태우 정부는 애초부터 평양축전 참가를 금지하지 않았다. 노태우는 1989년 1월 새해 기자회견에서 평양축전을 "반제 국제공산주의 운동의 전위 역할을 하는 집회"라면서도 "그러나 남북 간에 어떤 형태든, 어떤 분야든 교류를 해야 되겠다 하는 입장과 정책에 따라서 문교부(현 교육부)에서 이 학생교류 방침을 지금 정하고 있지 않습니까. 우리는 어떤 것이든 교류 성사의 기회로 활용할 것"이라고 밝혔다.[30] 평양축전을 남북 교류협력의 기회로 삼겠다는 얘기였다.

이에 따라 대통령 연설 열흘 뒤 '남북학생교류추진위원회'(1월

27일)가 발족했고, 다시 보름여 뒤 노태우 정부는 평양축전에 대학생 200명을 파견하기로 결정(2월 13일)했다.[31] 그러나 이런 태도는 3~4월 문익환의 방북 이후 공안정국의 조성과 함께 급변한다. 6월 6일 정원식 문교부장관은 평양축전을 "반한·반미 투쟁을 부추기는 북한의 선전장"으로 규정하고, 전대협의 방북을 불허한다고 발표했다.[32]

둘째, 1989년 7월 1일 평양 능라도 경기장에서 열린 평양축전 개막식에 참가한 '대한민국 국민'은 임수경 혼자가 아니다. 김일성·김정일 등 북한 수뇌부가 자리한 중앙 주석단에 박철언 대통령 정책특별보좌관과 그 수행원인 강재섭 민주정의당(민정당) 의원이 앉아 "임수경 양이 우레와 같은 박수갈채 속에 영웅처럼 손을 흔들어 대며 입장하여 경기장을 한 바퀴" 도는 모습을 지켜봤다.[33] 노태우 정부의 승인을 받지 못한 임수경은 1989년 6월 21일 서울 김포공항을 떠나 일본 도쿄, 서독 서베를린, 동독 동베를린을 거쳐 열흘 만인 6월 30일 오후 1시 30분 평양 순안공항에 도착했다. 반면 같은 날 노태우의 특사 자격으로 군사분계선을 넘은 박철언은 단 몇 시간 만에 평양까지 직행했다.[*]

소설가 황석영은 문익환이 평양에 도착하기 닷새 전인 1989년 3월 20일 이미 평양에 있었다. 그는 문익환과 김일성의 만남에 함께

---

[*] 당시 박철언은 조국평화통일위원회의 허담 위원장, 한시해 부위원장 등과 회담한 뒤 1989년 7월 2일 백두산에 올랐다. '박철언-한시해' 창구는 전두환·노태우와 김일성을 잇는 비밀협상 통로로 '88라인' 창구라 불렸다. 박철언은 한시해와 1985년 7월부터 1991년 12월까지 남과 북, 제3국을 오가며 모두 42차례 비밀 회담을 했다.[34]

했다.[35] 황석영은 자신의 동향 파악을 담당한 안기부 직원과 이종찬 민정당 의원한테 방북 계획을 미리 알렸다.[36] 하지만 그도 정부의 승인을 얻은 것은 아니었다. 4월 23일 황석영은 한국민족예술인총연합(민예총) 대변인 자격으로 북쪽의 조선문학예술총동맹 중앙위원회 제1부위원장 최영화와 '북과 남이 민족문학예술을 통일적으로 발전시킬 데 대한 합의서'를 채택한다.[37]

그 이튿날 황석영은 평양을 떠났다. 그는 문익환·임수경과 달리 남쪽으로 오지 않고 일본·독일·미국 등지에서 4년여를 체류한다. 황석영은 "남과 북의 새로운 관계를 위하여 북에 대한 객관적인 기행문을 책으로 쓸 시간을 얻기 위해서"라고 밝혔다.[38] 평양에서 만난 문익환이 "다 들어가서 모두 구속될 필요는 없으니 해외에 남아 남과 북을 잇는 다리 역할을 하다가 들어오라"고 당부한 것도 작용했다.*

이렇듯 1989년 평양의 문익환과 황석영, 임수경(과 박철언)은 국가보안법의 위헌성과 남북 교류협력을 합법화해야 하는 이유를 온몸으로 증명했다. 교류협력법을 한국 시민사회의 악전고투가 거둔 빛나는 성과라고 해도 과하지 않은 까닭이다.

---

* 이 4년간 황영석은 네 차례 더 북한을 찾는다. 각각 북쪽에 있는 이모의 장례식 참석, 제1차 범민족대회에 남쪽 대표 자격으로 참가, 범민련 해외본부 창립대회 준비가 목적이었고, 마지막 방북은 오랜 국외 생활로 망가진 몸을 돌보기 위해서였다.[39]

1992년 대선과 '훈령 조작 사건'

1992. 9

제8차 남북고위급회담(1992년 9월 15~18일, 평양 인민문화궁전) 사흘째인 9월 17일 아침 7시 15분 남쪽 대표단에 서울발 '훈령'이 도착했다.

> 리인모 씨 건에 관하여 3개 조항이 동시에 충족되지 않을 경우 협의하
> 지 말 것.

북쪽과 이틀간의 줄다리기 끝에 사실상 합의에 이르렀다고 판단하던 대표단은 예상 밖의 강경한 훈령에 당혹스러워했다. 어렵사리 만들어낸 협상안을 모르쇠하며 '무조건 3개 항 관철'만 되뇌어야 할 궁색한 처지로 몰렸기 때문이다. '훈령'은 회담 대표단의 언행과 협상 목표·전략을 구속하는 절대지침이다(대다수 남북 당국회담에선 대통령의 승인을 얻어 전달된다). 화창하던 평양의 회담장에 짙은 먹구름이 몰려들었다.

하지만 이 서울발 훈령은 '가짜'였다. 남북회담 역사에 전무후무한 '훈령 조작·묵살' 사건의 시작이다. 사실 노태우 대통령은 8차 고위급회담 직전에 수석대표인 정원식 국무총리를 불러 "연말연시에 맞춰서 이산가족 상봉이 꼭 이뤄질 수 있게 하라"고 직접 지시한 터였다.* '이산가족 상봉 성사'를 최우선순위로 두고 협상하라는 '대통령 훈령'이다. 대표단은 회담 전날인 9월 14일 고위전략회의를 열었다. 여기서 대표단 대변인이자 회담 대표인 이동복이 북쪽이 바라는 '리인모 송환'을 대가로 '이산가족 고향방문 사업 정례화, 판문점 이산가족 면회소 설치 운영, 1987년 1월 어로 중 납북된 동진27호 선원 12명 송환' 등 3개 항을 '협상기법상 조건'으로 내걸자고 제안했다. 회담 초기에 3개 항을 모두 요구하되, 상황에 따라 요구 조건을 낮추자는 얘기였다. 이에 따라 대표단은 '리인모 송환 대 3개 항'의 협상을 벌이되 "상황에 따라 융통성 있게 대처"하기로 방침을 정했다." 사실상 '이산가족 상봉' 성사를 전제로 '면회소' 또는 '동진호' 가운데 하나만 더 북쪽이 받아들이면 '리인모 송환'과 맞바꾸는 합의를 하기로 한 셈이다. "이산가족 상봉이 꼭 이뤄질 수 있게 하라"는 노태우 대통령의 지침에 따른 전략이다.

---

* 전쟁과 분단이 남긴 가장 큰 고통 중 하나인 이산가족 문제는 역대 대통령이 대북정책 수행 과정에서 최우선순위로 다룬 사안이다. 꼭 이산가족이 아니더라도 시민사회의 관심이 매우 높아 이 사안을 어떻게 다루느냐에 따라 지지율이 오르내리기 때문이다. 한국인에게 이산가족이 어떤 의미인지는 "누가 이 사람을 모르시나요"라는 노랫말로 상징되는 1983년 《KBS》 특별생방송 〈이산가족을 찾습니다〉가 잘 보여준다. 애초 이틀에 걸친 24시간 생방송으로 기획된 이 프로그램은 최고시청률 64.9%를 기록하는 등 폭발적인 반응을 일으키며 무려 136일간 계속되었다.[10]

이동복의 대통령 훈령 조작

그러던 대통령이 돌변해 '3개 항 절대 고수' 훈령을 보냈다? 어찌 된 일일까?

먼저, 회담의 쟁점인 '리인모'에 대해 간단히 소개하고 넘어가자. 그는 조선인민군 종군기자로 한국전쟁에 참전했다가 지리산에서 붙잡혀 두 차례 34년간 옥살이를 한 '비전향 장기수'로, 김영삼 정부 첫해인 1993년 3월 가족 방문 목적의 '장기방북' 형식으로 돌아가 2007년 6월 89세로 평양에서 사망했다.

북쪽은 7차 고위급회담(1992년 5월 5~8일 서울 신라호텔)에서 '남북기본합의서 이행의 첫 선물로 이산가족 상봉을 위한 방문단을 상호 교환하자'는 파격적 제안과 함께 "리인모 선생 문제를 하루빨리 해결하자"(연형묵 총리 기조연설)고 요구했다. 사실상 '이산가족 상봉'과 '리인모 송환'을 맞바꾸자는 것이다. 이에 노태우 대통령은 7차 회담 직후인 1992년 5월 22일 "리인모의 송환을 전향적으로 조처할 것과 비전향 좌익수 175명 중 귀향 희망자를 모두 송환하는 문제도 전향적으로 검토할 것"을 지시했다.[42]

다시 말해 8차 회담 이전에 '이산가족 상봉-리인모 송환' 거래는 사실상 성사된 셈이니, '리인모 송환'을 고리로 '면회소' 또는 '동진호' 문제에서 북쪽의 추가 양보를 타진해보기로 한 정도다. 사정이 이러하니 '3개 항 절대 고수'는 생뚱맞은 훈령일 수밖에 없다.

'가짜 훈령'의 기획·실행자는 대표단 대변인인 '이동복'이다. 국가안전기획부장 특보인 이동복이 안기부 통신망으로 엄삼탁 안기부 기조실장한테 "청훈(훈령 요청) 전문을 묵살하고 '리인모 건에 관하여 3개 조건이 충족되지 않는 한 협의하지 말라'는 내용의 회신을 보내달라. 전문을 보고 난 후 파기하라"고 부탁했고, 엄삼탁은 그의 말에 따랐다.[13] 그 과정에서 정부 내부 논의나 대통령 보고·재가는 없었다. 이동복-엄삼탁이 조작한 '3개 항 고수' 가짜 훈령이 평양 회담 대표단에 도착한 시점까지 정식 청훈의 수신인으로 지정된 이상연 안기부장, 최영철 통일원장관, 김종휘 청와대 외교안보수석 누구도 평양에서 보고·청훈이 있었다는 사실조차 몰랐다.[14]

안기부장도 따돌린 이동복-엄삼탁의 공작

애초 평양의 회담 대표단이 9월 17일 0시 30분에 서울로 발송한 '협상 중간보고 겸 청훈' 전문은, 이동복-엄삼탁의 '가짜 훈령'이 평양 회담 대표단에 도착하고도 한참 더 지난 9월 17일 오후 2시께야 '안기부장→외교안보수석' 라인으로 전화 통보됐고, 한 시간 뒤인 오후 3시께 노태우 대통령한테 보고됐다. 엄삼탁 등 안기부 일부 세력이 안기부장도 따돌리고 평양 대표단의 청훈 전문을 13시간 30분 동안 깔아뭉갠 것이다.

그날 오후 4시 15분 평양 회담 대표단에 대통령이 재가한 '진짜 훈령'이 전달됐다.

3가지 조건의 동시 관철이 바람직하나 불가할 때는 이 가운데 첫째와 둘째 또는 첫째와 셋째만 관철돼도 리인모 씨 북송을 허용할 수 있음.

요컨대 '이산가족 가족 방문단 사업 정례화'는 필수이고 여기에 '판문점 이산가족 면회소 및 우편물 교환소 설치와 상설 운영' 또는 '동진호 선원 12명 귀환' 가운데 하나만 더 얻어내면 합의하라는 지침이다. 북이 회담에서 이산가족 상봉과 면회소 설치에 동의한 만큼, 추가 협상 없이 최종 타결해도 좋다는 훈령이다.

그런데 뒷날 사건 조사에 관여한 김영삼 정부 초대 통일부총리 한완상에 따르면 이 훈령을 전달받은 이동복은 정원식을 포함해 회담 대표단의 그 누구한테도 서울에서 새 훈령이 왔다는 사실을 회담이 사실상 끝날 때까지 공개하지 않았다.[45*] 이동복은 회담을 깨려고 '가짜 훈령' 조작도 모자라 '진짜 훈령'까지 묵살한 것이다. 결국 남과 북은 서로 바라던 '이산가족 상봉과 판문점 면회소 설치'와 '리인모 송환'의 맞교환 합의에 실패했고, 탈냉전 초기 남북 공존의 로드맵을 짜던 남북고위급회담도 8차를 끝으로 더는 열리지 못했다.

노태우 정부는 8차 고위급회담 직후인 1992년 9월 23일 정원식 총리 주재로 고위급전략회의를 열고, 이후 정부 내부 조사를 거쳐 이동복의 '훈령 조작·묵살 사건'의 실체를 파악했다. 회담 대표인 임동원 통일원차관의 '이산가족 문제 협상 경위와 내용'(9월 23일), 최영철 통일원장관의 '제8차 남북고위급회담 청훈 관련 통일부총리 입장'(9월 23일), 김종휘 외교안보수석이 자체 조사를 거쳐 대통령에

---

* 사건의 당사자인 이동복의 회고에 따르면 그는 '진짜 훈령'을 접수한 지 3시간 가까이 지난 9월 17일 오후 7시 만찬 석상에서 수석대표인 정원식 총리한테 구두로 전달했고, 훈령 전문을 보고한 것은 그날 밤 11시 숙소인 백화원초대소로 돌아온 뒤였다.[46]

게 보고한 비밀문서인 '훈령 조작·묵살 사건 조사결과 보고서'(9월 25
일) 등 3개 문건이 그 결과물이다. 그러나 이 전대미문의 사건은 '훈
령 조작·묵살'의 주체인 이동복을 포함해 아무도 징계·처벌하지 않
고 외부에 발표되지도 않은 채 그냥 묻혔다.

1992년 대선 승리 위해 남북 합의 가로막은 '그들'

'훈령 조작 사건'이 세상에 드러난 것은 이듬해인 1993년 11월
12일 국회 외무통일위원회에서다. 이부영 민주당 의원이 이 사건의
존재를 폭로하면서 감사원이 직무감찰에 나선 것이다. 이회창 감사
원장은 12월 21일 '청훈 차단-훈령 조작-처리 지연-훈령 묵살'이
모두 사실이라고 발표했다. 그런데도 형사처벌을 받은 이는 아무도
없었다. 이동복이 안기부장 특보직을 잃었을 뿐이다.

이동복 등의 '훈령 조작·묵살'이 명백히 사실임을 노태우·김영
삼 정부에서 두 차례나 확인하고도 사실상 아무런 조처를 취하지
않은 건 14대 대통령 선거(1992년 12월 18일)와 관련이 있다. 임동원에
따르면 1992년 5월 19일 민자당 전당대회에서 김영삼이 대선 후보
로 선출되자 그를 향한 현직 청와대 수석비서관 다수의 "충성선언
이 이어졌고, 이때부터 노태우 정부에서 권력누수 현상(레임덕)이 일
어났"으며 "국내정치가 남북대화의 발목을 잡기 시작"했다.[17]

전대미문의 '훈령 조작·묵살'이 감행된 데는 '대선 셈법'도 작용
했다. 14대 대선에서 김영삼의 경쟁자는 한반도 문제 전문가이자
남북 화해·협력 주창자인 야당의 김대중 후보였다. 김대중을 이기

려면 남과 북 사이에 '화해·협력'보다 '긴장·갈등'이 절대적으로 유리하다는 판단을 내린 것이다.

어떤 이들한테는 한반도 8000만 시민·인민의 안전하고 평화로운 삶보다 눈앞의 권력·이권이 중요하다. 분단의 지속, 남과 북의 갈등·대립을 기회로 여기는 '분단 정치 세력'의 어두운 민낯이다. 그들의 숨소리는 아직도 멎지 않았다.

북핵문제,
미국이 남북관계에 심은 트로이목마

1991. 12

세계 각지에 배치된 미국의 지상·해상 발사 전술핵무기를 모두 철수
하겠다.

1991년 9월 27일 저녁 8시 조지 H. W. 부시(아버지 부시) 미국 대
통령(1989~1993)이 텔레비전에 나와 전격 발표한 내용이다. 소련의
상응 조처를 전제조건으로 내세우지 않은, 패권국 미국의 전례 없는
전술핵무기 철수 선언이었다. 놀란 건 저녁 식탁을 물리고 나른한
행복감에 빠져들던 미국 사람들만이 아니다.

부시의 이 발표는 1990년대 초 비대칭 탈냉전 시기 남북·한미·
북미 양자관계에 연쇄 반응을 일으켜, 한국전쟁 이후 처음으로 '남
북미 삼각관계'를 성립·작동시킨 역사의 원점 구실을 한다. 실제로
북한은 바로 다음 날 "미국이 실지로 남조선에서 핵무기를 철수하
게 되면 우리의 핵담보협정(국제원자력기구 핵안전조치협정) 체결의 길

도 열리게 될 것"이라는 외교부 대변인 성명으로 화답했다.[18] '주한 미군 핵무기 철수'를 기정사실화하는 전략이다.

부시의 깜짝 발표를 이끈 직접적 원인은 한 달 전 소련에서 벌어진 '8월 쿠데타'다. 1991년 8월 19일 소련 공산당 보수파는 미하일 고르바초프 소련 대통령 겸 공산당 서기장을 크림반도 포로스 별장에 50시간 동안 감금했다. 고르바초프를 미워하던 북한은 〈쏘련국가비상사태위원회가 쏘련인민에게 보내는 호소문을 발표〉라는 기사를 《노동신문》(1991년 8월 20일)에 실어 보수파의 쿠데타에 기대감을 드러내기도 했다.

하지만 이 쿠데타는 '삼일천하'로 끝났고, 휘청이던 소련을 연방해체라는 낭떠러지로 떠민 결정타가 됐다. 결국 부시 대통령을 포함한 미국의 전략가들은 붕괴 위기에 몰린 소련의 핵무기가 '불량국가'에 흘러드는 것을 막으려 '전술핵무기 일방 철수' 카드를 꺼내 든 것이다. 부시의 회견 여드레 뒤인 10월 5일 고르바초프는 "전술핵무기 폐기를 포함한 광범위한 감축 조처를 취하겠다"고 화답했다.

부시의 한반도 전술핵 철수 결정

30여 년 전 일을 새삼스레 꺼낸 까닭은, 부시가 '세계 전술핵무기 철수 발표'와 별도로 내린 한반도 관련 '비공개 명령' 때문이다. 한국에 있는 40개 남짓한 포병용 W-33 포탄과 함정용 전술핵무기는 물론, 군산 공군기지의 F-16기에 장착한 60여 기의 B-61 핵탄두를 제거·

철수시키라는 명령이다.* 공군의 전술핵무기는 당시 주한미군 핵전력의 알짬인데, 애초 부시가 철수 지시를 한 '지상·해상 발사 전술핵무기'가 아니다. 부시의 전술핵무기 철수 명령은 동북아 주변국의 각별한 관심을 끌었는데, 특히 북한은 미국이 보내는 '우호적 신호'로 받아들였다. 실제 미국 역시 이를 '북한의 우호적 반응'을 이끌어 내려는 유인책으로 여겼다.

북한은 부시 대통령의 '전술핵무기 철수 발표' 직후 평양 인민문화궁전에서 열린 4차 남북고위급회담(1991년 10월)에서 '긴급 제안'이라며 '조선반도의 비핵지대화에 관한 선언(초안)'을 내놨다. 앞서 북쪽 단장 연형묵은 1·2차 고위급회담 기조연설에서 "미군과 그의 핵무기 철수"를 언급했으나 정작 3차 회담 때 내놓은 '북남 불가침과 화해·협력에 관한 선언(초안)'에선 주한미군 핵무기 철수를 요구하지 않았다.

이렇듯 1~3차 고위급회담에서 핵문제를 비중 있게 다루지 않던 북한의 이 '긴급제안'은 이례적이었다. "남조선 배치 핵무기가 완전 철수되면 핵사찰에 응하겠다"는 연형묵의 발언은, 9월 외교부 대

---

* 한국에는 1957년께부터 미국의 전술핵무기가 배치되었는데, 많을 때는 760여 개에 달했으나 지미 카터 행정부(1977~1981) 시기에 급격히 감축돼 1980년대 말에는 100개 안팎이었던 것으로 알려져 있다. 미국 정부는 주한미군에 배치된 전술핵무기 정보를 한국의 대통령을 제외한 한국 정부의 누구와도 공유하려 하지 않았다. 노태우 대통령은 자신의 회고록에서 취임 후 며칠 지나지 않아 제임스 릴리James Roderick Lilley 주한 미국대사와 루이스 메네트리Louis Menetrey 주한미8군 사령관이 청와대를 방문해 김종휘 보좌관만을 통역으로 배석시킨 채 "대한민국에 전술핵이 있다"고 알려줬다고 밝혔다. 노 대통령은 미국이 한국 국방부장관한테조차 한국에 핵무기가 존재하는지 여부를 공식적으로 확인해주지 않았다고 덧붙였다.[19]

변인 명의의 성명과 마찬가지로 부시의 '전술핵무기 철수' 발표를 기정사실화하려는 회담 전략 전환이라 할 수 있다.[50]

남쪽 수석대표인 정원식 총리는 4차 고위급회담 기조연설에서 "귀측이 핵무기 개발을 중단하고 모든 핵물질과 시설에 대한 국제기구의 사찰을 무조건 받아들여야 한다"고 짚었다.[51] 하지만 A4용지 11쪽 분량 기조연설문에서 '북한 핵문제'를 다룬 내용은 세 문장 아홉 줄이 전부다. 전면에 내세우지 않고 구색용으로 언급한 정도에 그친 셈이다. 남쪽이 '한반도 비핵화 등에 관한 공동선언(초안)'을 긴급 제안해 북쪽의 핵문제 회담 의제화 전략에 적극 호응한 시점은 1991년 12월 10일 서울 쉐라톤워커힐호텔에서 열린 5차 고위급회담 첫날 전체회의였다.

남쪽은 4차 고위급회담 이전엔 '핵문제'의 의제화를 애써 피했다. 1~3차 고위급회담 수석대표인 강영훈 총리의 기조연설문엔 '핵'이라는 단어가 아예 없다.[52] 이상옥 당시 외무장관의 회고에 따르면, 노태우 정부가 1~3차 고위급회담에서 '핵문제'의 의제화를 회피한 데는, 긴급현안이 아니라는 판단과 함께 이를 본격적으로 내세우면 남북관계 진전이 어려우리라는 고려가 깔려 있었다.[53]

미국의 북핵 의제화 압박

노태우 정부의 입장 변화에는 '요청'이라는 외교적 수사로 포장된 미국의 집요한 압박이 작용했다. 1991년 5월과 6월, 폴 울포위츠 Paul Wolfowitz 국방부 정책담당 차관과 로널드 리먼Ronald Lehman

국무부 군축처장이 잇따라 방한 해 '재처리시설 포기 확약' 등 핵문제를 남북고위급회담 의제로 다루라고 압박한 것이다.

노태우 대통령은 "(4차 고위급회담에서 북쪽의 비핵지대화 제안은) 상당히 이례적인 제안으로, 우리 측은 그동안 핵에 대한 미국의 NCND(시인도 부인도 하지 않음) 정책을 존중한다는 입장 때문에 핵문제만큼은 고위급회담에서 일절 언급을 자제해왔다"고 회고했지만[54], 사실 부시 행정부는 1990년 9월 1차 남북고위급회담 때부터 '한국 정부가 북한의 핵문제를 회담에서 군비 통제 문제의 하나로 다루는 게 바람직하다'는 의견을 제시했다.

이와 관련해 제임스 베이커James Baker Ⅲ 미 국무장관은 1991년 11월 18일 딕 체니Dick Cheney 국방장관한테 보낸 비밀전문에서 "우리는 한국 정부에 핵확산 이슈가 매우 중요한 지역 및 글로벌 우려 사항임을 명확하게 알려야 한다. 그런데 한국 혼자서는 북한의 핵 포기를 이끌어낼 수 없다. 미국은 한국을 대신해 (북한에 대해) 국제적 압력을 조율하는 지휘자 구실을 해야 한다"고 강조했다.[55] 이는 부시 행정부가 노태우 정부한테 남북고위급회담에서 북한 핵문제를 의제로 다루라고 압력을 넣고 있지만, 그냥 뒤에서 지켜보지 않고 미국이 한반도 비핵화와 관련해 모든 걸 챙기며 주도하겠다는 얘기다.

각자의 속내가 어떻든, 부시 대통령의 '전술핵무기 철수' 명령과 4~5차 고위급회담 때 남과 북의 회담 전략 전환을 동력으로 '한반도 비핵화'(또는 '조선반도 비핵지대화') 논의는 급물살을 탔다. 한반도의 평화와 8000만 시민·인민의 삶을 인질로 잡을 '핵문제'가 그렇게 한반도의 자궁에 똬리를 틀었다.

남과 북은 5차 고위급회담 직후인 1991년 12월 판문점에서 세 차례의 '핵문제 협의 대표접촉'을 벌였고, 12월 31일 3차 대표접촉 에서 마침내 '한반도비핵화공동선언'에 합의했다. UN 동시·분리 가입과 남북기본합의서 체결에 이어 비핵화공동선언으로 1991년 을 희망차게 마무리한 것이다. 남과 북의 '한반도비핵화공동선언'은 "핵문제는 조미(북미) 사이의 문제라 남조선이 끼어들 일이 아니다" 라는 북쪽의 오랜 주장이 '근거 부족'임을 밝히는 역사의 증언이기 도 하다.

남과 북이 핵 재처리 및 우라늄농축 포기에 합의한 까닭

그런데 남과 북은 '비핵화공동선언'에서 국제비확산체제[*]가 요구하 는 수준을 훌쩍 뛰어넘는 '자기 포박'을 확약했다. "핵무기의 시험, 제조, 생산, 접수, 보유, 저장, 배비, 사용을 하지 아니한다"(1항)에 더 해 "핵재처리시설과 우라늄농축시설을 보유하지 아니한다"(3항)고 선언한 것이다.

핵재처리 및 우라늄농축시설은 "핵에너지의 평화적 목적 이

---

* 세계평화를 위협하는 핵무기 확산 및 성능향상을 방지하기 위한 국제기구와 조약 및 조약의 이행을 검증할 협약을 통칭하는 체제. 국제원자력기구IAEA의 핵안전조치협 정, 핵확산금지조약이 대표적이다.

용"(2항)에도 필요한 것이라, 핵무기의 비확산에 관한 조약NPT(이하 '핵확산금지조약')과 국제원자력기구IAEA 핵안전조치협정Safeguard Agreement도 금지하지 않은 시설이다. 당시 남북이 '핵에너지의 평화적 이용'에 중대 난관을 초래할 재처리·농축 시설 포기를 공개 선언한 게 '비핵 평화'라는 숭고한 가치 때문은 아니다. '미국의 압력'이 가장 큰 요인이고, 이를 뿌리치지 못한 노태우 정부, '워싱턴(북미관계 정상화)으로 가는 길'을 어떻게든 뚫으려 한 북한의 양보가 두루 뒤엉킨 전략적 선택의 결과다.

노태우 대통령은 "우리가 재처리시설을 갖겠다고 하면 한미동맹 관계가 깨지는 것은 너무도 자명한 일"이었다며, 재처리·농축 시설 포기가 미국의 압력 때문임을 굳이 감추려 하지 않았다.[56] 앞서 노태우가 1991년 7월 한미정상회담에서 부시한테 밝힌 '한국 단독 비핵화 선언 구상'엔 재처리·농축 시설 포기가 없었다. 그렇지만 1991년 5월 방한한 울포위츠 국방차관이 '북한의 핵무기 개발 위협을 제거하려면 북한의 재처리시설을 철거해야 한다. 남과 북이 재처리시설을 포기하는 방안을 남북대화에서 협의해달라'고 하는 등 미국의 압박은 집요했다. 요컨대 미국의 한반도 비확산 정책의 표적은 '북핵'을 넘어 '남북한 모두의 핵능력 제거'였다.

미국은 '핵'을 빌미로 남북관계에 깊이 개입했다. "상호 상대방이 선정하는 자기측 지역의 군사 및 민간 시설에 대한 동시사찰 실시"를 5차 고위급회담 남쪽 수석대표 기조연설문에 담게 하더니, 부시 대통령은 1992년 1월 청와대에서 열린 한미정상회담에서 '북한이 핵무기 개발 포기에 대한 구체적 증거를 보일 때까지 한국은 북

한과 협상을 너무 서두르지 말라'고 노 대통령한테 "조용히 경고"했다.[57]

1992년 2월 더글러스 팔Douglas Paal 백악관 아시아담당 선임보좌관은 서울에서 김종휘 청와대 외교안보수석을 압박해 '북한의 핵문제가 해결돼야만 본격적인 남북 간의 경제협력을 추진한다'는 약속을 받아냈다.[58] 노태우 정부의 '남북관계 개선-핵문제 해결 병행 추진 기조'를 꺾고 '핵 포기 먼저 전략'을 관철한 것이다.

'북핵'의 문제화
미국의 동북아 패권유지 전략

이렇듯 '북핵문제'란 비대칭 탈냉전기 북한의 위험천만한 생존전략 탓으로만 볼 일은 아니다. 탈냉전기 유일 초강대국인 미국이 냉전시대 악의 화신으로 여기던 소련이 사라진 동북아에서 패권을 유지하며 '잠재적 지역 패권국' 중국을 견제하는 데 필요한 '북한 악마화'와 더불어 남북관계를 제어할 목적으로 동북아 국제정치에 깊이 심어놓은 '트로이 목마'이기도 하다.

이게 '편견에 찬 반미적 분석'이라 여겨지는 이들은, 부시 행정부가 1990년 4월 발표한 '동아시아 전략구상'(EASI I)을 되짚어보는 게 좋겠다. 이 구상이 적시한 "동북아에서 미국의 전략적 이익 8개 항"엔 "역내 헤게모니 국가의 출현을 막을 힘의 균형 유지" "미국의 정치경제적 접근성 유지" "핵확산 억지" 따위가 목표로 적시돼 있는데, 이후 순서대로 △중국 견제 △북미·북일 관계 정상화 거부·

차단 △'1차 북핵위기' 따위로 현실화했다.

조 바이든 미 행정부의 '아시아 차르'로 불리는 커트 캠벨Kurt Campbell 백악관 국가안보회의NSC 인도태평양조정관은 자신의 저서 《피벗The Pivot》(2020)에서 "미국의 정치경제적 접근성 유지"와 "역내 헤게모니 국가의 출현을 막을 힘의 균형 유지" 따위를 '아시아 회귀Pivot to Asia' 전략의 뼈대이자 "미국의 아시아 전략에서 나타나는 일관된 특징"이라고 주장했다.[59]

"한반도에 미군 있어야"
김정일의 파격 제안 걸어찬 미국

1992. 1

제가 (김대중) 대통령께 비밀 사항을 정식으로 말씀드리겠습니다. 미군 주둔 문제입니다만, 1992년 초 미국 공화당 정부 시기에 김용순 비서를 미국에 특사로 보내 '북과 남이 싸움 안 하기로 했다'고 말했습니다. 그러면서 '미군이 계속 남아서 남과 북이 전쟁을 하지 않도록 막아주는 역할을 해달라'고 요청했댔습니다. 역사적으로 주변 강국들이 한반도의 지정학적 위치와 전략적 가치를 탐내어 수많은 침략을 자행한 사례를 들면서 '동북아시아의 역학관계로 보아 반도의 평화를 유지하자면 미군이 와 있는 것이 좋다'고 말해줬어요. 제가 알기로 김 대통령께서는 '통일이 돼도 미군이 있어야 한다'고 말씀하셨는데, 그건 제 생각과도 일치합니다. 미군이 남조선에 주둔하는 것이 남조선 정부로서는 여러 가지로 부담이 많겠으나 결국 극복해야 할 문제가 아니겠습니까?[60]

'미군 철수'를 입에 달고 살아온 조선민주주의인민공화국에서 도대체 누가 이렇게 놀라운 주장을 했을까? 김일성 주석과 함께 '영원한 수령'으로 불리는 김정일 국방위원장이다. 그가 2000년 6월 13일 평양 백화원영빈관 회의실에서 김대중 대통령에게 한 말이다. 증언자는 현장에서 김대중의 곁을 지킨 임동원 당시 국가정보원장이다.

김정일은 '(북한에 적대적이지 않은) 한반도 평화유지군으로서 미군'의 필요성을 강조하는 방식으로 북미관계 정상화 의지를 에둘러 표현한 것이다. 자신의 말을 빌 클린턴 당시 미국 대통령한테 전해달라는 외교적 포석도 깔려 있는 셈이다. 임동원에 따르면 '그런데 왜 언론매체를 통해 계속 주한미군 철수를 주장하는 것입니까'라는 김대중의 물음에, 김정일은 "미군 철수를 주장하는 것은 우리 인민들의 감정을 달래기 위한 것이니 이해해주기 바랍니다"라고 답했다. '주한미군 철수' 주장은 내부 선전선동 목적이라는 것이다.

김정일의 '주한미군=역내 균형자'론

돌이켜보건대 1992년 1월 '김정일의 남자'로 불린 조선노동당 중앙위 국제 담당 비서 김용순의 특사 방미는 이후 30년째 동북아시아 평화의 숨통을 조여온 '핵 갈등'을 회피할 천재일우의 기회였다. 그러나 "신의 은총으로 미국이 냉전에서 승리했다"는 조지 부시 대통령의 선언(1992년 1월 28일)처럼 '역사의 종언'과 '유일 초강대국의 희망찬 미래'에 들뜬 미국은 넝쿨째 굴러든 호박을 발로 걷어찬다.

1992년 1월 22일 뉴욕 주UN 미국대표부에서 이뤄진 김용순과 아널드 캔터Arnold Kanter 미 국무부 정무차관의 만남은 1948년 한반도 분단정부 수립 이래 사상 첫 북미고위급회담이다. 한국전쟁 이후 미국을 '승냥이'라 비난하면서도 미국에 자기 존재를 인정받으려 사투를 벌여온 북한으로선 다른 미래를 열어갈 전례 없는 기회라 여겼을 법하다.

'평화유지군으로서 미군의 한반도 주둔 용인(요청)'은 북한의 김일성·김정일 최고수뇌부가 김용순 특사 손에 들려 보낸 '미국과 친하게 지내고 싶다'는 갈망을 담은 '선물'이었다. 거기엔 1334km에 이르는 긴 국경을 맞댄 중국의 압도적 영향력을 미국을 끌어들여 제어하려는 북한판 '이이제이' 전략이 깔려 있다. 이는 '반미·친중'을 북한의 불변의 대외정책 기조라 여겨온 세간의 인식이 오해일 수 있음을 방증한다. 사람의 삶처럼, 국가의 삶도 생각보다 복잡하다.

하지만 '냉전 승리'에 취한 미국은 북한이 '친하게 지내고 싶다'며 내민 손을 맞잡을 생각이 전혀 없었다. 캔터는 "'(관계)정상화'라는 표현은 절대로 입에 담아서는 안 된다" "협상하지 말 것" 따위 지침에서 1mm도 벗어나서는 안 될 처지였다. 캔터는 태평양을 건너온 김용순한테 "핵사찰을 받든가, 아니면 더 심한 고립과 경제적 붕괴의 길을 걷든가 양자택일의 선택지밖에 없다고 거듭 강조했다."[61] 미국의 요구를 받아들이면 어떤 보상을 기대할 수 있냐고 김용순이 묻는다면? "아주 모호한 태도를 취하라"는 지침 탓에 캔터는 '특정하지 않은 좋은 일'이 있을 수 있다는 식의 얄궂은 말로 일관해야 했다. 그는 다음 회담 일정 등을 담은 공동성명을 발표하자는 김용순의 제안마저 거절했다.

이럴 거면 부시 행정부는 김용순을 왜 뉴욕으로 초청했을까? 1991년 11월 서울 에이펙APEC(아시아태평양경제협력체) 각료회의 직후 베이징을 찾은 베이커한테 첸치천錢其琛 중국 외교부장이 한 '부탁'이 밑돌이 됐다. 베이커는 딕 체니 국방장관한테 보낸 비밀전문(1991년 11월 18일)에 이렇게 적었다.

중국은 북한의 고립화 공포와 안보 불안을 완화하려면 교차승인이 필요하며, 그를 통해 북한이 IAEA의 핵사찰을 받도록 할 수 있을 것이라고 말했다. 중국은 미국이 북한과 고위급회담을 해야 한다고 주장했다. 나는 북한과 접촉의 격을 높이겠지만, 그 접촉에서 평화 문제를 협상하지 않을 것이며, 다만 핵문제와 관련해 우리의 방침과 기대 사항을 분명하게 밝히는 것으로 주제를 한정하겠다고 답했다. (우리가 북한과 고위급접촉을 하는 문제에 대해) 김종휘(노태우 대통령 안보보좌관)는 생각할 시간을 달라고 요청했다. 우리는 북한과 고위급 접촉을 할 시기와 다룰 내용에 대해 청와대와 조율해야 한다.[62]

한국과 수교(1992년 8월)를 앞둔 중국이, 핵사찰을 성사시키려면 북한의 '고립 공포와 안보 불안'을 녹일 북미고위급회담이 필요하다고 미국을 설득했다는 얘기다.

북미관계 개선을 경계한 노태우 정부

"북한이 미국·일본 등 우리 우방과의 관계를 개선하는 데 협조할 용의가 있다"(1988년 7·7 선언)고 공언한 노태우 대통령은 정작 부시 행정부가 북한과 양자 고위급회담을 추진하자 극도로 부정적인 반응을 보였다. 1992년 1월 청와대 한미정상회담에서 부시 대통령이 "미북 접촉은 미국의 입장을 북한에 전달하기 위한 것이지 북한과 협상을 하려는 게 아니다"라며 고위급회담 방침을 통보하자, 노 대통령은 "한 번만 해야 한다"는 단서를 달아 마지못해 받아들였다. "양파껍질을 벗기듯 하나씩 벗겨나가" 북한을 고립시키겠다는 공격 의지와 미국이 한국이 없는 자리에서 북한과 비밀거래를 할지 모른다는 두려움이 뒤엉킨 반응이다. 그때 노 대통령이 '7·7 선언'의 공언처럼 북미관계 개선의 '촉진자'로 나섰다면 한반도의 역사는 어떻게 달라졌을까?

김용순이 뉴욕에서 천덕꾸러기 취급을 받았는데도 북한은 이 회담을 긍정적으로 평가했다.《노동신문》은 "회담은 솔직하고 건설적인 분위기 속에서 만족스럽게 진행됐다"며 "이미 시작된 조미접촉을 조미 두 나라 사이에 존재하는 근본문제를 풀 대화로 발전시키는 것이 중요하다"고 보도했다.[63] '접촉'했으니 이제 '협상'하자는 얘기다. "만족스럽게"라는 표현이 눈에 띄는데, 이는 북한 쪽이 회담 내용보다는 사상 첫 북미고위급회담 개최 사실 자체에 큰 의미를 부여했다고 해석하는 게 적절할 듯하다.

김일성은 1992년 3월《아사히신문》편집국장과의 인터뷰에서

'김용순-캔터 만남'이 "아직은 첫출발에 지나지 않는다"면서도 "조미관계를 개선하는 데서 일정한 의의"를 지니며 "우리는 앞으로 조미관계를 개선하기 위해 계속 노력할 것"이라고 밝혔다.[64] 그는 다음 달《워싱턴타임스》와 가진 인터뷰에서 "최근에 조미 두 나라 사이의 관계를 개선하기 위한 움직임이 시작되었으며 이것은 세계의 주목을 끌고 있다"며, "조미관계가 어떻게 개선되는가 하는 데 따라 결정될 문제"라는 단서를 달아 "평양에 미국대사관을 개설할 가능성"을 언급하기도 했다.[65]

김용순은 캔터와 다시 만나려 무던히 애를 썼다. 베이징 북미 참사관급 접촉 창구를 통해 전달한 편지(또는 구두 메시지)로 핵사찰 등과 관련한 북의 방침과 '실천'을 알리며 고위급 접촉 재개를 숱하게 요청했다.* 반응이 시원치 않자 김용순은 1992년 11월에는 허종 주 UN 북한대표부 차석대사를 통해 회담 재개를 요청했으나 캔터는 이것도 거부했다. '1차 북핵위기'가 비등점으로 치닫던 1993년 2월, 국제

---

* 김용순은 1992년 3월 17일 베이징 북미 제20차 참사관급 접촉 창구를 통해 캔터한테 보낸 편지에서 '4월 8일 IAEA 핵안전조치협정을 비준하고 5월 중 사찰 대상 리스트를 IAEA에 제출해 6월 중에는 IAEA의 사찰을 받게 될 것'임을 시사하며 고위급 접촉 재개를 요청했다. 그러나 캔터는 4월 16일 회신(제21차 참사관급 접촉)에서 IAEA 핵사찰과 남북 상호사찰에 응해야 고위급 접촉 재개가 가능하다고 답했다. 이에 김용순은 1992년 6월 1일(제23차 접촉)에도 한스 블릭스 IAEA 사무총장의 방북과 IAEA의 제1차 임시사찰(5월 26일~6월 6일) 사실을 언급한 구두 메시지를 캔터에게 전했으며, 캔터는 6월 30일(제24차 접촉) 남북 상호사찰에도 응해야 한다고 답했다. 김용순은 1992년 9월 8일(제25차 접촉) 그간의 핵사찰 활동을 상기하는 내용의 편지를 캔터에게 전달했지만, 캔터는 9월 14일 제26차 접촉에서 미국의 기존 방침을 되풀이하는 회신을 전했다.[66]

회의 참석을 명분으로 워싱턴을 방문하려던 김용순의 '마지막 시도' 역시 미 행정부의 비자 발급 거부로 무산된다.[67]

역사의 외투가 스쳐 지나갈 때

'냉담'의 결과는 혹독했다. 1993년 3월 12일 북한은 핵확산금지조약NPT을 탈퇴한다는 성명을 전격 발표하며 "갈등과 대항을 통한 대미 접근 전략"을 가속화했다. 한반도는 순식간에 전쟁 위기에 휩싸였다. 1994년에 몰아친 전운은 '북미 제네바기본합의'로 잠시 물러나는 듯했으나 시시때때로 남북을 감돌고 있다. 2020년대에도 한반도는 '핵무장 북한'과 2500만 북녘 인민의 민생경제까지 표적으로 삼은 미국·UN의 고강도 제재의 틈바구니에서 옴짝달싹 못하는 처지다.

그럼에도 전적으로 헛된 역사는 없다. 김용순의 특사 방미는 북미관계 정상화의 디딤돌이 될 북미 간 고위급 대화의 '역사적 원형'이 됐다. 2000년 10월 조명록 조선인민군 총정치국장 겸 국방위원회 제1부위원장의 특사 방미와 2019년 1월 김영철 노동당 중앙위 부위원장 특사 방미의 선례이자 밑돌이 된 것이다.

한국과 미국이 '김용순 방미'를 북미관계 개선 등 한반도 냉전구조 해체의 기회로 활용했다면 한반도와 동북아시아의 풍경은 지금과 사뭇 달랐을 터다. 그즈음 헬무트 콜 서독 총리의 선택을 노태우의 선택과 비교해볼 필요가 있다. 콜은 "역사의 외투가 스쳐 지나가면 정치가들은 그 소맷자락이라도 움켜잡아야 한다"는 비스마르

크의 경구를 잊지 않았고, 마침내 통일독일의 문을 열었다. 하지만 소련이라는 '적'이 사라진 동북아의 패권 유지에 '새로운 가상의 적'이 필요했던 부시 행정부, 그리고 그런 미국을 설득하기는커녕 오히려 '북미 직거래'를 두려워한 노태우 정부는 '역사의 외투'를 움켜쥐려 하지 않았다.

북일관계 정상화,
미국은 왜 두 차례나 틀어막았나?

1990. 9~1992. 11

1988년 7월 7일 일본 정부는 "일조(일북) 간에 존재하는 현안의 모든 측면에 대해 북조선과 협상할 용의가 있다"는 내용의 성명을 발표했다.[68] 노태우 대통령이 "한반도의 평화를 정착시킬 여건을 조성하기 위해 북한이 미국·일본 등 우리 우방과의 관계를 개선하는 데 협조할 용의가 있다"고 밝힌(7·7 선언) 직후다. 한국 정부가 나라 안팎에서 북한과 공존·협력하겠다는 의지를 공식 발표하자마자 북한을 향해 '관계 정상화 협상 의지'를 강하게 드러낸 것이다.

미국 정부가 7·7 선언 석 달여 뒤인 10월 30일에야 북미 외교관 사이에 '중립적 장소에서 실질적 대화'를 허용하는 '신중한 방안 modest initiative'이라는 새로운 대북정책을 내놓은 것에 견줘 일본 정부의 반응은 전광석화였다. 1971년 7월 헨리 키신저Henry Kissinger 당시 미국 국가안보보좌관이 비밀리에 중국을 방문하자 이를 냉전질서의 중대 변화 징후로 여겨 미국보다 7년이나 이른 1972년

9월 중국과 수교한 일본의 탁월한 '외교적 후각'이 다시 작동한 셈이다. 일본 정부는 성명 발표만으론 부족하다고 판단했는지, 이듬해인 1989년 3월 다케시타 노보루 총리가 식민지배와 관련해 북한에 "깊은 반성과 유감의 뜻"을 밝혔다.

북일관계는 1980년대 말까지 냉랭했다. 하지만 동유럽 사회주의권의 연쇄 체제전환, 베를린 장벽 붕괴, 한국과 소련의 급격한 접근 등이 북일관계 개선 필요성을 높였다. 특히 한소수교가 결정적 자극제였다.

한소수교에 자극받은 북일관계

북한은 한소수교에 따른 동북아시아 냉전질서의 균열, 남쪽으로 크게 기운 힘의 균형추를 일본과 관계 정상화로 되돌려야 할 절체절명의 과제를 안고 있었다. 일본도 소련의 '남하'에 맞설 '북진'이 절실했다. 북한과 일본은 가까워져야 할 이유가 많았다. '차이'를 따지기보다 '같음'을 만들어가야 했다.

1990년 9월 24일 자민당 대표단(단장 가네마루 신金丸信 전 부총재)과 일본사회당 대표단(단장 다나베 마코토田邊誠 전 위원장)이 조선노동당의 초청으로 평양에 갔다. 집권당과 제1야당의 실력자가 이끄는 연합 대표단이 총리의 친서를 들고 평양을 찾았으니 결과가 나쁠 까닭이 없다. 이틀 뒤인 9월 26일 김일성과 가네마루, 다나베의 3자회담이 열렸다. 이 자리에서 일본 대표단은 가이후 도시키 총리의 친서를 전하며 "우리는 과거의 역사에 대한 속죄와 보상을 하지 않으면 안

된다고 생각합니다"라고 밝혔고, 김일성은 북일 국교 교섭 개시 제안으로 화답했다.[69]

다시 이틀 뒤인 9월 28일 '조일관계에 관한 조선노동당, 일본의 자유민주당, 일본사회당의 공동선언'(이하 '3당 공동선언')이 발표됐다. 모두 8개 항으로 이뤄진 이 역사적인 3당 공동선언은 "가능한 빠른 시일 안에 국교 관계를 수립해야 한다고 인정"(2항)하고, "정부 간의 교섭을 1990년 11월 중에 시작하도록 강력히 권고하기로 합의"(7항)했다. 아울러 36년간의 식민지 시기뿐 아니라 "전후 45년간 조선인민에게 입힌 손실에 대해 조선민주주의인민공화국에 공식적으로 사죄하고 충분히 보상해야 한다고 인정"(1항)했다.[70] 관계 정상화 협상 개시 방침도 놀라운데, 일본이 전후 45년에 대해서도 보상의 필요성을 인정한 사실은 충격에 가까운 파격이다. 일본의 북일관계 정상화 의지가 읽히는 대목이다.

이 선언은 형식상 정부 간 합의는 아니지만, 일본의 대북 정책을 근본적으로 바꿀 획기적인 내용을 담고 있다는 점에서 각국의 즉각적인 주목을 끌었다. 더구나 이 공동선언은 일본 정계의 최고 실력자로 불리는 가네마루가 총리의 친서까지 챙겨 직접 나섰고, 집권당인 자민당과 제1야당인 사회당이 공동으로 선언했다는 점에서 실현 가능성이 높으리라는 기대를 낳았다.[71]

북일 양국은 3당 공동선언의 합의 내용을 현실화하려고 발 빠르게 움직였다. 1990년 11~12월 중국 베이징에서의 세 차례 예비회담을 거쳐 1991년 1월 30~31일 평양에서 '조일 국교정상화를 위한 정부 간 제1차 본회담'을 열었다.

북일관계의 미래 청사진으로 불릴 법한 3당 공동선언 합의·발표는 한국-소련이 미국 뉴욕 UN본부에서 수교 합의 사실을 발표(1990년 9월 30일)하기 이틀 전에 이뤄졌다. 3당 공동선언은 한소 접근의 파장을 흡수하려는 북한-일본의 전략적 대응인 셈이다.

탈냉전기 유일무이한 패권국의 입지를 다지려 한 미국은 아시아 최고 동맹국 일본의 대북 접근을 반기지 않았다. 그렇기는커녕 3당 공동선언 직후 일본 견제를 노골화했다. 미국이 일본을 압박해 "북이 핵사찰을 받아들이게 하고, 전후 45년의 보상은 거부하며, 식민지 36년간의 보상이 북한 군사력 강화에 이용되지 않는다는 보장을 받고, 남북대화가 후퇴하지 않도록 배려하라고 요구했다"는《요미우리신문》보도(1990년 10월 5일)는 '징후적'이다.

노태우 대통령도 1990년 10월 8일 청와대에서 가네마루 전 자민당 부총재를 만나 일본 정부가 4개 항(한국 정부와 충분한 사전 협의, 남북 대화·교류와 연계, 북의 IAEA 핵안전조치협정 가입 요구, 수교 이전 배상·경협 반대)을 챙겨달라고 주문했다.[72]

북한은 "조일관계 정상화에 훼방을 놓지 말아야 한다"면서도, 노태우 대통령한테 사실상 '협조'를 요청했다. "로태우는 '7·7 선언'에서 저들의 '우방국'이 북과 관계를 가지는데 대해 반대하지 않을 것이라고 한 바 있다. 조일국교정상화가 실현되면 조선의 평화와 평화통일을 위해 좋으면 좋았지 나쁠 것이 하나도 없다."[73]

미국에 순응한 일본

대체로 그러했듯이, 일본은 이번에도 미국에 맞서지 않았다. 평양 1차 본회담에서 미국이 요구한 4개 항을 '회담에 임하는 기본 방침'이라고 북한 쪽에 밝힌 것이다. 북한은 평소와 달리 반발하지 않았다. '결과'를 만들어내려 무진 애를 썼다. 일본의 "20명의 일본인 처들의 조속한 고향 방문 실현과 12명의 일본인 처들에 대한 안부 조사" 요청에도 "가능한 범위에서 실현시키기 위해 노력할 것"이라 화답했다.

북한은 3차 본회담(1991년 5월 20~22일, 베이징)에서 애초 합의한 4대 의제를 한꺼번에 논의하지 말고, "첫째 의제인 국교 정상화와 관련한 기본문제를 토의하고 외교관계 설정에 먼저 합의본 다음 둘째 의제인 보상문제를 협의해결하는 식으로 하자"는 새로운 제안을 내놨다.[74] 북한은 3당 공동선언에 명시된 '전후 45년간의 보상 문제'에 대한 요구도 사실상 철회했다.[75] 북한의 전통적 협상 스타일에 비춰, 이는 관계 정상화에 속도를 내고 싶다는 강력한 의지의 천명이었다.

그러나 미국의 노골적 압박에 손을 든 일본의 입장은 시간이 흐를수록 더 강경해졌다. 3차 본회담에서 일본은 핵안전조치협정 체결(IAEA 핵사찰 수용), 남북한의 UN 동시 가입, 남북대화의 의미 있는 진전 등 3개 항을 '국교 정상화의 전제조건'으로 내걸었다. 북으로선 UN 가입과 남북대화는 스스로 해결할 수 있지만 '핵문제'가 문제였다.

3개 항 가운데 둘째 조건은 3차 본회담 직후인 1991년 5월

27일 북한 외무성이 UN 동시 가입 방침을 밝히고 그해 9월 남북한이 UN에 동시 가입함으로써 해소됐다. 12월 남북기본합의서 채택으로 셋째 조건도 해소됐다. 북한은 일본 쪽이 내건 3개 조건 가운데 핵문제와 관련해선 3차 본회담에서 "이 문제의 해결에 협력할 수 있는 길은 조미 간에 협상이 이루어지도록 하는 길밖에 없다"며 "일본측이 심사숙고하여 핵담보협정체결문제와 관련하여 조미 간에 협상이 이루어지도록 미국정부에 해당한 권고를 하여줄 것을 다시 한번 부탁"했으나, 일본 쪽은 북쪽의 이런 요청을 거절했다.[76]

설상가상으로 일본은 3차 본회담에서 "리은혜 문제 조사"를 북한 쪽에 요구했다. '리은혜 문제'란 1987년 대한항공 858편 폭파 사건의 범인으로 잡힌 김현희가 자신의 일본어 교육 담당이 '납북 일본인 리은혜'라고 진술한 데서 시작된 논란이다. 이에 북한은 "우리 공화국의 존엄을 훼손시켜보려는 남조선 당국과 일본의 불순세력이 조작해낸 하나의 모략극"이라며 "일본측이 우리를 모독한 데 대하여 철회하고 사죄하지 않는 이상 만나고 싶지 않다"고 반발했다.[77]

일본 쪽은 그 뒤 '리은혜 문제'와 관련해 북쪽에 사과를 하지도, 조사 요구를 철회하지도 않았다. 그럼에도 북한 쪽은 공언과 달리 회담장을 박차고 나가지 않았다. 오히려 4차 본회담(1991년 8월 30일 ~9월 2일, 베이징)에서 "본회담과는 별도로 회담장 밖에서 두 나라 외교부 부국장급 비공식 접촉"을 하기로 일본과 합의했다.[78] 북한 쪽이 그 존재 자체를 인정하지 않던 '리은혜 문제'를 사실상 따로 논의할 창구 개설에 동의한 셈이다. 북한의 북일관계 정상화 의지가 얼마나 강렬했는지를 보여주는 증거다.

그러나 북일수교 교섭 협상은 핵문제(와 리은혜 문제)에 막혀, 8차 본회담(1992년 11월 6일, 베이징)을 끝으로 성과 없이 일단락됐다.《노동신문》은 "화해와 우호적인 분위기"(1차 본회담), "우호적인 분위기"(2차 본회담) 속에 1·2차 본회담이 진행됐다고 보도했으나, 3~8차 본회담 보도문엔 '화해'나 '우호'라는 단어를 단 한 차례도 쓰지 않았다.

"우리가 움직이면 미국은 반드시 제지하려 든다"

"미야자와 정권의 등장 이후 일본의 (핵문제에 대한) 태도가 우리의 견해에 근접해오고 있다. 일본의 (대북) 조건은 핵문제에 따라 현저하게 강경해지고 있다. 일본의 일부 관료는 이런 방침을 약화시키려 하겠지만, 우리는 일본 정부의 이런 방침을 반드시 유지시켜야 한다"던 제임스 베이커 당시 미 국무장관의 전략(1991년 11월 18일 딕 체니 국방장관한테 보낸 비밀전문)이 성공한 셈이다.[79] 미국은 이른바 '북한 핵문제'(1차 북핵위기)를 빌미로 일본의 대북 접근을 가로막은 것이다.

투키디데스와 카를 마르크스였던가. "역사는 되풀이된다"고 한 이가. 2002년 9월 17일 고이즈미 준이치로 일본 총리가 평양에서 김정일 국방위원장과 사상 첫 북일정상회담을 하고 '조일 평양선언'을 채택한 직후 '2차 북핵위기'가 터졌다. '북일 접근→북핵위기 발발'의 패턴이 10년 사이에 두 차례나 반복된 것이다. 이를 우연이라고 할 수 있을까?

(1990년 9월) 가네마루 (방북) 때는 베이커가 핵문제를 꺼냈다. 결국 미국의 말이 옳았음을 나중에 알게 되긴 했지만, 그렇다면 왜 좀 더 일찍 정보를 주지 않았던 것일까. 우리가 움직이면 미국은 반드시 제지하려든다는 생각이 들기도 한다.[80]

고이즈미 방북과 북일정상회담의 실무를 담당한 일본 외무성의 후지이 아라타藤井新 북동아 과장이 《아사히신문》 기자 후나바시 요이치船橋洋一와 인터뷰에서 한 말이다. 모난 표현을 피하려 애쓰는 일본 문화와 외교관의 정제된 언어습관을 고려할 때, 이례적일 만큼 강한 불만을 드러내는 증언이다.

1990~1992년, 2002년 두 차례에 걸친 관계 정상화 노력이 무산된 뒤 북일관계는 출로를 찾지 못한 채 수렁에서 헤매고 있다. 미국은 이 상황이 슬프지 않을 것이다.

한중수교,
동북아의 근본을 재편하다

1992. 8

1992년 8월 24일 대한민국과 중화인민공화국이 외교관계 수립에 관한 공동성명을 발표했다. 서로한테 총을 겨눈 한국전쟁을 포함한 냉전기의 40여 년 적대를 뒤로하고 대사급 외교관계를 맺은 것이다. 한국은 오랜 벗인 '자유중국'(대만)과 맞잡은 손을 슬며시 놓았고, 중국은 한국전쟁을 함께 치른 '혈맹' 조선민주주의인민공화국의 망연자실을 못 본 체했다.

한중수교는 1990년대 초반 동북아시아 비대칭 탈냉전 과정의 마지막 조각이다. 중국은 한소수교(1990년 9월 30일)→남북 UN 동시·분리 가입(1991년 9월 17일)→남북기본합의서 체결(1991년 12월 13일)→한반도비핵화공동선언 합의(1991년 12월 31일), 그리고 북미 및 북일관계 정상화 실패의 과정이 끝날 때까지는 한국의 공식 친구가 되기를 미뤘다. 국경을 맞댄 북한을 의식한, 거대한 몸짓만큼이나 느린 행보였다.

중국이 판단도 늦은 건 아니다. 오히려 소련보다 빨랐다. 1985년 4월, 중국의 최고지도자 덩샤오핑은 한중관계를 발전시키는 게 필요하다며 이렇게 말했다. "첫째, 장사를 할 수 있다. 이는 경제에 좋은 것이다. 둘째, 한국과 대만의 관계를 단절시킬 수 있다." 한중수교의 중국 쪽 공식 창구인 첸치천 당시 외교부장의 증언이다.[51] 이는 아무리 늦춰 잡아도 전두환이 대통령 노릇을 하던 1985년 봄 이전에 한국과 공식 외교관계를 맺어야 한다는 판단을 내렸다는 뜻이다. 냉전 종식의 주역이자 상징인 미하일 고르바초프가 1985년 3월 1일에야 소련의 최고지도자인 공산당 서기장에 올랐으니, 분명 덩샤오핑에겐 선견지명이 있었다.

중국은 1986년 가을, 북한의 반대를 외면한 채, 적성국의 수도인 서울에서 열린 제10회 아시안게임에 참가해 한국을 금메달 한 개 차로 따돌리고 1위를 차지하는 방식으로 덩샤오핑의 지침을 따랐다. 1986년 한중 무역 총액(12억8900만 달러)은 이미 북중 무역 총액(5억1000만 달러)의 2.5배를 넘어섰다.

"중한관계는 유익무해"

덩샤오핑은 1988년 5~9월 사이 외빈을 만난 자리에서 여러 차례 한중관계는 "유익무해有益無害"하다고 했다. "경제적으로 쌍방 발전에 모두 유리하고 정치적으론 중국의 통일에 유리하다"는 것이다. 한중수교의 공식 창구인 첸치천이 중국 공산당에 제출한 비밀보고서에서 한중수교를 "돌 하나로 네 마리 새를 잡는 선제공격"에 비유했다.[82] '네 마리 새를 잡는 공격'이란, 첫째 대만의 외교적 고립을 심화시키고, 둘째 한중 경제협력의 확대를 배가하며, 셋째 북한의 그칠 줄 모르는 '더 많은 군사·경제 원조' 제공 요구를 약화시키며, 넷째 '수퍼 301조'를 앞세운 미국의 무역 압력에 대응할 중국의 협상력을 높일 수 있다는 것이다.

한중수교를 북한의 원조 제공 요구를 뿌리치고, 미국의 보호무역 공세에 맞설 지렛대로 여긴 대목이 눈에 띈다. 한중 양국 정부의 공식 언명에는 등장하지 않는 이런 내용은, 한중수교 과정에서 중국의 '북한 배려'가 중국의 공개 언명과 달리 그 중요성이 낮거나 사실상 외교적 수사에 불과할 가능성을 시사한다. 중국은 1988년 서울 올림픽에도 북한의 반대를 뿌리치고 참가했다.

그럼에도 중국은 한국과 공식 외교관계 수립에 속도를 내지 않았다. 아주 굼떴다. 이 또한 덩샤오핑의 지침이었다. 덩샤오핑은 한중관계가 "매우 민감한 문제"이니, 북한의 이해를 구해가며 "매우 신중하게 일을 진행"하라고 했다. 첸치천은 "중국과 한국 수교의 난점은 양국 관계에 있는 게 아니라 중국과 북한의 관계에 있었다. 북한에 어떻게 이런 중국의 외교 정책상의 조정을 이해시키고 받아들이게 하는가였다"고 회고한다.[83] 한중수교가 불필요해서가 아니라, 북한을 설득하는 데 시간이 아주 많이 필요했다는 것이다.

우정보다 이익을 택한 중국

하지만 이를 중국이 북한의 눈치를 보느라 우물쭈물했다는 뜻으로

받아들이면 오해다. 실상은 그 반대다. 1992년 4월 방북한 양상쿤楊
尚昆 중국 국가주석은 김일성 주석을 만나 "국제 정세와 우리의 대외
관계를 분석할 때 중국은 한국과 수교 문제를 고려하지 않을 수 없
다"고 사실상 한중수교 방침을 통보했다.[84] 김일성의 80회 생일상을
앞에 두고 폭죽 대신 폭탄을 터트린 것이다. 양상쿤이 평양에 도착
한 4월 13일은, 첸치천이 베이징 댜오위타이(조어대)에서 이상옥 한
국 외무장관과 단독회담 중에 한중수교 비밀교섭 개시를 제안한 날
이었다.

　이보다 앞선 1991년 5월 방북한 리펑 중국 총리가 북한에 두 개
의 '폭탄'을 안겼다. 리펑은 "한국이 UN 단독 가입을 신청하더라도
더는 반대할 수 없다"고 통보했다.[85] 남북 UN 동시·분리 가입을 "민
족의 분열을 영구화·합법화하려는, 천추에 용서 못할 대죄"라던 북
한 당국이 급작스레 태도를 바꿔 'UN 가입 방침'을 밝힌 결정적 이
유다. 리펑은 '조중 무역 경화 결제 방침'도 전했다. 사회주의 우호가
격에 따른 물물교환식 교역을 끝낼 테니, 북한이 중국 물품을 수입
하려면 '현금'을 내라는 통보다. 이후 조중 무역은 1990년대 내내 날
개 잃은 새처럼 수직낙하했다. 냉전기 북한 경제의 든든한 뒷배였던
소련(1990년 11월)과 중국(1991년 5월)의 '경화 결제' 요구는, 적어도 무
역에서는 북한을 '사회주의 형제국'이 아닌 단순 '거래처'로 대하겠
다는 통보와 다름없다. 이는 북한이 1990년대 중반 이른바 '고난의
행군'에 내몰리는 주요 원인의 하나가 된다.

한중관계 정상화 타임라인(1990~1992년)[86]

일시	내용	비고
1990년 10월 20일	한중 무역대표부 상호 개설 합의	
1991년 1월 30일	주베이징 대한무역진흥공사 KOTRA 대표부 개설	초대 대표 노재원 외무부 본부대사
1991년 4월 9일	주서울 중국국제상회CCOIC 대표처 개설	초대 장(대사) 주한 중국대사관 공사 페이지아義裵家義
1991년 10월 2일	첫 한중 외교장관 회담 (이상옥-첸치천)	UN본부 안보리 소회의실(30분)
1991년 12월 31일	KOTRA-CCOIC 간 무역협정 체결	
1992년 4월 13일	중국, 비밀 수교교섭 개시 제의	
1992년 5월 14~15일	제1차 한중수교 교섭 예비회담 (베이징 조어대)	
1992년 6월 2~3일	제2차 예비회담(베이징 조어대)	
1992년 6월 29~30일	제3차 예비회담 (서울 워커힐호텔)	
1992년 7월 29일	한중수교 교섭 본회담 (베이징 조어대)	
1992년 8월 24일	한중 외교관계 수립에 관한 공동 성명 서명·발표(베이징 조어대)	

자료 = 이상옥,《전환기의 한국외교》 등 각종 자료 종합.

한국과 중국은 수교 과정에서 각각 오랜 벗을 '배신'했다. 한국의 노태우 대통령은 우더메이鳴德美 '자유중국' 입법위원한테 "새 친구를 사귀었다고 옛 친구를 버리는 것은 동양의 윤리에 맞지 않다고 봅니다. 나는 새로운 친구를 사귀어도 옛 친구를 더욱 중히 여기는 것이 도리라고 봅니다"라고 호언했지만, 결국은 대만과 단교했다.[87] 고르바초프와 덩샤오핑이 김일성에게 허언한 것처럼 말이다. 노태우는 왜 그토록 중시하던 '동양의 윤리'를 저버렸을까? "2000만 인구를 가진 대만 시장과 당시 13억 인구의 중국 시장은 비교가 되지 않았다. 1991년에 우리 철강 산업, 특히 포항종합제철(포스코)을 살리는 데 결정적인 도움을 준 것도 바로 대중국 철강 수출이었다." 노태우는 "중국은 한국 경제의 생명선이자 해외 진출 한국인의 뉴프런티어였다"고 강조했다.[88] 이처럼 국가 관계에서 '우정'은 '이익'을 이기지 못한다.

한국과 관계 정상화에 뜸을 들이던 중국이 1992년 봄 수교 협상을 공식화한 데는, 1989년 '천안문 사태'로 국제사회에서 중국의 입지가 줄어든 틈을 타 '하나의 중국' 원칙을 뿌리부터 흔든 대만의 외교 행보가 자극제가 됐다. 천안문 사태 이후 그레나다·라이베리아·벨리즈·레소토·기니비사우·니카라과와 국교를 맺은 대만이 1992년 2월, 해체된 옛 소련에서 떨어져 나온 라트비아와 수교한 게 결정적이다. 마침내 중국은 아시아에서 홀로 대만과 공식 외교 관계를 유지하던 한국을 이용해 대만의 도발을 응징하기로 결정했다.[89] 실제 중국은 1992년 5월 베이징 댜오위타이에서 제1차 한중수교교섭 예비회담이 열렸을 때 두 가지를 강조했다. "대만과 단교"는

'수교의 전제조건'으로, "북미 및 북일관계 정상화 환경 조성에 한국이 적극 나서달라"는 전제조건이 아닌 '요청 사항'으로 제기했다. 늘 그렇듯 중국한테 '양안문제'의 중요성은 '북중관계'에 비할 바가 아닌 것이다.

한중 무역 〉 한미+한일 무역

중국은 '하나의 중국' 원칙을 관철하는 데는 예외를 두지 않았다. 중국은 대만과 단교하지 않은 나라와 수교한 적이 없고, 대만과 수교한 나라와 단교하지 않은 사례가 없다. 반면 '하나의 조선'을 내건 북한은 남한과 외교관계를 맺은 나라와 단교를 고려하지 않았다. 노태우 정부가 들어선 1988년 남북한이 외교관계를 맺은 나라는 남한이 129개국, 북한이 100개국으로, 이 가운데 남북한이 동시에 외교관계를 맺은 나라가 89개국이었다.[90] 중국의 '하나의 중국'이 통치 이데올로기일 뿐만 아니라 외교관계 수립의 흔들릴 수 없는 원칙인 데 반해, 북한의 '하나의 조선'론은 외교관계 수립의 원칙이라기보다 대남·대내용 통치이데올로기에 가깝다.

치명적 배신의 고통엔 눈물도 나오지 않는다고 했던가. 북한은 "순망치한脣亡齒寒"을 다짐하던 중국의 배신에 공개 반발하지 않았다. 소련의 배신에 "딸라로 팔고사는 외교관계" "미제의 앞잡이" 운운하던 때와 판이한 대응이다. 한중수교 직후인 1992년 10월 1일 UN 총회에 참석한 김영남 외교부장은 남 말 하듯 이렇게 말했다. "중국은 자주자립 원칙에 따라 외교를 하는 것이고, 우리는 우리식

대로 주체사상을 중심으로 모든 정책을 시행하고 있다.”

북중관계는 1990년대 내내 모든 영역에서 싸늘하게 식어갔다. 북중 무역은 1993년 8억 9900만 달러에서 1999년 3억 2900만 달러로 급감했다. 1999년 김영남 최고인민회의 상임위원장이 중국을 방문할 때까지 1993~1998년간 북중 수뇌부의 상호 방문이 끊겼다.

반면 수교 이후 한중관계는 말 그대로 상전벽해다. 1992년 63억 달러이던 양국 무역은 수교 30돌인 2021년 3015억 달러로 48배 치솟았다. 이는 2021년 한미(1691억 달러)와 한일(847억 달러)의 무역을 더한 것보다 많다.

한중수교는 동북아의 전략 지형을 근본적으로 재편했다. 한국은 소련에 이어 중국과 수교해 '냉전의 족쇄'를 풀었다. 남북관계만 안정적으로 개선된다면 한국은 사방이 꽉 막힌 '냉전의 외딴섬'에서 벗어나 대륙과 해양을 잇는 가교국가로 완벽하게 거듭날 수 있다. 중국은 남과 북 모두와 '가장 중요한 관계'를 맺은 국가가 되어, 미국과 함께 동북아에서 가장 강력한 영향력을 행사하는 지역 패권국의 지위를 다졌다. 북한은 "조중은 한 참모부"(김정은 국무위원장, 2018년 6월 19일 북중정상회담)라면서도, 소련 해체 이후 중국에 전적으로 의존할 수밖에 없는 처지에서 벗어나고자 '미국으로 가는 길'을 뚫으려 '핵게임' 등 광기 어린 생존 투쟁을 멈추지 않고 있다. 네트워크 이론에 비유하자면, 북미(그리고 북일) 사이의 끊긴 길에 쌓인 스트레스가 동북아 네트워크 전체를 무시로 블랙아웃의 위험으로 몰아가고 있는 것이다.

북한이 던진 90일 시한의 '핵폭탄'
핵확산금지조약NPT 탈퇴

1993. 3

최정순은 "실험을 목적으로 한 미량의 플루토늄을 추출했다"고 셀리그 해리슨Selig Harrison 일행한테 말했다. 국제원자력기구IAEA는 물론, 미국 중앙정보국CIA조차 북한의 핵능력이 그 정도에 이르렀다고 판단하지 않던 때다.

기겁을 한 해리슨이 '얼마나 추출했냐'고 묻자, 최정순은 "거의 없는 거나 마찬가지"라며 웃었다. 해리슨 일행이 평양을 떠나기 직전에 확인 차원에서 다시 물었을 때도 같은 대답이 돌아왔다. 최정순은 원자력부 외사국장, 해리슨은 1972년 《워싱턴 포스트》 도쿄 지국장 자격으로 미국 언론인으로는 처음으로 방북해 김일성을 인터뷰한 베테랑이었다. 해리슨은 모두 11차례 방북한 미국의 대표적 북한 전문가다.

최정순과 해리슨의 '역사적 대화'는 1992년 5월 3일 이뤄졌다. 북한 당국이 IAEA 핵안전조치협정 제62조에 따라 핵물질 재고 명세와 핵시설 설계 정보 등을 담은 '최초보고서'를 IAEA에 내기 하루 전이다. 북한은 이 보고서를 통해 1990년 영변 5메가와트 실험용 원자로(흑연감속로)에서 꺼낸 훼손된 사용후연료봉에서 '시험용'으로 90g의 플루토늄을 한 차례 추출했다고 '자발적'으로 신고했다.[91] 최초보고서에 명시된 '플루토늄 90g'은 미국·IAEA와 북 사이에 갈등과 충돌의 도화선이 됐다. 달리 말하자면, 동북아 정세와 한반도 8000만 시민·인민의 일상을 30년째 뒤흔드는 이른바 '북핵문제'의 발화점이다.

북의 계산된 선택

해리슨은 북에서도 극소수만 공유하던 특급 기밀인 플루토늄 추출 사실을 알게 된 최초의 외부인이다. 최정순은 그 기밀을 외부인에 알린 창구다. 최정순은 왜 해리슨이 묻지도 않았는데 플루토늄 추출 사실을 자발적으로 알렸을까? 2016년 세상을 뜨기 전까지 미국에서 북을 가장 잘 읽어낸다는 평가를 받던 해리슨의 해석은 이랬다. "우리는 그가 문제를 위기 상황으로 몰고 가지 않으면서 미국을 협상으로 끌어내려는 의도로 조심스럽게 준비된 발언을 한 게 아닌가 하는 인상을 받았다."[92]

최정순의 폭탄 발언을 북한 최고지도부의 '계산된 선택'으로 받아들였다는 뜻이다. 실제 최초보고서 제출 무렵 북의 행보는 주목할 만하다. 핵안전조치협정에 따르면 최초보고서는 협정이 발효된 1992년 4월 10일의 다음 달 말일까지, 즉 5월 31일까지만 제출하면

된다. 그런데 북한 당국은 마감시한보다 27일이나 앞당겨 이를 제출한 것이다.

더구나 북한 당국은 최고인민회의에서 핵안전조치협정을 비준한 직후인 1992년 4월 14일 평안북도 영변지구의 핵시설 외관과 내부를《조선중앙텔레비전》에 공개한다. 이튿날인 4월 15일엔 이 화면이 일본 방송을 통해 외부에 알려지게 했다.[93] 1925년 김소월이 읊조린 '약산 진달래꽃'의 영변이, 머잖아 국제비확산체제를 뒤흔들 '핵시설단지'로 세상에 알려지게 된 것이다. 김소월의 영변 약산의 진달래꽃과 김일성·김정일 체제의 영변 핵시설 사이엔 아득한 심연이 있다.

북한의 최초보고서 제출 일주일 뒤인 1992년 5월 11~16일 한스 블릭스Hans Blix IAEA 사무총장이 방북해 영변 핵시설을 사찰했다. 블릭스는 "북한이 추출한 플루토늄은 폭탄 제조용으로 보기에는 너무도 미소한 분량인데다 핵무기 개발까지는 장비나 기술면에서 몇 단계를 더 거쳐야 한다"며 "북이 핵무기를 개발하고 있다는 명확한 증거는 없다"고 보고했다.[94] 블릭스는 첫 북한 방문을 마친 뒤 5월 16일 베이징에서 가진 기자회견에서 "방문 기간에 원하는 곳에 다 가볼 수 있도록 헬리콥터를 제공하는 등 북한 당국의 협조에 불평할 사항은 없었다"고 말했다.[95]

영변 원자로와 경수로를 맞바꾸자는 제안

북한 당국은 블릭스에게 경수로를 제공하면 영변 원자로를 폐쇄할 용의가 있음을 밝혔다. 1992년 6월 30일 24차 베이징 북미 참사관급 접촉에선 미국이 경수로 관련 기술·물질을 제공하면 방사화학실험실(재처리시설)을 폐쇄할 생각이 있음을 내비쳤다. 1994년 10월 '제네바 기본합의'의 뼈대를 북은 이때 이미 협상안으로 내놓은 것이다. 제네바 협상의 미국 측 수석대표인 로버트 갈루치Robert L. Gallucci는 북한 당국이 블릭스의 영변 핵시설 방문을 허용한 1992년 5월을 "냉전 종식 이후 한반도에 가장 부드러운 바람이 불었던 때"라고 회고했다.[96]

그런데 1992년 봄 북의 이른 최초보고서 제출과 영변 핵시설 대외 공개는 전적으로 IAEA의 핵사찰을 받겠다는 협조적 행보를 뜻하는 것일까? 최종순의 발언과 최초보고서의 '플루토늄 90g'은 북의 '다른 전략'을 가리킨다. 최종순의 폭탄발언은 블릭스 사무총장의 방북 이전일 뿐만 아니라 북한이 IAEA에 최초보고서를 제출하기도 전에 이뤄진 일이다. 이는 플루토늄 추출 사실 공개가 북한의 계산된 선택임을 방증한다.

짐짓 핵능력의 한자락을 노출해 위기를 조성하는 방식으로 미국을 자극해 협상장으로 끌어들이려는 '핵게임'의 시작이다. 북의 이런 핵게임을 언론은 흔히 '벼랑 끝 전술'이라 불렀고, 학자들은 강대국을 상대로 한 약소국의 '실존적 억지와 협상 전략'이라거나 '대미 강압외교' '선군외교' 따위로 개념화했다.[97]

북이 언제 '핵게임'을 결정했는지 공개 문헌으론 확인되지 않는다. 전언은 있다. 임동원의 회고에 등장하는 "중국의 한 탁월한 북한 문제 전문가"에 따르면 1991년 10월 김일성이 중국에 다녀오자마자 소집한 노동당 중앙위 정치국회의에서 "미국과 관계 정상화를 최우선 과제로 추진하되 이를 위해 핵문제를 대미수교를 위한 협상 카드로 적극 활용하겠다는 이른바 '전략적 결정'을 내렸다".[98]

해리슨은 남북기본합의서 채택 직후인 1991년 12월 24일, 9년 만에 소집된 노동당 중앙위 전원회의에서 이뤄진 '불안한 타협'을 핵게임의 시발로 봤다. 해리슨은 "북한 관리들이나 외교관들과 대화를 하며 들은 내용을 종합"한 결과라며, 이 회의에서 강경파와 실용주의자 사이에 "만약 미국과의 협의가 실질적으로 진행된다면 핵 프로그램은 유예될 수 있을 것이다. 그러나 미국과의 협의가 반드시 이 프로그램을 중단시키는 것은 아니라는 데 합의가 이뤄졌다"고 평가했다.

해리슨은 이를 근거로 '김용순-캔터 회담'이 아무런 성과 없이 끝난 게 '평양의 실용주의자들'한테 큰 타격을 줬고, 이들로서는 내부의 강경파에 맞서고 미국과 대화 재개를 위해서라도 'IAEA의 사찰에 대한 북의 양보와 북미관계 정상화 진전을 연계시키는 것'이 필요했다고 짚었다.[99] '주한미군 주둔 용인' 등의 협상안을 들고 뉴욕에 간 김용순을 빈손으로 돌려보내는 등 미국의 강경하고 냉담한 태도가 북을 위험천만한 핵게임 버튼으로 이끌었을 수 있다는 진단이다. 논리적으로나, 당시 북한 당국의 행보와 북미관계의 흐름 등에 비춰볼 때 개연성이 있는 추정이다.

핵게임, 1차 핵 위기로 번지다

더운 바람은 태풍을 몰고 오는 법이다. 상황은 북한의 구상대로만 흐르지 않았다. "냉전 종식 이후 가장 부드러운 바람이 분 때"라던 1992년 5월 IAEA의 영변 핵사찰 이후 한반도는 '핵태풍' 속으로 빠르게 빨려 들어갔다. IAEA는 1992년 7월 7~20일 2차 임시사찰 때 영변 핵시설에서 확보한 시료를 분석해 북이 핵연료 재처리를 통해 적어도 3회 이상 플루토늄을 추출했다는 것을 확인했다. 이 시료는 오스트리아 빈에 있는 IAEA 연구소뿐 아니라 냉전기 소련의 핵실험을 분석한 미국 플로리다주의 미 공군 기술응용연구센터 산하 연구소가 맡았다. 예상치 못한 북의 '플루토늄 90g'에 기겁한 미국이 개입해 결국 북이 '거짓말'을 하고 있다는 증거를 찾아낸 것이다. IAEA 뒤에는 미국이 있었다.

당연하게도 IAEA는 미국이 발견한 이 '중대한 불일치'를 해명하라고 북에 요구했다. 북은 제대로 설명하지 못했다. 최초보고서에 '플루토늄 90g 한 차례 추출'을 적을 때 이런 상황 전개를 예상하지 못했을까. IAEA의 핵사찰 전문가인 올리 헤이노넨Olli Heinonen은 1991년 걸프전 이후 극미량의 방사성물질 시료에서 정확한 결과를 얻어낸 핵 분석 기술의 눈부신 발전을 당시 북은 짐작하지 못했을 것이라고 짚었다.[100]

북의 애초 의도가 무엇이든 '중대한 불일치'의 발견은, 결과적으로 '대화 끝, 갈등 시작'의 신호탄이 됐다. 미국 정보기관은 이 플루토늄 추출량을 둘러싼 불일치(북: 1회 90g vs 미: 최소 3회 148g)를 북이 적어도 1~2개의 핵폭탄을 만드는 데 필요한 플루토늄을 이미 생산한 증거로 간주했다. 이에 더해 IAEA는 1992년 8월 29일~9월 12일 3차 임시사찰 때 북이 신고하지 않은 2개의 핵시설이 영변 핵단지에 있음을 발견하고 방문 허용을 북에 요구했다. 이 발견도 미국이 제공한 위성사진이 근거였다. 북은 두 곳은 군사시설이며 따라서 사찰은 주권 침해라는 논리로 거부했다.

엎친 데 덮친 격으로 1992년 8월 24일 중국이 한국과 수교하고, 1992년 10월 한국과 미국은 북이 "북침 핵전쟁연습"이라고 비난해온 팀스피릿 훈련 재개를 준비하겠다는 방침을 밝혔다.

북은 북미 양자협상으로 문제를 해소하자고 제안했으나 미국은 거절했다. 그러자 북은 '90일짜리 시한폭탄'을 세상에 던졌다. 핵확산금지조약NPT에서 탈퇴하겠다는 '조선민주주의인민공화국 정부 성명'이 그것이다. 1993년 3월 12일 발표된 이 성명은 90일이 지나면 자동으로 효력이 발생한다. 국제비확산체제를 뿌리부터 뒤흔들 시한폭탄의 초침이 돌기 시작한 것이다.

벼랑에서 추는 춤,
공갈과 협상의 앙상블

1993. 3~1994. 3

조선민주주의인민공화국 정부는 나라의 최고 이익을 수호하기 위한 조치로 부득이 핵무기전파방지조약에서 탈퇴한다는 것을 선포한다.

1993년 3월 12일 발표된 '조선민주주의인민공화국 정부 성명'은 국제비확산체제의 근간인 핵확산금지조약NPT의 울타리를 벗어나겠다는 초유의 공개 선언이다. 그런데 북한 당국은 정확히 석 달 뒤인 1993년 6월 12일 터질 '시한폭탄'을 멈출 방법도 함께 알렸다. "미국이 우리에 대한 핵위협을 중지하고 국제원자력기구 서기국(사무국)이 독자성과 공정성의 원칙으로 돌아설 때" NPT 탈퇴 선언을 철회할 수 있음을 내비치는 방식으로. 자신과 상대방을 벼랑 끝으로 몰아가되 협상으로 가는 출로를 열어두는 북한 특유의 '투 트랙 전략'이다.

1992년 1월 김용순을 빈손으로 돌려보낸 부시 행정부와 달리,

갓 출범한 빌 클린턴 행정부는 북한의 예상 밖 초강수에 맞대응이 아닌 협상을 모색했다. 두 갈래 전략적 고려가 작용했다. 우선 12년 (레이건 8년+아버지 부시 4년) 만의 정권교체로 의욕적으로 일을 벌여야 할 출범 초기 북핵문제에 발목이 잡힐 생각이 전혀 없었다. 아울러 북한의 도발로 국제비확산체제의 신뢰성이 흔들리는 사태를 피해야 했다. 미국 패권의 핵심 기반인 국제 레짐의 신뢰성이 달려 있기 때문이다. 어느 쪽이든 당시 북한의 핵능력이 두려워서는 아니었다.

중국은 북한과 거리를 뒀다. 1993년 4월 8일 북한의 NPT 탈퇴 선언에 유감을 표하며 핵안전조치협정 이행을 촉구한 UN 안전보장이사회 의장성명에 찬성한 것이다. 5월 초 북한의 NPT 잔류를 촉구하는 UN 총회 결의문은 찬성 140에 반대는 한 표뿐이었다. 중국은 기권했고, 북한 홀로 반대했다. "공화국 정부의 자위적 조치에 지지와 연대성을 보내주리라 확신한다"는 북한 당국의 기대는 외면당했다.

북미의 베이글 가게 협상

북한은 스스로 활로를 열어야 했다. "자기가 북한 대사라며 어떤 사람이 통화를 하고 싶다는데요, 이름이 허 뭐라고 하는데, 어떻게 할까요?" 1993년 5월 중순의 어느 날, 미국 국무부 코리아 데스크에서 15년간 일한 조앤이 놀란 표정으로 케네스 퀴노네스Kenneth C. Quinones 한테 전화기를 건넸다. "나는 공화국 정부로부터 귀 정부에 양측 정부가 서로 만나 쌍방의 문제를 논의할 수 있는지를 알아보는 권한을 위임받았습니다." 넉 달 전 애틀랜타 카터 센터에서 안면을 튼 허종 UN 북한대표부 대사였다. 퀴노네스는 상부의 승인을 받아 뉴욕 UN본부에서 북한의 김종수 대사를 만났고, 10분 만에 6월 1일 UN 미국대표부에서 북미 협상을 하기로 합의했다. 북한의 대표는 강석주 외교부 제1부부장이라고 했다. 퀴노네스는 "위기를 대화로 풀어간다는 차원에서 그(허종)가 전화를 걸어온 타이밍은 절묘했다" 고 회고했다.[101]

　1993년 6월 2~4일, 사상 첫 북미 정부 차원의 양자협상은 평행 선을 달렸다. 첫 만남에서 합의점을 찾기엔 '무지와 불신과 적대감' 의 골이 너무 깊었다고 퀴노네스는 짚었다. 미국 수석대표 로버트 갈루치 국무부 차관보는 첫 만남을 정리하며 북한 쪽에 '주말을 활 용해 상황을 재검토해보고 서로 협의할 게 있으면 전화를 하라'고 말하고는 협상장을 떠났다.

　사흘 뒤인 6월 7일 오전 10시 국무부 코리아 데스크의 전화가 다시 울렸다. 전화기 너머 허종은 '가급적 빨리 뉴욕으로 와서 미국 정부의 기능과 관련한 질문에 답을 해줄 수 있겠냐'고 물었다. 퀴노 네스는 다시 뉴욕으로 갔다. 맨해튼 42번가 헴슬리호텔에 숙소를 잡은 그는 길 건너편 2평짜리 베이글 가게에서 허종이 소개한 '미스 터 리'와 며칠째 협상을 이어갔다.

　'미스터 리'는 퀴노네스한테 '안보와 주권'이 중요하다고 거듭 강조했다. 그는 쉼 없이 질문을 쏟아냈다. "공화국(북한)의 NPT 잔류 가 미국에 그렇게 중요한가? 미국과 외교통상 관계를 정상화하려면 공화국이 뭘 해야 하나?"[102] 미 연방수사국FBI은 퀴노네스와 허종,

미스터 리의 '베이글 가게 협상'을, 범죄 현장을 채증하듯 한순간도 놓치지 않고 카메라에 담았다.*

"저들은 핵문제에서 빠져나오기를 바란다"

NPT 탈퇴 선언 발효를 하루 앞둔 1993년 6월 11일 북한과 미국은 사상 첫 '공동성명'을 합의·발표했다. "조선민주주의인민공화국과 미합중국 사이의 정부급 회담이 1993년 6월 2일부터 11일 사이에 뉴욕에서 진행되었다"라는 문장으로 시작하는 이 발표문의 제목은 '조선민주주의인민공화국-미합중국 공동성명'. 북한의 국호가 적시된 사상 첫 북미 양자 합의문이다.[103] 미국이 "핵 포함 무력 사용·위협 배제, 자주권 존중, 내정 불간섭"을 약속하고, 북은 "NPT 탈퇴 효력을 필요하다고 인정하는 만큼 일방적으로 임시 정지"하기로 한다는 게 핵심 내용이었다.

　강석주 제1부부장은 공동성명 발표 직후 뉴욕에서 한 기자회견에서 "공동성명 발표는 조선민주주의인민공화국과 미합중국 사이에 처음 있는 일"이자 "역사적인 일"이라고 거듭 강조했다. 6월 13일 《노동신문》은 공동성명 전문을 1면에, 강석주의 뉴욕 회견을 〈조미 쌍방이 핵위협을 하지 않으며 서로 상대방의 제도와 자주권을 존중할 데 대하여 합의〉라는 제목으로 3면에 크게 실었다. 강석

---

* 퀴노네스가 '미스터 리'라 부른 이는 2018·2019년 북미정상회담에 깊이 관여한 리용호 전 외무상이다.

주와 갈루치는 공동성명 발표 뒤 허종과 퀴노네스를 연락 창구로 지정했다. 저 유명한 '북미 뉴욕 창구'의 시작이다.

핵 위기가 비등점으로 치닫던 1993년 5~6월 북한은 막다른 골목에 이를 때마다 '전화 외교'로 협상의 물꼬를 텄다. 헤이즐 스미스 Hazel Smith가 지적했듯이 북한은 다수의 고정관념과 달리 '미친 행위자'가 아니라, 자기 목표에 충실한 '합리적 행위자'다. 때때로 아니 자주 북한의 목표가 상대방의 그것과 다른 게 문제이긴 하지만, 어쨌든 북은 스스로 세운 목표를 이루려 집요하게 움직인다. 이를 인정하지 않으면 협상과 평화로 가는 길을 잃는다. 역사의 교훈이다.

공동성명 채택 한 달여 뒤인 1993년 7월 13일 스위스 제네바 북한대사관에서 2차 북미고위급회담이 열렸다. 강석주가 먼저 입을 열었다. "조선민주주의인민공화국은 국제사회가 에너지 수요를 충족시키기 위한 경수로를 제공한다면 국내 원자로를 경수로로 대체해 원자력 개발 프로그램 전체를 수정할 용의가 있다." 그 순간 미국 대표단의 북한 전문가 로버트 칼린Robert L. Carlin은 수첩에 이렇게 적었다. "저들은 핵문제에서 빠져나오기를 바란다." 강석주는 1994년 10월 21일 북미 제네바 기본합의의 뼈대인 '영변 핵시설 동결↔경수로 제공'을 이때 공식 제안했고, 갈루치는 강석주가 "핵문제를 완벽하게 협상 대상으로 여긴다"는 인상을 받았다.[101]

강석주, 핵을 협상 테이블에 올리다

2차 북미고위급회담 엿새째인 1993년 7월 19일 갈루치와 강석주는 미국이 "조선민주주의인민공화국의 경수로 도입을 지지하며 (…) 조선민주주의인민공화국과 함께 경수로를 확보할 수 있는 방법을 모색할 것이다"라는 내용의 공식 선언문을 채택하기로 합의한다. 다만 갈루치는 이를 공동성명 형식으로 발표하는 건 끝내 거부했다. 한 달 전인 6월 11일 북미 공동발표 뒤 나온 김영삼 정부의 반발을 의식한 탓이다. 아울러 갈루치 차관보는 남북 간, 그리고 북한과 IAEA 사이의 "진지한 논의·협상" 개시를 3차 북미고위급회담의 전제조건으로 내걸었다.

3차 북미고위급회담은 오래도록 열리지 않았다. 1993년 11월 7일 클린턴 대통령은 《NBC》의 〈언론과의 만남Meet the Press〉에 나와 "북한의 핵폭탄 개발을 결코 방관하지 않을 것"이라며, 군사 대응도 배제하지 않겠다는 의지를 내비쳤다. 미국 《NBC》와 《월스트리트 저널》 공동 여론조사에선 '북한의 핵무기 개발'이 "현재 당면한 가장 심각한 외교문제"로 꼽혔다.[105]

추운 겨울, 북한과 미국은 뉴욕 창구를 활용한 수십 차례의 접촉 끝에 1994년 3월 1일 마침내 접점을 찾았다. 'IAEA 대표단의 영변 핵시설 방문·사찰, 1994년 한미 팀스피릿 훈련 취소, 남북 당국회담'이라는 '주고받기'로 3차 북미고위급회담의 문을 여는 데 뜻을 모은 것이다. 미국 협상 대표단은 이날을 "슈퍼 화요일"이라 불렀다. 하지만 클린턴 행정부는 의회와 여론의 압력, 김영삼 정부의 반발에 밀려 'IAEA 사찰과 남북의 특사 교환'을 3차 북미고위급회담의 전제조건으로 다시 내걸었다.

미국이 '골대'를 옮긴 셈이지만, 북한은 판을 깨지 않았다. 그럼에도 결국 그 두 가지 전제조건이 치명적 위기의 도화선이 된다. 1994년 3월 15일 IAEA는 북이 추출한 핵물질이 핵무기로 전용되지 않았음을 검증하는 데 실패했다며 사찰단 철수와 함께 이 문제를 UN 안보리에 상정하기로 결정했다.

'폭탄'은 나흘 뒤인 3월 19일 판문점에서 열린 '남북한 특사 교환을 위한 8차 실무대표 접촉'에서 터졌다. 날 선 공방이 오가던 와중에 박영수 북쪽 단장(조국평화통일위원회 서기국장)이 "서울은 여기에서 멀지 않소, 전쟁이 일어나면 (우리뿐 아니라) 서울도 불바다가 될 것이오, 송 선생(남쪽 수석대표를 맡은 송영대 통일부차관)도 무사하지 못할 것이오"라며 회담장을 떠났다. 김영삼 정부는 '비공개' 관례를 깨고 문제의 발언이 담긴 녹화 영상을《KBS》에 건네 '반북 여론'에 불을 질렀다. 저녁밥을 먹고 느긋하게 텔레비전 뉴스를 보던 남녘 시민들은 "서울 불바다" 발언에 뒤집어졌다.*

---

* 남북 당국 회담은 고위급은 동영상·음성, 실무급은 음성을 서울·평양의 본부에서 보고 들을 수 있다. 훈령 전달 등 회담 진행 목적으로만 쓸 뿐 비공개가 불문율인데, 김영삼 정부의 청와대와 안기부는 이를 깬 것이다.

푸에블로호 사건,
북미관계 이상한 공식의 기원

"정선하라, 따르지 않으면 발포한다."

1968년 1월 23일 낮 12시 27분 원산 앞 먼바다를 항해하던 미국 해군 정보수집함 푸에블로호에 조선인민군 소형 쾌속 군함인 구잠정(SO-1)과 어뢰정(P-4) 등이 접근했다.

"여긴 공해다." 푸에블로호 함장 로이드 부커Lloyd Bucher는 이렇게 답신하고는 최대한 빠른 속도로 문제 해역을 벗어나려 했다.

문제는 속도. 푸에블로호의 최고 속도는 13노트인데 북한 구잠정은 29노트, 어뢰정은 50노트. 벗어날 수 없다 판단한 부커 함장은 저항을 멈추고 북한 해군의 인도에 따라 원산항으로 향했다. 함장의 명령에 따라 비밀문서를 폐기하려고 푸에블로호가 도중에 멈추자 구잠정에서 총격을 가했고, 푸에블로호의 선원 1명이 숨졌다. 오후 2시 32분 북한 요원이 푸에블로호에 올랐다. 미 해군 정보수집함이 북한 해군에 나포된 것이다.

미 해군 함정의 나포는 1815년 프레지던트호가 뉴욕 해안에서 영국군에 나포된 뒤 처음. 그러니까 153년 만이다. 1968년은 북한과 미국이 3년간의 혈전을 멈춘 지 15년밖에 흐르지 않은 때다. 더군다나 그 바로 이틀 전 북의 무장공작원들이 박정희 대통령을 죽이려고 청와대로 가다 창의문 고갯길에서 사살된 기막힌 사건이 벌어진 터다.(1·21 사건. 31명의 무장공작원 가운데 29명은 사살됐고 김신조는 자수, 1명은 북한으로 돌아갔다.)

많은 이들이 한반도에서 15년 만에 다시 전쟁이 터질까 봐 전전긍긍했다. 북한학자이자 통일부장관을 지낸 김연철은 1968년을 "한국전쟁 이후 전쟁에 가장 가까이 다가간 해"로 평가한다.[106]

전쟁의 방아쇠에 손가락을 올린 사건

그러나 이미 우리가 알고 있듯 1968년에 전쟁은 일어나지 않았다. 미국 린든 존슨 대통령(1963~1969)은 물론 조선인민군 최고사령관 김일성, 소련공산당 서기장 레오니트 브레즈네프, 중국의 마오쩌둥, 군통수권을 지닌 그 누구도 진심으로 전쟁을 할 생각이 없었기 때문이다.

나포 사건 직후 미국에선 강경 대응 여론이 들끓었다. 대통령을 지냈거나 훗날 대통령이 될 아이젠하워, 닉슨, 레이건 등이 앞장서 무력 사용을 주장했다. 하지만 존슨은 1월 24~25일 이틀에 걸친 고위급 회의 뒤 "평화적 수단을 통한 신속한 해결" 방침을 정했다. "모든 수단을 이용"하겠다고 했지만, 그 선택지에 '전쟁'은 들어 있지 않았다.[107] 무엇보다 존슨은 베트남 정글에서 헤매는 미국을 또 다른 전쟁으로 끌고 들어갈 생각이 전혀 없었다. 이처럼 대통령과 대통령이 아닌 정치인, 대통령이라도 현직과 전직이 느끼고 감당해야 할 책임의 격차는 비교가 불가할 정도로 큰 법이다.

북한이 전쟁을 준비하거나 계획하고 있다는 정황도 없었다. CIA는 "식량이나 의약품의 수입도 없고, 무역 규모도 그대로"라며 "북한이 전쟁을 준비한다는 증거가 없다"고 평가했다. 비밀 해제된 미 정부 문서에 따르면 당시 로버트 맥나마라Robert McNamara 국방장관 후임으로 정해진 클라크 클리퍼드Clark Clifford는 이렇게 말했다. "83명의 승조원한테는 미안한 일이지만, 한국전쟁을 다시 할 만큼의 가치가 있다고는 생각하지 않는다."

그 대신 미국은 강온 양면책을 펼쳤다. 일본을 떠나 베트남으로 가던 항공모함 엔터프라이즈호의 행선지를 한반도로 돌려 대북 무력시위에 나섰다. 그러면서도 존슨 대통령은 사건 발생 사흘째인 1월 25일 소련 코시긴Alexei Kosygin 총리한테 한반도에서 군사적 긴장이 높아지는 걸 원치 않는다고 밝혔다.

미국은 소련을 공범으로 여겼다. 맥나마라 국방장관은 사건 직후 회의에서 "사전에 계획될 일이며, 소련은 이미 알고 있었다"고 단정했지만 이는 오해였다. 오히려 당시 소련은 나포 사건이 전면전으로 번지지 않도록 애썼다. 비밀 해제된 옛 소련 문서를 보면, 당시 코시긴은 모스크바 주재 북한대사한테 "언론을 통해서야 알았다"고 분통을 터트렸다. 브레즈네프는 그해 4월 "조선의 친구들은 소조조약의 존재를 이용해 소련을 이 사태에 말려들게 하고, 우리가 알지도 못하는 자신들의 속셈을 우리가 지지해주기를 바란다"며 짜증을 냈다. 소련은 제네바협정(1954) 23조에 따라 군함은 영해 침범 때 나포가 아닌 영해 밖 추방이 원칙이라며 "나포는 과도한 조치"라는 입장을 북에 전달했다.[108]

북한은 왜 푸에블로호를 나포했을까? 다양한 가설이 제기됐지만, 사실로 확인된 건 없다. 다만 나포가 오랜 시간에 걸쳐 치밀하게 기획된 일은 아니며, 그렇다고 '상부의 지시' 없이 벌어진 돌발 상황도 아니라는 점은 분명하다.

푸에블로호는 사건 발생 12일 전인 1월 11일 오전 6시 일본 사세보항을 떠나 소련 연해주까지 북상하다가 15일 청진항 근처로 남하했다. 푸에블로호가 북의 시야에 잡힌 시간이 그리 길지 않다는 얘기다. 다만 미 의회 조사보고서를 보면, 이 배의 임무 가운데는 "북한 부근에서 공공연히 활동하며 소련 해군에 대한 활발한 감시 활동을 하는 정보수집함에 북한과 소련이 각각 어떻게 반응할지를 확인한다"는 게 있었다.[109] 이 때문에 푸에블로호의 항적은 도발적이었고, 그래서 북한을 자극했을 가능성은 존재한다.

정전 이후 처음으로 마주 앉은 북미

북미 양국은 겉으론 거친 말을 주고받았지만 협상의 기회를 탐색했다. 미국이 먼저 패를 깠다. 사건 다음 날인 1월 24일 판문점에서 열린 군사정전위 261차 본회의에서 유엔군사령부(유엔사) 수석대표인 존 스미스John V. Smith 해군 소장은 선박과 선원을 풀어줄 것과 사과를 요구하는 문서를 북한 대표인 박중국 인민군 소장한테 전하며 '미국 정부가 북한 당국에 보내는 경고'임을 강조했다. 유엔사가 아닌 '미국 정부'가 이 문제 해결에 직접 나서겠다는 신호다. 이를 그냥 흘려보낼 북이 아니다.

물밑 협상을 거쳐 2월 2일부터 북미 양자회담이 시작됐다. 스미스 소장은 스스로를 "군사정전위 수석대표로서 미국 정부를 대표해 사건 협상의 전권을 행사"한다고 밝혔다. 미국 정부 대표는 아닌데 "미국 정부를 대표"한다는 이 얄궂은 자기소개는, 조선민주주의인민공화국의 국제법적 합법성을 부인해온 미국 정부의 공식 견해와, 양자협상으로 답을 찾아야 할 현실의 불가피한 절충이다. 푸에블로호 나포 사건을 계기로 한 사실상의 전후 첫 북미 양자회담 성사엔 문화대혁명 이후 북중 갈등으로 군정위에 중국군 대표가 불참하던 사정도 작용했다. 홍위병이 김일성을 맹비난하자 김일성은 공개 연설에서 중국을 "대국주의자"라 비난했고, 북중은 서로 대사를 소환하는 등 기싸움을 벌이던 터다.

북미는 열 달 넘는 힘겨루기 끝에 '미국의 사과'와 '승조원 전원 석방' 맞교환에 합의했다. 길버트 우드워드Gilbert H. Woodward 미 육군 소장은 "우리가 범하지 않은 행동에 대해 사과할 수 없다. 나는 오로지 승조원을 석방시킨다는 단 하나의 목적으로 이 문서에 서명하는 것"이라는 성명을 발표하고는 북이 작성한 '사과문'에 서명했다.[110]

미국을 상대로 처절한 인정투쟁을 벌여온 북한으로선 '미국 정부의 서명'이, 미국은 '부인 성명'이 중요했다. 이른바 "부인을 전제

로 한 사과repudiated apology"다. "합의하지 않기로 합의했다"는 말
이 웅변하듯, 외교의 세계에선 충돌을 회피하려고 스스로를 속이는
일도 불사한다. 어쨌든 그렇게 해서 1968년 12월 23일 푸에블로호
의 생존 승조원 82명과 주검 1구가 판문점 '돌아오지 않는 다리'를
건너 고향 미국으로 돌아갔다. 리처드 닉슨이 미국 대통령에 당선된
직후다.

북미관계의 이상한 공식

북한은 푸에블로호 선체는 끝내 미국에 돌려주지 않았다. 1968년
원산항으로 끌려간 푸에블로호는 평양 대동강 변 제너럴셔먼호 격
침 기념비 옆에 전시돼 지금껏 안보교육장으로 쓰이고 있다.

　반세기 전 역사를 시시콜콜 되짚어보는 건 이 사건의 전말이 30
년 넘게 한반도의 평화를 옥죄는 이른바 '핵문제'를 고리로 한 북미
의 갈등과 협상의 '역사적 원형'을 보여주고 있어서다. 요컨대 "푸에
블로호 북미 협상은 적대적인 위기상황을 창출해야 대화가 시작된
다는 북미 관계의 '이상한 공식'의 기원이다."[111]

　'적대적 위기상황→대화와 협상'의 패턴은 1990년대 '1차 북핵
위기', 2000년대 '2차 북핵위기', 2010·2020년대 '3차 북핵위기'에
서 예외 없이 되풀이되었다. 미국은 문제 해결에 관심이 없어 보이
고, 북한은 모두를 인질로 잡는 자해공갈식 군사행동을 빼고는 미국
의 관심을 이끌어낼 능력과 지혜가 모자란다는 게 문제다.

　그런데 원산과 평양을 잇는 강이 없는데, 원산 앞바다에서 나포

된 푸에블로호가 어떻게 평양 대동강에 있는 걸까? 철도 등 육로로 옮겼으리라 추정이 있지만, 북한 당국은 지금껏 푸에블로호를 어찌 옮겼는지 밝히지 않았다. 대북 협상에 깊이 관여해온 한 원로 인사는 북한이 육로가 아니라 해로, 곧 '동해→제주해협 밖→서해→대동강' 경로로 푸에블로호를 옮겼다고 귀띔한다.

푸에블로호는 '잊힌 과거'가 아니다. 미국 연방법원은 2021년 2월 24일(현지시각) 푸에블로호 승조원과 그 가족·유족한테 북한 당국이 모두 23억 달러(2조5000억 원)를 배상하라고 판결했다. 북한은 2000년 10월 매들린 올브라이트Madeleine Albright 당시 미 국무장관이 사상 첫 북미정상회담을 준비하러 평양에 갔을 때부터 북미관계의 고빗길마다 푸에블로호 선체를 관계 정상화의 마중물로 쓸 생각임을 숨기지 않았다. 대동강 변의 푸에블로호는 '김정은-바이든 회담'이라는 꽃을 피울 북미관계 정상화의 마중물이 될까, 아니면 또 다른 충돌과 갈등의 불씨가 될까?

벼랑 끝에서 열린 공존의 문, 북미 제네바 기본합의

1994. 10

'북폭 계획'을 입안한 미국의 윌리엄 페리William J. Perry 전 국방장관과 '북미 제네바 기본합의' 주역인 로버트 갈루치 전 국무부 차관보는 1994년 봄, 한반도에서 "8월의 포성The Guns of August"의 그림자를 봤다고 한다. 《8월의 포성》은 1914년 8월, 즉 1차 세계대전 개전 초기 한 달을 정밀 추적한 바바라 터크만의 명저다. '8월의 포성'이란 아무도 바라지 않았으나 1000만 명의 목숨을 앗아간 인류사 최초의 총력전의 불쏘시개가 된 숱한 우연과 오해와 엇갈린 셈법에 대한 비유다. 주한미군으로 근무한 하웰 에스테스Howell M. Estes III 중장은 1994년 봄 "(아무도 말하지 않았지만) 속으로는 모두가 전쟁이 임박했음을 예감하고 있었다"고 회고했다.[112]

1994년 3월 IAEA의 '북핵 검증 실패' 선언과 남북 당국 회담에서 '서울 불바다' 발언이 터지자 클린턴 행정부는 그달로 예정된 3차 북미고위급회담을 유보했다. 3월 21일 IAEA는 북핵문제를 UN

안전보장이사회에 회부하는 결의를 채택했다. 중국은 표결에서 기권했다.

북한 당국은 전광석화처럼 '위기를 만들어내는' 행보로 출로를 뚫으려 했다. 이제는 지겨울 정도로 낯익은 북한의 행동 패턴이다. 4월 10일 영변 5메가와트 원자로를 멈춰 세웠고, 5월 12일부터 원자로에서 사용후핵연료봉을 꺼냈다. 미국은 맞불을 놨다. 4월 11일 미국의 패트리어트 미사일이 부산항에 들어왔고, 이어 아파치 헬기와 브래들리 전차 등이 속속 한반도에 배치됐다. 한미 양국 국방장관은 1994년엔 팀스피릿훈련을 취소하기로 한 3월 3일 발표를 뒤집고 11월에 훈련을 실시하겠다고 밝혔다. 한반도의 봄에 포성이 울리기 직전이었다.

미국의 '북폭 시나리오'

윌리엄 페리 국방장관과 존 샬리카쉬빌리John Shalikashvili 합참의장은 5월 18일 현역 4성 장군과 해군제독 전원을 워싱턴 펜타곤으로 불러 모았다. 게리 럭 주한미군 사령관의 전쟁 계획을 어떻게 협력해 실행할지 '실전 회의'가 목적이었다. 다음 날 국방장관·합참의장·주한미군 사령관은 군 최고통수권자인 클린턴 대통령에게 회의 결과를 보고했다. 국방부 등의 시뮬레이션 결과 전쟁이 벌어지면 첫 석 달에만 미군 5만2000명, 한국군 49만 명, 100만 명 이상의 민간인 사상자가 나오고, 1조 달러에 달하는 한국경제의 피해, 아시아 경제 불황이 따라올 뿐만 아니라 600억 달러 이상의 전비가 필요한데 이는 온전히 미국이 떠맡아야 한다는 것이었다.[113] 보고를 들은 클린턴은 이튿날인 5월 20일 외교안보 분야 고위 회의를 소집한다.

6월 15일 북한은 8000개의 사용후핵연료봉을 한 달여 만에 모두 꺼냈다. 아무도 예상 못한 놀라운 '속도전'이었다. 더구나 북한은 인출한 사용후핵연료봉을 마구 뒤섞었다. 이는 플루토늄 추출량을 둘러싼 '중대한 불일치' 문제를 포함한 북한의 과거 핵활동 검증이 불가능해졌다는 뜻이다. IAEA의 검증 전문가 디미트리스 페리코스 Dimitris Perrikos는 북한의 이런 행태를 '포커 게임'에 비유했다.[114] 북이 핵물질(플루토늄)을 얼마나 확보했는지 알 수 없게 만들고, 이를 핵게임의 '비장의 카드'로 삼았다는 것이다.

6월 2일 한스 블릭스 IAEA 사무총장은 북한의 과거 핵활동을 검증할 수 없게 됐다고 UN 안보리에 보고했다. 클린턴은 대북제재 의사를 밝혔고, 미국 정부는 3차 북미고위급회담 취소를 선언했다. 그러자《노동신문》은 "'제재'는 곧 전쟁이며 전쟁에서는 자비가 없다"는 구호를 각 면의 머리띠로 큼지막하게 둘렀다.

북한의 과격한 행보만큼이나, 이라크에서의 핵사찰 실패로 망가진 체면을 이참에 만회하려는 듯한 IAEA의 태도에도 비난이 쏟아졌다. 도널드 그레그 전 주한 미국대사는 "북에 어떤 혜택도 주지 않고 고통스런 조사만 하려드는 꽉 막힌 항문병 전문의"라고, 갈루치는 "중세적, 탈무드적 경직"이라고, 국방부 고위관리는 "광신자"라고 비난했다.[115]

그런데 시끄럽게 짓는 개는 정작 물지 않는다고 했던가? 북미양국은 겉보기엔 충돌 직전의 마주 달리는 열차 같지만, 물밑에선 김일성과 클린턴 모두 충돌을 피할 명분을 찾느라 분주했다.

지미 카터 전 미국 대통령(1977~1981)이 적대 국가의 두 최고지도자를 이어줄 적임자였다. 김일성은 1991년부터 해마다 카터한테 초청장을 보내며 공을 들여왔다. 카터도 평양에 가고 싶어 했다. 하지만 미 국무부의 완강한 반대로 '전 미국 대통령 지미 카터'의 북한 방문은 번번이 무산되어온 터다.[116]

클린턴이 결단했다. "미국을 대표하는 공식 사절이 아닌 민간인 자격으로 행동한다"는 조건으로 방북을 승인한 것이다. 여기에 갈루치를 보내 정세·현안 브리핑을 해줬고 국무부의 북한 전문가를 방북 수행원으로 딸려 보냈다.[117] 한편 클린턴은 5월 29일 중국에 무역최혜국 대우 연장이라는 선물을 안겼고, 중국은 북한에 협상을 압박하는 것으로 화답했다.

사실 집권 초기 '북핵문제'에 발목이 잡히고 싶지 않던 클린턴 대통령은 '북폭'의 결과가 돌이킬 수 없는 재앙임을 확인한 5월 20일 이후 전면적 무력 대응이 아닌 협상과 제재의 '투 트랙 해법'으로 무게중심을 조심스레 옮기고 있었다. 클린턴은 논란이 분분한 카터 전 대통령의 방북을 승인한 일과 관련해 "나는 그들이 '전직 미국 대통령이 이 나라에 왔다'고 말할 수 있으면 곧 물러설 거라고 생각했다"고 회고했다.[118] 김일성이 전면전으로 번질지도 모를 군사적 충돌이 아닌 협상으로 물꼬를 돌릴 '명분'을 찾고 있으리라 판단했다는 뜻이다. 페리 국방장관 역시 "우리는 전면전을 회피할 방법을 찾고 있었지, 전면전을 촉발할 방법을 모색한 게 아니다"라고 회고했다.

1994년 6월 13일 카터 전 대통령이 평양행에 앞서 서울에 들렀다. 이즈음 미국 매체《CBS》《타임》의 공동 여론조사에서 응답자의 51%가 북한이 사찰을 계속 거부하면 군사력을 동원해 핵시설을 파괴해야 한다는 방안에 동의했다. 한반도를 뒤덮은 전쟁 위기감에 한국의 주가가 폭락했고, 시민들은 쌀·라면·양초 따위를 사재기하며 '피난 준비'에 우왕좌왕했다. 6월 14일부터 사흘간 팔려나간 라면만 5400만 개에 이르렀다.[119]

카터의 월권과
클린턴의 수용

6월 15일 카터는 판문점을 거쳐 평양으로 갔다. 다음 날 아침 제임스 레이니James T. Laney 주한 미국대사는 한국에 있던 세 손주한테 사흘 안에 미국으로 떠나라고 당부했다.[120]

　김일성은 전직 미국 대통령과 첫 만남을 체면을 잃지 않고 위기에서 빠져나올 기회로 능숙하게 활용했다. 그는 '착한 경찰good cop'을 자임했다.[121] 카터를 만나 미국에 적대감을 드러내기보다 합의 지향적인 태도를 극적으로 내보인 것이다. 김일성과 카터는 6월 16~17일 두 차례 회담을 했다.《노동신문》은 이를 연이틀 대서특필하며 "호상 관심사로 되는 문제들에 대해 진지한 담화"가 이뤄졌다면서도 구체 내용은 공개하지 않았다. 북미고위급회담 북쪽 단장인 강석주가 배석했다. 김일성과 카터는 '핵동결↔경수로 제공'이라는 맞교환 방안에 공감했다. 카터는 비자 만료가 코앞인 IAEA 사찰단의 영변 체류 연장을 확약받았다. 김일성은 '조건 없는 남북정상회담'에 응하겠다며 남북관계를 위기 탈출의 안전판으로 삼았다.

사실 민간인 자격으로 방북한 카터에겐 미국 정부를 대표해 협상할 권한이 없었다. 하지만 그는 전직 대통령다운 능란한 솜씨로 길을 텄다. 김일성과 첫 만남 뒤 백악관에 전화로 논의 결과를 설명하는 동시에, 이를 자신과 동행한《CNN》과의 생중계 회견을 통해 공개하겠다고 사실상 통보한 것이다. 김일성과의 만남을 북미 당국 간 고위급 협상의 새로운 출발점으로 기정사실화하려는 노회한 전략이다.

당시 백악관에서는 '북핵문제'의 대응책을 결정지을 회의가 한창이었다. 클린턴은 UN 안보리의 대북제재를 승인하고, 한반도에 병력을 증파하기 위해 예비군 소집이 불가피하다는 합참의장의 보고를 받았다. 그렇게 대북 압박 수위를 확정하려는 순간, 평양에서 국면을 뒤집을 전화가 걸려온 것이다.

백악관 회의실은 일순간 카터의 '월권'을 성토하는 목소리로 어수선해졌다. 클린턴은 고심 끝에 카터의《CNN》회견 내용을 (외면·폄훼하지 말고) 미국에 최대한 유리하게 유권해석하는 방식의 대응을 지시했다.[122]

무력이 아닌
외교로 연 공존의 문

미국은 '영변 5메가와트 원자로에 연료봉을 재장전하지 않는다'는 조건을 덧붙였다. 이른바 '재처리 금지+추가 장전 금지' 묶음안이다.

이는 기존안인 '인출한 사용후연료봉 재처리 금지'보다 수위가 훨씬 높은 요구였지만 뜻밖에도 북한은 군말 없이 바로 받아들였다. 당장 전쟁을 불사할 듯이 서슬 퍼렇던 북한이 내심으론 얼마나 협상을 바라며 노심초사했을지 짐작케 하는 지점이다.

'카터 방북'을 명분으로 정면충돌 위기를 모면한 북미 양국은 김일성의 죽음(1994년 7월 8일)이라는 초대형 돌발 상황에도 흔들리지 않고 그해 10월 21일 '제네바 기본합의'에 이르렀다. 북미고위급 회담 북쪽 단장인 강석주는 합의 당일 기자회견에서 "역사적 의의를 가지는 문건"이라는 격찬과 함께 "우리는 합의문을 긍정적으로 평가한다" "우리는 합의문에 대해 좋게 생각하고 있다"며 거듭 만족감을 드러냈다.[123] '조선민주주의인민공화국'을 인정하지 않던 '미합중국'을 상대로 처음으로 양국 간 상호 의무 사항이 적시된 합의를 문서로 이끌어냈으니 그럴 만도 했다. 《노동신문》(1994년 10월 23일)은 "미합중국 대통령 빌 클린톤(클린턴)"이 "조선민주주의인민공화국 최고지도자 김정일 각하"한테 합의 이행 담보 서한을 보냈다는 소식을 대서특필했다.

제네바 기본합의는 2002년 10~12월 조지 W. 부시(아들 부시) 행정부가 '2차 북핵위기'를 빌미로 파기할 때까지, 8년간 한반도 평화의 핵심 기반으로 작동한다. 무엇보다 북미 양국이 무력이 아닌 외교력으로 공존의 길을 열 수 있음을 확인한 첫 사례로서 제네바 기본합의는 흘러간 과거가 아니라 북미관계의 미래를 밝히는 안내자다.

김일성의 죽음, 근친증오의 폭발

1994. 7

말로는 각하가 김일성을 못 이깁니다. 절대로 말씀을 많이 하지 마시고요. 북한 경제가 이미 내리막길로 들어섰기 때문에 아마도 정상회담에서 대북 경제지원을 요청할 겁니다. 그건 우리가 해줄 필요가 있습니다. 경제적으로 도와주면 우리 말을 듣게 되어 있거든요. 경제를 도와줄 테니 휴전선 쪽에 전진 배치시켜 놓은 장사정포와 방사포를 뒤로 물리라고 요구해서 그걸 합의하게 되면, 우리 경제력을 지렛대로 삼아서 군사적 긴장을 완화할 수 있는 틀을 짜나갈 수 있습니다. 그러면서 교류협력도 하면 되는 거고요.[121]

1994년 7월 25~27일 평양에서 김일성 조선민주주의인민공화국 국가주석과 정상회담을 앞두고 마음이 분주한 김영삼 대통령을 상대로 정세현 통일비서관은 이런 '벼락치기 주입식 교육'에 속도를 냈다. 김영삼은 무시로 "내 귀가 좋으니까 말로 해, 말로"라고 할 정

도로 보고서 읽기를 싫어했지만, '감'이 좋고 이해가 빨랐다. 참모의
과외에 김 대통령은 금세 "그래, 돈 주면 안 되겠나"라는 '정답'을 내
놨다.[125] 김영삼과 정세현의 대화를 고상하게 요약하자면 '경제와 평
화·안보의 교환' 전략쯤 되겠다.

마음이 바쁘기론 김일성이 더했다. 김일성은 1994년 7월 6일
'경제부문 책임일군 협의회'를 지도하는 등 무너진 경제를 재건하려
동분서주했다. 숨지기 이틀 전이다. 김일성이 살아서 마지막으로 서
명한 문서도 경제와 관련된 것이었다. 그렇게 커져만 가던 첫 남북
정상회담의 꿈이 날벼락을 맞았다.

"위대한 수령 김일성 동지께서 1994년 7월 8일 2시에 서거하
시었다는 것을 가장 비통한 심정으로 온 나라 인민들에게 알린다."
1994년 7월 9일 정오 북의 공식 발표로 외부에 알려진 김일성의 죽
음은 세계를 서로 다른 색깔의 충격과 혼란에 빠뜨렸다. '김일성 없
는 북한'을 상상할 수 없던 오랜 세월 탓이다.

전군 비상경계령 발동한 김영삼

《노동신문》이 전한 '질병과 사망 원인에 대한 의학적 결론서'를 보
면, 김일성은 심장혈관의 동맥경화증으로 치료를 받아오다가 "겹쌓
이는 정신적 과로로 하여 1994년 7월 7일 심한 심근경색이 발생되
고 심장쇼크가 합병됐다. 즉시 모든 치료를 하였음에도 심장쇼크가
증악돼 7월 8일 2시에 사망"했다.[126]

"아쉽다." 김일성의 갑작스러운 죽음을 접한 김영삼의 첫 반응

이라고 한다. "정상회담을 못해서 아쉽다는 뜻으로 받아들여야겠지만, 노벨(평화)상이 날아간 것도 아쉬웠겠죠"라고 정세현은 회고했다.[127]

김영삼의 첫 대응은 '전군 비상경계령'이었다. 온 나라가 충격과 슬픔에 빠진 북한을 향해, '우리는 너희의 기습 남침을 우려하고 있어'라고 답한 셈이다. 남쪽에선 다수가 '필요하다'거나 '그럴 수도'라고 생각할 일이지만, 북녘에선 격분할 만한 대응이었다.

'김일성 사망' 공표 이틀 뒤인 1994년 7월 11일 김용순 (조선노동당 중앙위 대남 담당 비서 겸) 최고인민회의 통일정책위원장은 이홍구 부총리 겸 통일원장관에게 전화통지문을 보내 "이미 중대보도를 통해 알려진 바와 같이 우리 측의 유고로 예정된 북남최고위급회담을 연기하지 않을 수 없게 되었음을 위임에 의해 통지하는 바입니다"라고 알렸다. 위임의 주체는 북한 당국이 "김일성 동지의 서거"를 알리며 "오늘 우리 혁명의 진두에는 주체혁명 위업의 위대한 계승자이신 김정일 동지께서 서 계신다"고 선언한 대로 '김정일'이었다. 북한 당국이 정상회담 '취소'가 아닌 '연기'를 통보해온 사실을 두고, 당시 남쪽 언론은 "북 정상회담에 '상당한 미련'"(《동아일보》) 등으로 해석했다. 이영덕 국무총리는 그날 국회에 나와 "남북이 이미 합의한 정상회담 원칙은 유효하다"고 밝혔다. 정상회담의 불씨가 완전히 꺼지지 않은 것이다.

그런데 그날 오후 야당인 민주당 이부영 의원이 임시국회 외무통일위 회의에서 정부에 조문단 파견 용의를 물은 뒤로 사태가 이상한 방향으로 치달았다. 이부영은 북쪽의 정상회담 연기 통보를

"김정일 체제가 되더라도 정상회담을 계속하겠다는 화해의 신호"로 읽고, "네 가지 전제조건"을 달아 "정부 차원의 조문 검토 필요성"을 언급했다. 다시 말해 "북과 대화해야 한다면, 김정일 체제 안정이 대화·협상에 필요하다는 인식을 정부가 갖고 있다면, 정상회담이 계속 추진돼야 한다면, 우리 국민의 양해가 성립한다면" 조문하는 게 어떻겠냐는 매우 조심스러운 제안이었다.[128] 그러나 이홍구 통일부 총리는 "북한에 조문단을 파견하거나 조의를 표명하는 것은 일체 고려하지 않고 있다"며 이를 단칼에 잘랐다.

문제는 그다음. "수백만 명을 죽인 전범은 조문해야 하고, 광주사태에 대해서는 끝까지 책임을 지라는 게 말이 되느냐. 김일성은 실정법상 반국가단체의 수괴다." 집권당인 민주자유당 박범진 대변인의 이 논평은 행정부와 국회의 조문단 파견 여부 논의를 비틀어 '사상 검증의 단두대'에 세웠다.

민자당의 '김일성 전범론'과 조문 파동

김영삼은 아쉬워하고만 있지는 않았다. 사상 첫 남북정상회담의 가능성이 사라지자 김영삼은 태도를 180도 바꾼다. 김일성의 죽음을 계기로 한국 사회에서 폭발한 냉전 반공주의의 광기에 편승, 이를 한껏 부추긴 것이다.[129] 꺼져가는 장작불에 기름을 끼얹듯, 김영삼은 남북관계의 미래가 아니라 과거를 선택했다. 매사를 국내 정치적 득실과 '여론 지지도 추이'라는 잣대로 판단하는 김영삼 특유의 '냉탕-온탕 오가기'다.

1994년 7월 13일 저녁, 미국 영주권자인 박보희《세계일보》사장이 평양에 가서 조문했다는《조선중앙방송》보도가 나왔다. 이튿날 "남조선의 각당 각파 인사들과 각계각층 인민들이 평양에 조문단을 파견하려는 데 대해 사의를 표하며 따뜻한 동포애로 정중히 맞이할 것"이라는 조국평화통일위원회(조평통) 담화가 발표됐다. 그런데 애초 북한 당국은 '국가장의위원회 공보'로 "외국의 조의대표단은 받지 않기로 한다"고 발표한 까닭에 남쪽 조문단을 환영한다는 조평통 담화는 '남남갈등'을 부추기는 게 아니냐는 비판을 불렀다. 당연(?!)하게도 김영삼 정부의 통일부는 '조문 목적 방북 불허' 방침을 재확인했고, 공보처는 세계일보사에 박보희를 해임하라고 압박했다.

7월 18일 국무회의에서 이영덕 국무총리가 '김일성 사망' 이후 처음으로 '김일성은 전범'이라는 취지의 정부 공식 견해를 밝혔다. "김일성은 민족분단의 고착과 동족상잔의 전쟁을 비롯한 불행한 사건들의 책임자"로 "조전 발송, 조문단 파견은 엄연한 역사적 사실을 외면한 무분별한 행동"이며 "일부 대학생들이 분향소까지 차린 것은 도저히 용납할 수 없는 불법행위"이므로 "실정법을 위반하는 어떠한 행위도 법에 따라 엄단하겠다"는 것이었다.

김영삼의 역진과
남북관계의 공백기

같은 날 김영삼 대통령 주최 청와대 오찬 자리에서 박홍 서강대 총장은 "주사파 뒤에는 사노맹이 있고, 사노맹 뒤에는 사로청, 사로청 뒤에는 김정일이 있다. 공산당(조선노동당)에 입당해 국내 대학가와 노동계, 외국 등지에서 활동하는 사람이 200~300명쯤 된다"고 말했다.

'주사파'라는 멸칭으로 불린 '민족해방파NL'와 《노동의 새벽》의 시인 박노해로 유명한 '사노맹'(남한사회주의노동자동맹)은 당시 한국사회 변혁운동의 주도권을 놓고 사실상 적대적 경쟁 관계일뿐더러 사노맹의 대북관은 보수세력과 전혀 다른 이유로 매우 '반북적'이어서, 박홍의 '사노맹 뒤에 사로청, 그 뒤에 김정일'은 찰진 운율을 빼면 앞뒤가 맞지 않는 말이었다. 예컨대 당시 (사노맹 등) '민중민주PD' 계열은 "조문단 파견을 주장하는 주사파의 입장에 강력하게 반대한다"는 대자보를 대학가에 붙일 정도였다.[130] 이렇듯 박홍의 고발은, 조문 불가 이유로 '광주사태' 운운한 박범진만큼이나 '아무 말 대잔치'였다. 그러나 김영삼은 "무차별 폭력과 낡아빠진 공산주의를 맹종하는 학생들에게까지 언제나 관용으로 대해줄 수 없다"며 박홍의 고발에 '화답'했다.

이틀 뒤 김영삼 정부의 외무부는 1950년 4월 10일 김일성이 박헌영과 함께 스탈린을 찾아가 전면 남침 계획을 승인받은 사실이 담긴, 러시아의 '한국전쟁 문서'를 공개해 '김일성 전범론'에 기름을 끼얹었다. 애초 이 문서를 제공한 러시아의 보리스 옐친 정부는 사전 협의조차 하지 않은 한국 정부의 일방적 문서 공개에 당혹하며 격하게 항의했다.

김일성의 죽음을 "우리 당과 혁명의 최대의 손실이며 온 민족의 가장 큰 슬픔"[131]이라 규정한 북한이 이런 소동에 침묵할 리가 없다. 북한 당국은 '조평통 성명'과 '조평통 서기국 보도'라는 공식 문서에 서조차 "인간이기를 그만둔 김영삼 일당"과 "한 하늘 밑에서 같이 살 수 없다"며 "오직 징벌을 가하는 것으로써만 결산될 수 있는 가장 악질적인 반민족범죄"라고 온갖 저주를 퍼부었다.

사상 첫 남북정상회담 코앞에서 돌발한 김일성의 죽음은, 남과 북의 '근친증오'를 폭발시켰다. 샴쌍둥이처럼 분리 불가능할 정도로 가까운 사이라, 한번 일이 틀어지면 '죽이고 싶을 만큼' 더 미워지는…. 그리고 우리가 이미 알고 있듯이 김영삼 정부 시기는 '남북관계의 공백기'로 역사에 기록됐다.

김영삼 정부의 대북정책,
'귀동냥 외교'의 악몽

어느 동맹국도 민족보다 더 나을 수는 없습니다. 어떤 이념이나 어떤
사상도 민족보다 더 큰 행복을 가져다주지 못합니다.*

    1993년 2월 25일 국회의사당 광장에 울려 퍼진 대한민국 14대
대통령 김영삼의 취임사 가운데 한 구절이다. 역대 어떤 대통령보다
도 파격적인 남북관계 개선 의지의 천명이다. 김영삼은 내처 김일성
을 향해 "언제 어디서라도 만날 수 있습니다"라며 남북정상회담을
제안했다. 그러곤 "따뜻한 봄날 한라산 기슭에서도 좋고, 여름날 백

---

* 이 취임사를 기초한 김영삼 정부 초대 통일부총리 한완상은 "'동맹국'은 중국과 러시아
를 염두에 둔 표현이었다"며 "남쪽의 냉전보수 인사들이 이 '동맹국'을 미국과 일본으
로 속단하고, 북한을 미국과 일본보다 소중한 국가적 실체로 선포한 것이라 비난한 것
은 분명 왜곡이 아닐 수 없다"고 했다. 김영삼의 취임사가 나라 안팎에서 일으킨 파장
에 대한 사후 해명이다.[132]

두산 천지 못가에서도 좋습니다. 거기서 가슴을 터놓고 민족의 장래를 의논해 봅시다"라고 밝혔다. 저 유명한 '동맹보다 나은 민족' 취임사다.

김영삼은 취임 후 보름 만인 3월 11일 최장기 비전향장기수 리인모의 방북을 허용한다고 공식 발표했다. 김영삼의 취임사가 말로 그치지 않을 것이라는 '탈냉전·화해·협력'의 신호이자 북에 건네는 '취임 선물'이었다. 리인모 방북 허용을 주도한 통일부총리 한완상은 "리인모 씨의 북송 허용이 긴 냉전의 겨울을 깨고 평화의 봄을 알리는 소식으로 되돌아"오기를 바랐다.*

김영삼의 대북 난폭운전

그러나 때가 좋지 않았다. 바로 다음 날 북이 핵확산금지조약NPT에서 탈퇴한다는 성명을 발표한 것이다. 1992년부터 핵문제를 두고 수위를 높여오던 북미 갈등의 변곡점이다. 조짐이 없지 않았다. 3월 8일 김정일은 '조선인민군 최고사령관 명령 제0034호'로 '준전시상태'를 선포했다. 리인모의 방북 허용 발표 사흘 전이니, 이런 분위기를 김영삼 정부가 몰랐다 할 수는 없다.

무엇보다 심각한 문제는 여론에 따라 대북정책 기조를 손바닥

---

* 한완상은 '송환'이 아닌 '방북 허용'이라는 표현을 쓴 것에 대해 "'송환'이라 하면 전쟁 포로의 신분임을 인정하는 것이기 때문이다. 대신 '방북 허용'이라는 중립적 표현을 쓰기로 했다"고 밝혔다.[133]

뒤집듯 한 김영삼의 '철학 부재'다. 김영삼은 북의 NPT 탈퇴 선언으로 여론이 나빠지자 4월 1일 《동아일보》 창간 73돌 특별회견에서 '핵문제 해결 없이 남북관계 진전 없다'는 견해를 밝혔다.[134] 이튿날엔 정부가 나서 UN의 대북제재 결의 때 남북경협을 중단할 의사가 있다고 밝혔다.[135] 5월 24일 제26차 태평양경제협의회PBEC 총회에서 김영삼은 "핵무기를 갖고 있는 상대와는 결코 악수할 수 없다"고 선언했다.[136] 그다음 날 북한이 남북 특사 교환을 제안하는 총리 서한을 보내오고 이어 관련 실무접촉을 거듭 제안했지만 김영삼 정부는 '핵문제 해결 먼저'라며 응하지 않았다.

전형적인 '선핵-후남북관계' 정책이자 '정경 연계' 노선이다. 전임 노태우 정부가 어렵사리 정립한 '핵문제 해결-남북관계 개선 병행 추진'과 '정경 분리' 원칙에서 후퇴한 것이다. '동맹보다 민족'이라 한 취임사에 호응해온 북의 특사 교환 제안을 디딤돌 삼아 사상 첫 남북정상회담의 길을 주체적으로 열어갈 기회는 그렇게 내팽개쳐졌다.

대북정책과 관련한 김영삼의 난폭운전 역시 악명이 높다. 예컨대 1994년 6~7월 사이에 김영삼은 '전쟁 공포' 조장→남북정상회담 추진→'조문 파동'이라는 갈지자 행보를 아무렇지도 않게 시연했다.

북한과 미국이 핵문제로 샅바 싸움하는 와중에 짐짓 '전쟁 불사'를 외치며 대치하던 1994년 6월 김영삼은 시민들이 현충일 연휴에 놀러 가는 모습에 화를 냈고, 청와대는 북핵 보도를 늘리라고 방송사에 '부탁'했다.[137] 김영삼 정부는 6월 8일 국가안전보장회의NSC

를 소집해 '가상전쟁 도상연습'을 했고, 이홍구 당시 통일원장관은 "어떤 대가를 치르더라도 북한의 전쟁 기도를 응징할 것"이라고 목청을 돋웠다. 6월 11일에는 서울시가 '유사시 대책회의'를 열어, 라면 등 비상식량과 화생방전 대비물자 따위를 확보하라고 반상회를 통해 시민한테 알리기로 결정했다.[138] 정부가 시민의 불안을 해소하기는커녕, 오히려 '전쟁 공포'를 대북 적개심을 키울 불쏘시개로 쓴 것이다.

그러던 김영삼은 불과 며칠 만에 사상 첫 남북정상회담에 합의한다. 6월 17일 남포 서해갑문에서 카터를 만난 김일성이 '조건 없는 남북정상회담'에 응하겠다고 밝혔고, 카터는 다음 날 청와대에서 김영삼을 만나 이런 사실을 전했다. 1993년 김영삼이 내다 버린 정상회담 기회를 카터가 평양에서 다시 챙겨온 셈이다.

6월 28일 예비접촉을 시작으로 사상 첫 남북정상회담에 대한 기대로 한반도가 한껏 들떠 있던 7월 8일, 김일성이 갑자기 숨을 멈췄다. 이후 한국사회에서 '냉전 반공' 세력의 목소리가 커지자, 김영삼은 야당과 시민사회의 조문단 파견을 불허하고 '김일성은 전범'이라 규정하며 '냉전 반공 전사'를 자임했다.

명분과 실리를 모두 잃다

김일성의 급서 이후 남북은 격하게 갈등했지만, 북미는 스위스 제네바에서 협상을 이어갔다. 제네바 협상장에 한국의 자리는 없었다. 무능과 오만 탓에 '왕따'가 된 김영삼은 북미 제네바합의 협상이 막판으로 치닫던 10월 8일 《뉴욕타임스》와 인터뷰에서 "미국이 북한에 속고 있다"며 '깽판'을 놓으려 했다. 김영삼은 초조했다. 그즈음 청와대는 북미 양국이 무슨 얘기를 나누는지 '실시간 보고'하라며 현장 외교관들을 몰아세웠다. 회담이 진행된 제네바에서 근무하던 한국 외교관들이 미국 협상 대표단을 상대로 '뻗치기'와 '귀동냥'을 한 달 가까이 해야만 했다. 북한 협상 대표단과는 한마디 말도 섞어보지 못했다. "한국 외교관으로서 비참했다." 당시 '귀동냥 외교'를 할 수밖에 없었던 한 퇴임 외교관의 아픈 회고다.[139] 김영삼 정부는 협상에 참여하지 못했으면서도, 정작 제네바 기본합의에 따른 경수로 건설 비용의 70%를 떠안아야 했다.

남북 회담사에서 "최악의 부실 협상"으로 불리는 1995년 6월 '베이징 쌀 회담'은, 국내정치에 포박된 김영삼 정부 대북정책의 민낯을 드러낸 또 다른 사례다.[140]

'고난의 행군'이라 일컬어진 북한의 심각한 식량 위기가 국제사회에 알려져 일본 정부가 대북 쌀 지원 의사를 밝히자, 김영삼 정부는 서둘렀다. '일본보다 먼저, 한국전쟁이 일어난 6월 25일 이전에 쌀을 북한에 보내야 한다'는 훈령이 회담 대표단에 전달됐다.[141] 1993~1994년 김영삼의 완고한 대북 강경 태도와 결이 완전히 다른 선택인데, 비밀은 국내정치에 있었다. 6월 25일은 지방선거 이틀 전이었다. 이석채 재정경제부차관을 베이징에서 만난 북의 전금철 '대외경제협력추진위 고문'이 '한국산 쌀 15만 톤 제공' 문서에 서명한 시점은 25일 낮 12시. 그날 저녁 6시 원산지 표시도 없는 쌀 2000톤을 싣고 대기하던 씨아펙스호는 어디로 가야 하는지도 모른

채 동해항을 일단 떠났다. 무슨 일이 있어도 지방선거일인 27일 이전에 북에 쌀을 줘야 한다는 지침 때문이다.

선박이 다른 나라 항구에 들어갈 때 마스트엔 입항국기를, 배꼬리엔 선박이 속한 나라의 국기를 다는 게 국제관례이지만, 베이징에서 남북은 "남쪽 쌀 수송선이 북쪽 항구 입항 때 쌍방 국기를 모두 달지 않는다"고 구두 합의한 터다. 그러나 급히 떠난 씨아펙스호도, 이 배를 청진항으로 안내한 북쪽 현장 관계자도 이런 구두 합의를 미리 전달받지 못했다. 씨아펙스호는 태극기를 달고 청진항에 들어섰고, 옥신각신 끝에 27일 오전 태극기를 내리고 인공기를 매단 채 청진항에 들어가 쌀을 부렸다. 씨아펙스호가 인공기를 강제로 달고 쌀을 내렸다는 소식이 빠르게 퍼졌고, 여당은 지방선거에서 참패했다.

1995년 베이징 쌀 회담은 당국이 나선 남북회담 가운데 '대화록'이 없는 유일한 회담이다.[142] 지방선거 전에 무조건 북에 쌀을 줘야 한다는 지침 탓에 치밀한 사전 준비와 전략 마련 없이 최소한의 형식적 요건도 갖추지 못한 채 서둘러 부실 협상을 한 탓이다. 김연철은 베이징 쌀 회담을 두고 "'남북회담을 이렇게 하면 실패한다'는 대표적 사례"이자 "하나의 사건에 대북정책의 모든 문제가 압축적으로 드러난 반면교사의 상징"이라고 평가한다.[143]

1971년 남북 당국회담이 시작된 이래 2022년까지 역대 정부 가운데 김영삼 정부(20회)보다 남북회담을 적게 한 사례는 이명박 정부(16)뿐이다. 탈냉전기 노태우(164회)·김대중(82회)·노무현(169회)·박근혜(37회)·문재인(36회)은 물론 냉전기 박정희(111회)·전두환(22회)

보다 적다. 합의서 체결을 기준으로 봐도 김영삼 정부(5건)보다 횟수
가 적은 정부는 전두환(1건)과 이명박(2건)뿐이다. 노무현(123건), 김
대중(52건), 노태우(26건), 문재인(23건), 박정희·박근혜(각 13건) 정부
시기엔 두 자릿수의 합의에 성공했다.[144]

하여, 남북관계사에서 김영삼 정부 시기는 '공백의 5년' 또는
'잃어버린 5년'이다. 김영삼이 32년간의 군사독재체제를 끝낸 '문민
정부'를 이끌며 집권 초 90%를 넘는 여론의 지지를 받았고, 대통령
취임사에서 '동맹보다 나은 민족'을 외친 사실에 비춰 뼈아픈 결말
이다.

좁디좁은

평화의 회랑으로

1998-2007

북녘을 향하는 '통일의 소' 1001마리.

1998년은 김대중 정부의 출범과 함께 남북관계에 일대 전기가 마련된 해다. 그해 6월 16일 정주영 현대그룹 명예회장이 '통일의 소'를 실은 차량 행렬(1차분 500마리)과 함께 판문점 군사분계선을 넘었다. "청운의 꿈을 안고 소 판 돈 70원을 가지고 집을 나섰습니다. 이제 그 한 마리가 천 마리가 되어 빚을 갚으러 꿈에 그리던 고향 산천을 찾아갑니다"라는 소회를 남긴 기업인 정주영은 정치인 김대중과 함께 남북교류와 화해·협력의 상징적 인물로 남았다.

김대중,
'고난의 행군' 북에 손을 내밀다

1998. 2

남북관계는 화해와 협력, 그리고 평화 정착에 토대를 두고 발전시켜
나가야 합니다. 남북문제 해결의 길은 이미 열려 있습니다. 1991년
12월 13일에 채택된 남북기본합의서의 실천이 바로 그것입니다. 우선
남북기본합의서의 이행을 위한 특사의 교환을 제의합니다. 북한이 원
한다면 정상회담에도 응할 용의가 있습니다.

1998년 2월 25일 15대 대한민국 대통령 취임사에 담긴 남북관
계 구상이다. 김대중 대통령은 "이 땅에서 처음으로 민주적 정권교
체가 실현되는 자랑스러운 날"을 자축하며 "민주주의와 경제를 동
시에 발전시키려는 정부"를 자임했다. 남북관계 구상은 취임사의
맨 뒤에 배치됐지만 그 중요도는 질과 양 모두에서 압도적이다. 특
사 교환과 남북정상회담 공개 제안이 대표적이다. 5748자 취임사의
13.4%(770자)가 남북관계에 할애됐다.

김대중은 취임사에서 '대북 3원칙'도 발표했다. "첫째, 어떠한 무력도발도 결코 용납하지 않겠습니다. 둘째, 우리는 북한을 해치거나 흡수할 생각이 없습니다. 셋째, 남북 간의 화해와 협력을 가능한 분야부터 적극적으로 추진해나갈 것입니다." '무력도발 불용'이 안보를 중시하는 보수층을 주로 염두에 뒀다면, '흡수통일 배제'는 동북아의 비대칭 탈냉전으로 고립된 북을 안심시키려는 원칙이다. 북을 "고장 난 비행기"에 비유한 전임자 김영삼과 극적으로 대비되는 접근법이다. 한 문장으로 줄이면, 남북기본합의서의 원칙대로 상호불가침을 전제로 화해·협력의 물꼬를 트자는 제안이다.

정치와 경제를 분리하다

김대중은 한발 더 나아가 "정경분리에 입각한 경제교류"를 제안했다. 정치·군사 상황이 나빠지더라도 그를 빌미로 경제교류를 중단하는 행태는 되풀이하지 않겠다는 다짐이자 대북 요구다. 경제난·식량난·에너지난으로 굶어 죽는 인민이 속출하던 북에 "식량도 정부와 민간이 합리적인 방법을 통해 지원하는 데 인색하지 않겠습니다"라고 약속했다. 아울러 "새 정부는 (IMF 외환위기라는) 현재와 같은 경제적 어려움에도 북한의 경수로 건설과 관련한 약속을 이행할 것"이라고 다짐했다. 무엇보다 "남북 간에 교류협력이 이루어질 경우 우리는 북한이 미국·일본 등 우리의 우방국가나 국제기구와 교류협력을 추진해도 이를 지원할 용의"를 밝혔다.

사회주의 협력 체제의 와해에 경제난·식량난·에너지난이라는

'삼중고'가 겹치며 적어도 수십만이 굶어 죽을 위기에 몰린 고립무원의 북을 향해 '농성을 풀고 화해·협력으로 공존공생의 길을 도모하자'고 손을 내민 것이다. '햇볕정책'으로 통칭되는 대북화해·협력정책의 천명, 선거를 통해 이룩한 첫 수평적 정권교체의 무게에 걸맞은 대북정책의 전환 선언이다. 그러면서도 김대중은 전임 정부의 '북한 붕괴론'에 기댄 대결 정책과 결별하는 역사적 근거를 노태우정부의 '남북기본합의서'에서 찾음으로써, 이 방향 전환이 보수와진보를 아우르는 초당파적 합의에 뿌리를 두고 있다고 애써 강조했다.

김대중 정부 출범 직후인 1998년 4월 정세현 통일부차관과 전금철 정무원 책임참사가 중국 베이징에서 만났다. 두 사람은 '대북비료 지원'과 '이산가족상봉'을 핵심 안건으로 일주일간 협상했으나합의에 이르지 못했다. 김영삼 정부 5년간 쌓인 불신이 그만큼 두터웠다.

김대중 정부는 교류협력의 숨구멍을 대폭 넓히는 것으로 활로를 열었다. 베이징 차관급 회담 결렬 직후인 1998년 4월 30일, '500만 달러'로 묶여 있던 민간기업의 대북 투자 상한선을 없앤 게대표적이다. 굴레가 벗겨지자 가장 먼저 치고 나간 이가 정주영 현대그룹 명예회장이다. 1989년 김일성과 직접 합의하고서도 대북 강경파의 반발로 무산된 금강산관광사업을 되살리겠다고 나선 것이다. 1998년 6월 500마리의 '통일의 소'를 끌고 판문점 공동경비구역 JSA 군사분계선을 넘어 방북한 정주영은 금강산관광사업을 포함한 '경제협력합의서'를 북쪽과 새로 썼다. 그해 11월 강원도 동해항에서 1418명을 태운 첫 금강산관광선 현대금강호가 출항했다. 분단사 최대·최장 교류협력 사업인 금강산관광의 시작이다. 김대중 정부 출범 첫해인 1998년에만 민간인 3317명(금강산관광객 제외)이 북에 다녀왔다. 정부 승인을 전제로 민간인 방북이 허용된 1989~1997년 9년간 북을 찾은 2405명을 훌쩍 뛰어넘는 수치다.[1]

김대중 정부의 대북정책과 관련해 또 하나 기억해야 할 이름이 있다. 김대중 정부의 첫 청와대 외교안보수석 임동원이다. 그는 김대통령과 함께 남북정상회담으로 가는 전인미답의 길을 뚫었다. 임동원은 아태평화재단 사무총장으로 취임한 1995년 2월부터 2009년 8월 김대중이 세상을 뜰 때까지 '한반도 냉전구조 해체'에 함께해온 '김대중의 동반자'다. 임동원은 노태우를 도와 1990~1992년 남북고위급회담 모든 과정에 대표로 참여해 '남북기본합의서'와 '한반도비핵화공동선언'을 이끌어냈고, 김대중을 도와 사상 첫 남북정상회담과 '6·15 남북공동선언'의 산파 구실을 했다. 그는 역대 북한 최고지도자 3인 — 김일성·김정일·김정은 — 을 모두 만나 대화한 유일한 한국인이기도 하다.*

---

* 임동원은 1933년 압록강에 접한 평안북도 위원에서 태어나 자랐다. 해방 뒤 5년간 '김일성 통치'를 경험했다. 1950년 한국전쟁 때 월남해 미군 부대에서 "불쌍한 이북 따라지"이자 "부지런히 일하며 열심히 공부하는 정직한 소년"으로 지냈다. 1953년 6월 '장교가 돼 부대원을 지휘해서 내 고향을 내가 해방시켜야겠다'는 마음으로 육군사관학교에 진학했다.

그는 군인이면서도 박정희의 5·16쿠데타에 우호적이지 않았다. 전두환 등 영남 출신 장교들이 비밀조직 '칠성회'(하나회의 전신)를 꾸려 정치 관여와 군사반란의 길을 모색할 때, 그는 군내 학습모임 '청죽회'에서 '민주국가에서 군의 역할'을 연구했다. "《사상계》를 애독하는 군인"이 1960~1970년대 '군인 임동원'의 정체성이다. 박정희 치하에

'대포동 1호'가 몰고온 먹구름

하지만 한반도의 허리를 가른 냉전의 빙벽에 평화의 봄바람길을 내는 여정은 순탄치 않았다. '너희가 진정 평화와 정상회담을 바라느냐'고 되묻듯 난제와 악재가 줄을 이었다. 그럼에도 김대중 정부, 좀

서 그는 한국군의 대공전략과 자주국방 계획을 짰다. 1968년 '김신조 사건'과 '울진·삼척 무장공작원 침투 사건'을 미리 내다본 듯한 대책을 담은 연구서《혁명전쟁과 대공전략-게릴라전을 중심으로》(1967년) 출간으로 군내 최고의 대공전략통으로 이름을 날렸다. 빚을 내어 자비 출판한 이 책이 베스트셀러가 된 덕에 생애 첫 '내 집'을 마련했다.

한국군 최초의 자주국방 계획인 '율곡사업'의 핵심 입안·추진자로 일한 한국군 최고의 정책·전략통인 그는, 전두환의 5·17쿠데타 직후인 1980년 10월 육군 소장을 끝으로 강제로 군복을 벗었다. 전두환은 "동원아, 여러 사람이 너를 예편시켜야 한다니 나로서도 어쩔 수 없었다"라고 변명하며 촌지를 건넸다. 전두환이 '악연'이라면 노태우는 '선연'에 가깝다. 노태우는 대통령이 된 뒤 그한테 '국적 있는 외교관'을 양성하라며 외교안보연구원을 맡겼고, 그를 남북고위급회담 대표로 직접 지명했다. "군인, 외교관에서 통일일꾼으로 전환하는 결정적 계기"라고 그는 회고했다. 그는 남쪽 인사 가운데 유일하게 고위급회담 모든 과정에 대표로 참여하며 "강경 반공 보수주의자에서 합리적 실용주의자로 변신"했다. 아울러 '회담 대표'는 "친구도 적도 아닌 문제해결사"라는 깨달음을 얻었다.

그와 김대중의 관계는 '선연'의 전형이다. 그는 1995년 1월 김대중 당시 아태평화재단 이사장을 처음 만났다. 월남한 군인 출신인 임동원에게 김대중은 "평소 탐탁지 않게 여겼던 인물"이었다. 그러나 그는 김대중과 깊은 대화 뒤 "원칙과 철학에 충실하면서도 이상과 현실을 잘 조화시키는 지도자라는 인상을 받았다"고 회고했다. 1995년 2월 그가 아태평화재단 사무총장으로 취임하자 평안북도 출신 지도급 인사의 친목모임인 '평인회'는 "앞으로 이 모임에 나오지 않기를 바란다"고 했다. "배신자·변절자"라며 절연을 선언한 지인도 여럿이다. 반면 김대중은 환영사에서 그를 "안보, 외교, 통일 세 분야의 이론과 경륜을 겸비한 독보적인 존재"라며 "백만 원군을 얻었다"고 기뻐했다. 그 또한 김대중 정부 5년간 청와대 외교안보수석-통일부장관(25·27대)-국가정보원장-대통령 통일외교안보특보로 일한 시기를 "국가와 민족을 위해 봉사한 최고의 절정기"라 회고했다.[2]

더 정확하게 말하자면 김대중과 임동원은 한반도 냉전구조 해체 노력을 멈추지 않았다. '3년 전쟁'을 치른 남과 북 사이의 첫 정상회담은 로또처럼 어쩌다 손에 쥔 횡재가 아니다. 어떤 난관에도 정책 기조를 바꾸지 않은 경이로운 뚝심과 일관성의 열매다. 신뢰는 말이 아닌 실천의 자식이다. 심장에 새겨야 할 역사의 교훈이다.

특히 정부 출범 1~2년차인 1998년과 1999년에는 온갖 악재가 '햇볕정책'을 좌초시킬 기세로 쏟아졌다. 예컨대 이런 식이었다. 1998년 8월 31일 북한이 쏘아 올린 장거리로켓 '대포동 1호'가 일본 상공을 가로질러 태평양에 떨어졌다. 북은《조선중앙통신》을 통해 "공화국 창건 50돌을 즈음하여 다단계 운반 로케트로 첫 인공지구위성을 발사해 궤도에 진입시키는 데 성공했다"고 발표했다.

동북아시아가 발칵 뒤집어졌다. 쏘아 올린 것이 인공위성 발사 로켓이라는 북의 주장이 사실이라고 해도, 같은 탄도미사일 기술 기반이라는 점에서 장거리미사일 시험 발사와 전략적 의미가 다르지 않아서다. 그 한 달여 전 '북의 장거리미사일이 애리조나 등 미국 서부 지역을 타격할 수 있다'는 내용의 보고서를 의회에 제출(1998년 7월 15일)한 도널드 럼스펠드Donald Rumsfeld 등 미국의 대북 강경파는 '봐라, 우리 말이 맞지 않냐'고 환호작약했다. 더구나 그해 8월 시사주간지《타임》과《뉴욕타임스》가 '금창리 지하 핵시설 의혹' 기사를 내보낸 터였다. 북이 영변 외에 금창리의 지하 동굴에서도 핵 활동을 하는 정황이 있다는 것이다. 첩보의 신빙성을 문제 삼은 중앙정보국CIA을 따돌리고 국방정보국DIA이 '작업'한 기사였다. 이렇듯 11월 중간선거를 앞두고 미국의 강경세력이 '북한발 안보 위기'를 띄우려 행동에 나선 바로 그 시점에 대포동 1호가 일본 하늘을 가른 것이다.

북한의 입장에서 대포동 1호 발사는 김일성 주석 사망 뒤의 과도기 즉 '유훈통치 3년'을 끝내고 '김정일 국방위원장 시대'를 공식 선포하는 축포이자, 북 특유의 '힘에는 힘으로' 식 맞대응이었다.[*] 이 일로 워싱턴에서 북한의 우선순위가 높아졌고, 북미 사이엔 팽팽한 긴장이, 한반도엔 짙은 먹구름이 몰려들었다.

악재로 가득한 굽잇길을 지나

김대중-임동원 콤비는 남과 북 사이엔 신뢰를 쌓으려, 미국을 상대론 '한반도 냉전구조 해체'를 두 나라 대북정책의 공동 목표로 삼으려 전력을 다했다. 1999년 6월에 벌어진 서해교전과 북의 금강산관광객 억류 사건에도 햇볕정책의 기조를 바꾸지 않았다(서해교전 땐 서해 북방한계선을 넘어 기관총을 쏘아대는 북의 함정 1척을 격침했고, 금강산관광객 억류 사건 땐 45일간 관광사업을 중단하고 '관광객 신변안전 보장 합의서'를 받은 뒤에야 관광을 재개했다).

미국을 상대로는 클린턴이 임명한 초대 대북정책조정관인 윌리엄 페리 전 국방장관을 설득해 "포괄적이고 통합된 접근"을 핵심

---

[*] 김정일은 '대포동 1호' 발사 닷새 뒤인 1998년 9월 5일 최고인민회의 9기 5차 회의에서 국방위원장에 재추대되며, 조선민주주의인민공화국의 2대 최고지도자로서 공개 활동을 시작한다.

으로 한 〈페리 프로세스〉(1999년 10월)를 이끌어냈다. 1994년 영변 핵시설 폭격 계획의 입안자인 페리를 설득해 김대중 정부의 '대북화해·협력정책'(한반도 냉전구조 해체 전략)과 사실상 같은 인식이 미국의 대북정책에 담기도록 한 것이다. 페리 조정관은 1999년 5월 방북해 강석주와 회담을 가졌고, 그에 앞서 미국 정부 조사단이 '지하 핵 의혹 시설'로 지목된 금창리 지하동굴을 방문해 핵 활동과 무관함을 확인했다.

1998~1999년의 다차원적 위기를 거치며 남북미 사이에 '한반도 냉전구조 해체'를 염두에 둔 북미 적대관계 해소와 비핵화, 남북 화해·협력 추진에 속도가 붙기 시작했다. '말싸움과 무력시위를 앞세운 위기의 격화'라는 익숙한 과거에서 벗어나 '협상과 실천을 통한 위기 해소'라는 낯선 경험을 쌓아가게 된 것이다. "냉전적 남북관계는 하루빨리 청산돼야 합니다"라며 "화해와 협력, 그리고 평화 정착"을 강조한 김대중의 취임사가 비수를 감춘 거짓 미소가 아님을, '두려움과 의심'에서라면 지구에서 둘째가라면 서러울 북이 믿어볼 만한 상황 전개였다. "정상회담에도 응할 용의가 있습니다"라는 김대중의 제안에 김정일이 답할 환경이 무르익어갔다.

금강산관광,
어느 실향민의 수구초심

1998. 11

"금강산 일대 공동 개발 확정"

《한겨레신문》 1989년 2월 2일자 1면 머리기사 제목이다. 국내 경제 인사로는 처음으로 북한을 방문한 정주영 현대그룹 명예회장이 전날 일본 오사카 공항에서 기자회견을 열어 북한 당국과 '금강산관광사업'에 합의했다고 밝혔다는 보도다.

"휴전선 통해 북한 방문 합의"

김포공항에서 열린 정주영의 귀국 기자회견을 보도한 《한겨레신문》 1989년 2월 3일자 1면 머리기사 제목이다. 정주영은 이 자리에서 "남한 사람들은 우리 정부 당국의 심사증을 받은 뒤 북한 쪽의 심사를 거쳐 동부지구 군사분계선을 통과해 왕래하기로 북한 쪽과 합의했다"고 밝혔다.

정주영이 밝힌 방북 성과는 크게 세 가지. 첫째 금강산 공동 개발, 둘째 시베리아 개발 공동 참가, 셋째 합작투자회사 설립 추진이다. 사람들의 관심은 특히 '금강산'에 쏠렸다. 정주영의 말이 현실이 된다면, 분단 이후 처음으로 '일반 시민이 휴전선을 넘어 금강산에 갈 수 있다'는 뜻이기 때문이다.

1989년 정주영의 방북은 일대 쇼크를 일으켰다. 현대그룹의 노동자 탄압을 연일 맹비난하던 강한 반재벌 성향의 신생 진보지 《한겨레신문》이 "정주영 씨가 거둔 성과는 7000만 겨레의 박수를 받아야 마땅한 일"이라고 '사설'로 호평했을 정도다.[*]

그럴 만했다. '휴전선 오가며 금강산 구경'은 1989년 당시 한국 사회의 현실과 상상력의 범위를 뛰어넘은 것이다. 정주영만 해도 남북을 오갈 때 '서울(김포공항)-오사카-베이징-평양(순안공항)'을 거치느라 비행기를 세 번씩 갈아타야 했다. 당시 남북 사이엔 지금의 동·서해 직항로와 경의선·동해선 도로·철도가 없었다. 중국과 외교관계를 맺기 전이었기에 김포-베이징 직항 노선도 없었다. 이제는 '호랑이 담배 태우던 시절'이 되어버린 풍경이다.

10년 일찍 시작할 수 있었던 금강산관광

정주영의 방북 성과를 접한 당시 노태우 정부의 첫 반응은 뜨거웠다. 통일원·국가안전기획부와 경제기획원·상공부·건설부 등 범정부부처를 아우른 '긴급합동대책반'을 꾸려 금강산 사업 지원에 나서

---

[*] 사설은 어떤 이슈·인물에 대한 신문사의 입장과 지향을 담은 논평으로, 일반 보도 기사나 칼럼에 견줘 공식성이 매우 높다.

기로 했다. 이형구 경제기획원차관은 "정 회장의 방북으로 단순교역 차원의 남북교류가 합작투자 등으로 한 차원 높아질 수 있는 계기가 됐다"고 의미를 부여했다.[4]

그런데 정주영이 서울에 돌아오자마자 '이상한 일'이 꼬리를 물었다. 김포공항 귀국 회견 다음 날인 1989년 2월 4일 박세직 국가안전기획부장은 주요 언론사 정치부장을 안기부로 불러 정주영이 평양에서 "위대한 김일성 장군" 어쩌고 하는 장면이 담긴 비디오 영상물을 보여주는 방식으로 국가보안법 위반 논란을 조장했다. 당시 김대중 평화민주당 의원은 국회 외무통일위원회에서 "안기부에서 정치부장을 불러 얘기하고 나서 갑자기 언론의 논조가 바뀌고"라고 문제를 제기했다.[5]

2월 8일 노재봉 대통령 특보는 청와대 수석 회의에서 "정주영 회장의 북한 방문은 적성국가와의 외교 과정에서 불법성을 노출한 문제"라며 노태우 대통령 면전에서 정주영의 방북을 '불법'으로 규정했다.[6] 같은 회의에서 노태우가 정주영의 방북 결과를 보고받고 "경제 부처 주관의 대외경제협력위원회와 잘 연계해 추진되도록 하라"고 지시한 것을 정면 공격한 셈이다.

정주영은 방북 전에 노태우 대통령과 박철언 대통령 정책보좌관을 만나 방북 계획을 보고하고 사전 승인을 받았다. 더구나 노태우의 '7·7 선언'과 그에 따른 '남북 경제인의 상호 방문 및 접촉' 허용 발표(1988년 10월 7일) 이후 경제인의 첫 공개 방북이라는 상징성이 있었다. 상공부는 1989년 1월 19일 정주영의 방북을 공식 승인했다(방북 승인권이 통일부로 일원화되기 전의 일이다). 정주영은 방북의 합법성을 두고 논란이 일자 "결단코 혼자만의 행사가 아니었다. 상공부·통일부·국가안전기획부 등과 충분한 사전협의를 가진 뒤에 (북한에) 다녀왔음을 이야기하고 싶다"고 강조했고, 국회에 증인으로 나와서는 "대통령도 잘 다녀오라고 그랬습니다"라고 밝혔다.[7]

그러므로 노재봉의 '불법 방북' 운운은, 정주영의 방북과 관련한 권력 내부의 심각한 균열을 드러내는 의미심장한 신호였다. 결정타는 군부의 견해를 대변해온 박세직이 날렸다. 1989년 2월 18일 박세직은 자신이 위원장을 맡은 '북방정책조정위원회' 회의에서 정주영이 북한의 최수길 조선아시아무역촉진위원회 고문과 합의·서명한 금강산 관광·개발 사업 의정서를 "사문서로 법적 효력이 없다"고 결정했다.[8] "남북 간 교역의 문호를 개방한다"던 노태우의 7·7 선언에 정면으로 배치되는 이 결정은, '금강산 관광·개발'이라는 역사적 합의를 쓰레기통에 쑤셔 넣었다. 군부를 중심으로 한 강경 반공주의 세력의 '안보 프레임'이 갓 세상에 나온 7·7 선언의 '교류협력 프레임'을 압도한 결과다.

1998년 정주영의 '소떼 방북'

하지만 '꿈은 이루어진다'고 했던가? 군사분계선 이북인 강원도 통천 출신의 실향민인 정주영은 금강산 관광·개발 사업의 꿈을 포기하지 않았고, 1997년 12월 사상 첫 정권교체로 출범한 김대중 정부의 적극적 지원을 받아 결실을 거두기 시작한다.

강원도 통천의 가난한 농부의 아들로 태어나 청운의 꿈을 안고 세 번째 가출할 때 아버님의 소 판 돈 70원을 가지고 집을 나섰습니다. 이제 그 한 마리 소가 천 마리의 소가 되어 그 빚을 갚으러 꿈에 그리던 고향 산천을 찾아갑니다.

1998년 6월 16일 정주영이 500마리 '통일의 소'와 함께 판문점 공동경비구역JSA의 군사분계선을 넘기 전에 국내외 언론 앞에서 읽은 '출발 인사말'의 한 구절이다. 정주영의 '소떼 방북'은 《CNN》을 타고 지구 구석구석까지 알려지며, '수조 원의 광고 효과'를 거둔 역사적 이벤트로 기록된다.[9] 정주영은 북에 8일간 머물며 1989년 의정서를 근거로 조선아시아태평양평화위원회(위원장 김용순)와 '금강산관광을 위한 계약서'를 새로 작성했다.

6월 24일 판문점 남쪽 구역에서 가진 귀환 기자회견에서 그는 "이르면 올가을부터 정부의 승인을 받는 대로 매일 한 차례씩 1000명 이상의 관광객이 유람선을 이용해 금강산관광을 시작할 것"이라 밝혔다. 넉 달 뒤인 1998년 10월 30일 정주영은 평양 백화원초대소에서 김정일 국방위원장을 만나 "금강산 개발과 경협 사업 추진을 지원한다는 약속"을 받았다.[10]

첫 금강산 관광객 826명을 포함한 1418명을 태운 현대금강호가 1998년 11월 18일 오후 5시 43분 강원도 동해항을 떠나 14시간여 만인 이튿날 아침 8시께 금강산 장전항에 닻을 내렸다. 남북 분단사 최대·최장 교류협력사업인 금강산관광의 시작이다. 어느 실향민의 수구초심이 하늘 끝까지 가닿은 분단의 장벽에 작은 숨구멍을

낸 것이다. 첫 금강산 관광객 가운덴 혼자서는 걷지도 못하는, 집을 나서기 전 자식들을 불러 모아 유언을 남기고 배에 오른 실향 노인이 숱했다. '공산당이 나를 죽일지 모른다'는 공포도 가로막지 못한 비장한 수구초심이다.

분단 장벽에 숨구멍 낸 수구초심

비장한 건 정주영과 관광객들만이 아니었다. IMF 금융위기 속에 출범한 김대중 정부도 금강산관광사업으로 '평화경제'의 혈로를 뚫는데 정권의 명운을 걸었다. 1998년 여름, 한반도 정세는 짙은 안갯속 지뢰밭이었다. 미국의 대북 강경파들은 '금창리 지하 핵시설 의혹'을 쏟아냈다. 6월엔 동해에서 북한 잠수정이 발견되었고, 두 달 뒤 김정일은 대포동 1호를 쏘아 올리며 동아시아 정세를 들쑤셔놓았다.

　나라 안팎에서 금강산관광 반대 목소리가 분출했다. 김대중 대통령도 흔들렸다. 하지만 김대중은 '햇볕정책의 동반자' 임동원의 고언을 받아들여 금강산관광선 출항을 결단한다. 정치군사 상황과 교류협력을 분리해 대응한다는 '정경분리 원칙'을 앞세운 것이다. 임동원은 이를 "금융위기에 안보위기까지 겹친 이중적 도전"에 맞서 "한반도 긴장 완화와 남북관계 개선의 계기"를 마련하고 "남과 북이 모두 경제 회생의 전기"를 열려는 "일종의 모험"이었다고 회고한다.[11]

　김대중-임동원의 모험은 성공했다. 1998년 11월 20일 저녁 6

시 두 번째 관광선 현대봉래호가 동해항에서 떠나는 모습을 서울 신라호텔에서 텔레비전으로 본 클린턴은 다음 날 김대중과 한미정상회담에서 "매우 신기하고 아름다운 장면"에 감동했다며, 앞으로 대북 문제는 "김 대통령께서 운전석에 앉으시고 나는 조수석에서 돕겠다"고 약속했다. 극단의 안보위기가 금강산관광을 매개로 한국 주도의 '한반도 평화 프로세스' 가동으로 탈바꿈한 것이다.

금강산관광을 고리로 쌓은 현대와 북쪽의 소통·신뢰는 2000년 6월 사상 첫 남북정상회담 사전 비밀접촉 협의 창구로 쓰이는 등 남북의 든든한 숨구멍 구실을 했다.

"김정일이 어떤 인물인지 알아오시오"

2000. 2

북한이 정상회담 추진 의사를 전해왔어요. 어제 박지원 문화관광부장 관이 현대의 이익치 (현대증권) 회장과 요시다라는 사람을 만나 북측의 정상회담 추진 의사를 전달받았는데 이 문제를 협의하기 위해 곧 제 3국에서 박지원과 송호경의 접촉도 제의받았다는군요.

2000년 2월 3일 김대중은 주례보고를 하러 청와대에 들어온 임 동원 국가정보원장한테 이렇게 말했다. '남북정상회담' 추진 의사를 기회가 있을 때마다 밝혀온 김대중으로선 환호할만한 제안이었다. 하지만 김대중은 "이 제의가 신빙성이 있는지, 실현 가능성이 있는 지 잘 모르겠다"며 "자세히 검토해 보고하라"고 지시했다. 간난신고 를 겪은 이다운 신중함이다.

국정원장에 취임(1999년 12월)한 지 두 달도 되지 않았지만 이런 중요 정보를 전혀 몰랐던 임동원은 "놀라움을 금할 수 없었다". 그길

로 이익치 현대증권 회장을 만나 파악한 전말은 이렇다.[12]

박지원이 이익치한테 남북정상회담을 2000년 5~6월께 할 수 있도록 주선해달라고 극비 요청을 했고, 이익치는 재일동포 사업가인 요시다 다케시吉田猛를 찾아가 상의했다. 요시다는 1월 하순 평양에서 "김정일 국방위원장을 직접 보좌하는 측근 두 사람"한테 김대중의 정상회담 추진 의지를 전했다. 그 뒤 이들은 "북의 지시에 따라 2월 1일 서울에 와서 이익치 회장과 함께 박지원 장관을 롯데호텔에서 만나 북측 반응을 전달하고 박 장관으로부터 정상회담 추진 의사를 직접 확인해 평양에 보고한 뒤 지시를 기다리고 있다"는 것이다.

박지원, 현대, 요시다

남북정상회담 타진 방식과 관련해 짚어볼 대목이 여럿 있다. 첫째, 김 대통령은 왜 통일외교안보 전문가이자 국정원장인 임동원이 아닌 문화관광부장관 박지원한테 정상회담 추진이라는 중책을 맡겼을까? 박지원이 김대중의 오랜 최측근 정무 참모라는 사실과 함께 남북 당국 간 공식 창구로는 그때까지 한 번도 성사된 적 없는 정상회담을 추진하기 어렵다는 판단이 깔린 듯하다.

더구나 당시 북은 국정원에 노골적으로 적대감을 드러내던 터다. "국정원 패거리들이 남북대화에 낯짝을 들이민다면 계획적인 대화 파탄 책동으로 간주할 것"(2000년 3월 15일 조국평화통일위원회)이라는 식이다. 그러나 실제 정상회담 협의 과정에서는 국정원의 김보

현·서훈*이 임동원을 도와 핵심적인 구실을 했다.

둘째, 민간기업 현대가 사상 첫 남북정상회담 추진에 다리를 놓은 사실 또한 오랜 분단사에 전무후무할 예외적 사례다. 따라서 그 함의를 다각도로 짚을 필요가 있다. '중재자 현대'의 존재엔 1998년 11월부터 금강산관광사업 주체로 남북 당국과 협업하며 쌓은 인맥과 신뢰가 있었다. 흔히 당국의 일로 간주되는 정치적 신뢰 쌓기와 평화공존 노력 영역에서 '민간'의 중요성을 실증했다는 점이 특히 중요하다. 민간 교류협력은 힘이 세다.

물론 현대가 특별히 이타적이어서 발 벗고 나선 건 아니다. 현대는 금강산관광 말고도 서해안산업공단 건설, 경의선 철도 연결·복선화, 통신·전력 사업 등에 큰 관심을 갖고 있는데 "이런 대규모 프로젝트를 추진하려면 정상회담이 조속히 성사돼야 한다"는 게 이익치와 현대의 입장이었다.(이익치가 밝힌 대규모 사회간접자본SOC 건설 사업과 관련해, 현대는 이른바 '7대 경협사업'의 30년 독점 사업권을 보장받는 합의서를 북쪽과 체결했다.[13] 이는 개성공단사업, 남북 철도·도로 연결 등 당국 주도의 남북협력 사업으로 현실화한다.)

셋째, '요시다'는 누구인가? 북한과 일본 정부, 북한과 현대를 이어준 노련한 거간꾼이다. 그는 북일관계 정상화 협상 시작 등의 내용이 담긴 '조일관계에 관한 조선노동당, 일본의 자유민주당, 일본 사회당의 공동선언'으로 이어진 자민당·사회당 대표단 방북(1990년

---

* 서훈은 문재인 정부의 첫 국정원장으로 2018~2019년 남북·북미·남북미 정상 만남에 가교 역할을 맡았다.

9월), 1989·1998년 정주영의 방북과 금강산관광사업 협상 등을 중개했다.

남북·북일 관계에서 당국 간 신뢰와 소통 창구가 튼실하지 못할 때 거간꾼의 활동 공간이 넓어진다. 남북관계에선 2000년 6월 첫 정상회담 이전, 그리고 남북관계가 휘청인 이명박·박근혜 정부 시기에 거간꾼의 목소리가 커졌다. 북한과 사이에 '거간'을 낀 협상은 공식 당국회담을 보완하기보다는 대체하는 성격이 강하다. 현대와 요시다의 도움을 받아 출발한 사상 첫 정상회담 추진 협상은 남북 최고지도자의 대리인을 내세운 특사회담 등을 통해 가속을 얻었다.

박지원-송호경의 싱가포르 비밀접촉

2000년 3월 9일 싱가포르에서 '박지원-송호경' 특사의 비밀접촉이 시작됐다. 그 시각 김대중은 독일 베를린자유대학에서 "한반도 냉전구조를 해체하고 항구적인 평화와 남북 간의 화해·협력을 이루고자" 체계적인 구상을 담은 연설(베를린 선언)을 했다. "당면 목표는 통일보다 냉전종식과 평화정착"이라며 "북한이 경제적 어려움을 극복할 수 있도록 도와줄 준비가 돼 있다"고 밝혔다. 북한 당국이 요청한다면, 민간 차원의 경협을 정부 간 협력으로 전환해 도로·철도·항만·전력·통신 등 사회간접자본에 적극 투자하고 비료, 농기구 개량, 관개시설 개선을 포함한 농업구조개혁 등에 협력하겠다고 했다. 김정일의 최우선 관심사를 콕 집어 협력 의지를 밝힌 것이다.

김대중은 독일행 비행기 안에서 직접 쓴 이 연설문을 발표 전 판문점을 통해 북쪽에 알렸다(물론 미국 등 우방국에도 미리 전했다). 임동원은 이를 통해 '베를린 선언'이 "단순한 선전용이 아니라 북쪽에 진지하게 제의하는 성격임을 분명히" 한 것이라고 평가한다.[11]

'박지원-송호경'은 치열한 밀당 끝에 4월 8일 3차 특사회담에서 정상회담 개최에 합의했고, 이틀 뒤 오전 10시, 남북은 사상 첫 정상회담 개최 합의 사실을 서울과 평양에서 동시에 발표했다. "김정일 국방위원장의 초청에 따라 김대중 대통령이 금년 6월 12일부터 14일까지 평양을 방문한다. 평양 방문에서는 김대중 대통령과 김정일 국방위원장 사이에 역사적인 상봉이 있게 될 예정이며 남북 정상회담이 개최될 것이다."

남과 북은 5월 18일, 정상회담 개최 합의 이행을 위한 '실무절차 합의서'를 체결했는데, 정상회담 의제는 "역사적인 7·4 남북공동성명에서 천명된 조국통일 3대 원칙을 재확인하고 민족의 화해와 단합, 교류와 협력, 평화와 통일을 실현하는 문제"라는 포괄적인 표현으로 합의했다.

이즈음 김대중은 임동원을 따로 불러 이렇게 지시했다. "아무래도 임 원장께서 대통령 특사로 평양을 다녀와야겠어요. 평양에 가서 직접 김정일 위원장을 만나 세 가지 임무를 수행해야겠습니다. 첫째, 김정일 위원장이 어떤 인물인지 알아오시오. 둘째, 정상회담에서 협의할 사안들을 사전에 충분히 설명하고 북측 입장을 파악해오시오. 셋째, 정상회담 후 발표할 공동선언 초안을 사전에 합의해오시오."

임동원의 비밀 방북

임동원은 5월 27일 대통령 특사 자격으로 판문점을 통해 군사분계선을 넘어 비밀리에 방북했으나 김정일을 만나지 못했다. 그는 일주일 뒤인 6월 3일 재차 방북길에 올랐고, 장쩌민 중국 국가주석과 베이징에서 정상회담을 마치고 돌아온 김정일을 '신의주 특각'에서 만나는 데 성공한다.[15]

임동원과 김정일의 첫 만남은 영화 관람과 와인을 곁들인 3시간 남짓한 만찬을 거치며 밤 12시까지 이어졌다. 김대중이 바라는 '4대 의제'가 담긴 친서가 김정일한테 전달됐다. "남북관계 개선과 통일, 긴장완화와 평화, 공존공영을 위한 교류와 협력, 이산가족 문제와 기타 상호 관심사"와 함께 "실천적 조처들도 합의해 '공동선언'으로 발표하자는 제의"가 알짬이다.

김정일의 반응은 이랬다. "희망적인 선언 수준의 간단한 합의문건을 내면 될 겁니다. 그런 건 정상회담 마치고 작성하면 돼요. 그리고 단계적으로 하나씩 합의하고 이행해나가면 되는 겁니다." '세부 실천조처'가 아닌 포괄적 원칙을 담은 짧은 합의 문서를 실제 정상회담을 한 뒤에 작성하자는 것이다.

김정일은 "(김 대통령의 평양) 도착 일정을 갑자기 하루 앞당기거나 하루 늦춰서 혹시 있을지 모를 방해세력들에게 혼돈을 주는 방안도 강구해두는 것이 좋겠어요"라고 했다. 실제 북은 회담 이틀 전인 6월 10일 '기술적 준비 문제'를 이유로 일정을 하루 늦췄다. 사상 첫 남북정상회담이 애초 합의한 날짜가 아닌 6월 13~15일에 열린 까닭이다.

임동원은 청와대로 돌아와 '김정일 위원장의 첫인상'을 이렇게 보고했다. "상대방의 말을 경청하며 말하기를 즐기는 타입입니다. 식견이 있고 두뇌가 명석하며 판단력이 빨랐습니다. 명랑하고 유머 감각이 풍부한 스타일입니다. 수긍이 되면 즉각 받아들이고 결단하는 성격입니다. 개방적이고 실용적인 사고방식을 갖고 있으며, 말이 논리적이지는 않지만 주제의 핵심을 잃지 않는 좋은 대화 상대자라는 인상이었습니다. 특히 연장자를 깍듯이 예우한다는 느낌을 받았습니다."(공개 회고록《피스메이커》에 밝힌 '인물평'임을 고려하면, 실제론 더 다차원적인 평가가 보고됐으리라 추정할 수 있다.)

임동원의 보고에 김대중은 "이제 적이 안심이 된다"며 만족스러워했다. 1945년 해방 이후 두 개의 '분단정부'를 세우고 '3년 전쟁'을 치른 대한민국과 조선민주주의인민공화국이 분단 55년 만에 첫 정상회담을 할 모든 준비가 끝났다.

적대에서 악수를 거쳐 포옹으로
사상 첫 남북정상회담 ①

2000. 6

존경하고 사랑하는 국민 여러분! 저는 오늘부터 2박 3일 동안 평양을 방문합니다. 민족을 사랑하는 뜨거운 가슴과 현실을 직시하는 차분한 머리를 가지고 방문길에 오르고자 합니다. 남북정상회담은 만난다는 그 자체가 큰 의미가 있다고 생각합니다. 모든 문제를 이번 한 번에 해결할 수 있다고 생각하지 않습니다. 이번 평양 길이 평화와 화해의 길이 되기를 진심으로 바랍니다. 한반도에서 전쟁의 위협을 제거하고 남북 7000만 모두가 안심하고 살 수 있는 냉전 종식의 계기가 되기를 바라 마지않습니다.

2000년 6월 13일 아침 김대중이 사상 첫 남북정상회담을 하러 평양에 가기 전 성남 서울공항에서 읽은 '출발 성명'의 한 구절이다.

"10초 뒤 38도선을 넘습니다. 3시 방향에 우리 영토인 백령도가 보이고 2시 방향에 북쪽 땅인 장산곶이 보입니다." 김대중을 태운 대한민국 공군1호기(대통령 전용기)는 기장의 안내방송과 함께 오전 9시 54분께 서해 북방한계선을 넘어 10시 29분 평양 순안공항에 안착했다. 하늘은 구름 한 점 없이 맑았다. 서울에서 평양까지 한 시간이면 충분했다. 1948년 두 분단정부 수립 이래 첫 서해 직항로 운행이다.

만감이 교차해서일까. 전용기 트랩에 모습을 드러낸 김대중은 순안공항 너머 산하를 한참 바라봤다. 트랩 아래 김정일이 서 있었다. 북이 정상회담 일정을 하루 늦추자고 느닷없이 통보했을 때 이미 예상한 장면이다. "반갑습니다." 대한민국 대통령 김대중과 조선민주주의인민공화국 국방위원장 김정일이 손을 마주 잡았다. 남과 북의 최고지도자가 처음으로 한 악수다. 김대중과 김정일은 조선인민군 의장대를 사열하고 분열을 받았다. 1950년 6월 25일~1953년 7월 27일 대한민국 국민의 목숨을 숱하게 앗아간 인민군의 총과 칼이 대한민국 대통령한테 최고의 예우를 바친 것이다.

남북 정상이 만나야 하는 까닭

평양시민 여러분, 그리고 북녘 동포 여러분! 반세기 동안 쌓인 한을 한꺼번에 풀 수는 없을 것입니다. 그러나 시작이 반입니다. 이번 저의 평양 방문으로 온 겨레가 화해와 협력 그리고 평화 통일의 희망을 갖게 되기를 진심으로 바라마지 않습니다.

김대중은 '평양 도착 성명'에서 "우리는 한 민족, 운명공동체"라며 "반세기 동안 쌓인 한"을 풀고 "굳게 손잡자"고 호소했다. 20분간의 공항 환영행사를 마친 두 정상은 승용차에 함께 타고 평양시내를 달렸다. 순안공항에서 김대중의 숙소인 백화원영빈관까지 가는 길가엔 50만을 헤아리는 군중이 꽃술을 흔들며 "만세"를 외쳤다. 이 모든 장면은 《KBS》《MBC》《SBS》《YTN》등 4개 방송사가 생중계했다.

평양에 간 공동취재단 50명을 뺀 국내외 언론은 서울 소공동 롯데호텔 2층 프레스센터에서 평양 소식을 전했다. 롯데호텔이 '세계 뉴스의 창'이 된 셈인데, 하필 그때 롯데호텔 노조가 파업에 들어갔다. '강제해산' 여부를 묻는 경찰에 청와대는 "그냥 두라"고 답했다.[16] 그렇게 롯데호텔은 파업 노동자와 기자와 투숙객이 한데 엉켜 붐볐다. '국민의 정부'를 자임한 김대중 정부가 과거 박정희·전두환·노태우 '군사정부'와 다름을 드러낸 '민주적 소음'이다.

백화원영빈관 1호각에서 김대중과 김정일이 처음 마주 앉았다. 김정일은 이런 인사를 건넸다. "대통령께서는 무서움과 두려움을 무릅쓰고 용감하게 평양에 오셨습니다. 전방에서는 군인들이 총부리를 맞대고 방아쇠만 당기면 총알이 나갈 판인데, 대통령께서는 인민군 명예의장대의 사열까지 받으셨습니다. 이건 보통 모순이 아닙니다. 그렇지 않습니까?"[17] 정상회담은 그래서 필요했고, 지금도 마찬가지다.

본회담은 6월 14일 오후 3시 백화원영빈관 회의실에서 시작됐다. 회담 들머리에 분위기를 녹일 대화가 오갔다. "김 위원장께서 공항에 나와 영접해주시고"라며 김대중이 인사를 하자, 김정일이 이렇게 받았다. "구라파 사람들이 자꾸 나보고 은둔생활을 한다고 하고… 이번에 김 대통령이 오셔서 제가 은둔에서 해방됐다는 거예요."[8] 국내외 거의 모든 언론이 "은둔에서 해방"이라는 김정일의 자기 묘사를 제목으로 내건 기사를 긴급 타전했다.

김대중은 준비해 간 회담 의제를 30분에 걸쳐 설명했다. ①화해와 통일 ②긴장완화와 평화 ③남북 교류협력 ④이산가족 ⑤김 위원장의 서울 방문 정식 초청 문제가 그것이다. 김대중은 이런 설명을 정리한 문서를 김 위원장한테 직접 건넸다. 들뜰 법한 상황에서도 정확한 의사소통을 우선하는, 김대중다운 치밀함이다.

김일성·김정일의 최대 관심사, 남북경협

김정일은 "대통령의 자세한 설명을 듣고 나니 무엇을 구상하시는지 더욱 잘 알게 되었습니다"라고 인사치레를 했다. 그러고는 1994년 7월 무산된 남북정상회담과 김일성의 죽음으로 화제를 옮겼다. "김일성 주석님께서는 김영삼 대통령에게 남북 간의 실질적 경협사업을 시작하자고 제의할 계획이었습니다. 우선 경의선 현대화 사업부터 추진하고자 하셨지요. 주석님께서는 돌아가시던 바로 당일에도 묘향산으로 경제성원들을 불러 북남경협 문제를 가지고 어떻게 협의할 것인가에 대한 의견을 듣고 필요한 자료들을 검토하셨습니다."[9] '남북경협'은 '1994년 김일성'뿐만 아니라 '2000년 김정일'한테도 최우선 관심사였다. 김대중에 앞서 김정일을 만난 회담 배석자 임동원은 '남북 교류협력' 문제가 "북측이 가장 많은 관심을 가진"

의제였다고 회고한다.[20]

김정일은 김일성이 생전에 쓰던 소련제 심장박동기가 미제보다 훨씬 크고 성능이 낮아 "당시 소련의 의학은 미국에 비하면 유치한 수준"이라며 "대통령께서도 말씀하셨지만 더 넓은 세계를 내다봐야 한다는 데 전적으로 동의합니다"라고 했다.[21] 그는 2001년 1월 중국 상하이 푸둥지구를 둘러보고 "천지개벽했다"고 감탄하고는 "새로운 관점과 새로운 높이"를 주문했는데, 2000년 6월 김대중과 정상회담이 '새로운 행보'의 들머리였던 셈이다.

김대중과 김정일은 의제별로 서로의 의견과 구상을 확인하며 공통 기반을 넓혀갔다. 그러곤 "뭔가 중요한 문제가 생기면 우리 두 정상이 직접 의사소통"하자며 사상 첫 '핫라인'(정상 직통연락선) 개설에 합의했다. 임동원은 "두 정상 사이의 비상연락망은 '국민의 정부' 마지막 날까지 계속 유지되며 남북문제 해결에 매우 중요한 역할을 수행"했다며 "'핫라인'의 개설이야말로 정상회담 최대의 성과 중 하나"라고 평가했다.[22]

2000년 6월 14일 저녁 7시 역사적인 첫 정상회담이 끝났다. 두 정상의 치열한 밀당과 결단의 결과를 담은 '6·15 남북공동선언' 문안 작업은 두 정상의 대리인인 임동원과 김용순이 맡았다.

이어 목란각에서 2시간 30분 남짓 진행된 답례만찬에서 김대중은 이렇게 말했다. "김정일 위원장과 저는 정상회담을 성공리에 마무리했습니다. 이제 비로소 민족의 밝은 미래가 보입니다. 이제 지난 100년 동안 우리 민족이 흘린 눈물을 거둘 때가 왔습니다. 서로에게 입힌 상처를 감싸주어야 할 때입니다." 좌중이 숙연해졌다.

"좋은 날인데 배우 한번 하십시다"

감동과 흥분으로 가득한 만찬이 진행되는 동안에도 임동원-김용순은 6·15 남북공동선언 문안을 다듬었고, 이윽고 두 정상이 승인을 마쳤다. 시침이 밤 10시를 향해 가던 때 김대중이 김정일과 함께 연단으로 걸어나와 감격스레 외쳤다.

"여러분, 모두 축하해주십시오. 우리 두 사람이 남북공동선언에 완전히 합의했습니다." 김 대통령은 김 위원장의 손을 잡아 번쩍 들어올렸다. 그런데 '3년의 동족상잔'과 장기 분단·적대의 상처를 위무할 감격스러운 역사적 순간을 남과 북 7000만 시민·인민에게 전할 취재진이 만찬장 안에 없었다. 박준영 청와대 대변인이 대통령한테 '재연 연기'를 요청했고, 김대중의 눈길을 받은 김정일은 "좋은 날인데 배우 한번 하십시다"라며 자리에서 일어났다. 국내외 언론에 실린, 두 정상이 6·15 공동선언에 최종 합의했다며 손을 맞잡아 들어올린 장면은 이런 사연이 있는 '연출 사진'이다.[23] 2000년 6월 14일 밤 11시 40분 백화원영빈관에서 6·15 남북공동선언 조인식이 진행됐다.

6월 15일 낮 12시부터 3시까지 백화원영빈관에서 '6·15 남북공동선언 경축 및 송별연회'가 김정일 주최로 열렸다. 김정일이 이런 이야기를 했다. "남쪽에서 비료를 보내주어 감사합니다. 인민들이 매우 고마워하고 있어요. 비료 10만 톤이면 알곡 30만 톤의 생산효과를 가져옵니다. 3배의 생산효과가 있는 겁니다." 비료와 식량 지원에 고맙다는 인사다. 그는 이어서 "어제 만찬 때 대통령께서

6월을 '전쟁을 기억하는 비극의 달'에서 '화해와 평화를 기약하는 희망의 달'로 바꿔나가자고 말씀하실 때 저도 감명 깊게 들었습니다"라며 "인민군 총사령관으로서 오늘 12시부로 전방에서 대남 비방방송을 중지할 것을 명령했습니다"라고 발표했다. 오랜 세월 군사분계선 일대의 뭇 생명을 무던히도 괴롭혀온 남과 북의 상호 비방방송 소음은 그렇게 멎었다(북은 2000년 6월 15일 정오, 남은 6월 16일 0시부터).

김대중은 평양에 머문 54시간 가운데 11시간을 김정일과 함께 보냈다. 그리고 6월 15일 두 정상은 평양 순안공항에서 헤어지기 전 세 차례 서로 껴안았다. 남과 북의 두 정상 사이에 마음의 길이 열리며, 첫 만남의 '악수'가 이틀 만에 '포옹'으로 진화한 것이다.

김대중-김정일의 합창, "통일은 과정이다" 사상 첫 남북정상회담 ②

2000. 6

대통령께서는 완전 통일은 10년 내지 20년은 걸릴 것이라고 하신 것으로 알고 있습니다. 그런데 나는 완전 통일까지는 앞으로 40년, 50년이 걸릴 것으로 생각합니다.[24]

2000년 6월 14일 김정일이 김대중과의 회담에서 한 말이다. 김대중과 김정일 가운데 누가 더 신통한 점쟁이인지 견주는 이들도 있겠다. 김대중은 2009년 8월 18일, 김정일은 2011년 12월 17일 고인이 됐다. 둘 다 자기 예상의 실현 여부를 확인하기 전에 세상을 등졌다. 누구 말이 맞을지 따지는 건 부질 없는 일이다.

그보다는 통일엔 '상당한 시간'이 필요하다는, 곧 "통일은 과정"이라던 김대중의 평소 인식에 김정일이 큰 틀에서 공감했다는 사실이 중요하다. 더구나 공식적으론 1942년생인 김정일이 '완전 통일'은 '나 죽은 뒤에나 가능한 일'이라며 한껏 뒤로 밀쳐둔 대목은 각별한 주의를 요한다. "조국통일"을 존립의 절대적 명분이자 궁극의 지향점이라 늘 되뇌는 조선민주주의인민공화국의 최고지도자인 김정일은 왜 완전 통일에 "(10~20년이 아니라) 40년, 50년이 걸릴 것"이라고 명토 박듯 김대중한테 강조했을까? 이것은 전망인가 바람인가?

'대한민국 대통령 김대중'과 '조선민주주의인민공화국 국방위원장 김정일'이 2000년 사상 첫 남북정상회담에서 합의한 6·15 남북공동선언의 2항은 이 물음의 답을 찾을 실마리다.

남과 북은 나라의 통일을 위한 남측의 연합제 안과 북측의 낮은 단계의 연방제 안이 서로 공통성이 있다고 인정하고 앞으로 이 방향에서 통일을 지향시켜 나가기로 하였다.

정상회담의 3분의 2를 잡아먹은 통일 방안

이 6·15 공동선언 2항은 두 세기에 걸친 남북 분단사에 유일무이한 정상 차원의 '통일 방안' 관련 합의 문구다. '완전 통일'의 시기와 관련한 김대중의 "10년 내지 20년"과 김정일의 "40년, 50년"에 담긴 현실 인식을 최고의 공식성을 갖춘 외교 용어로 벼린 결과물이다. '유일무이한 합의'인 만큼 최고난도의 밀당은 불가피했다. 김대중과 김정일은 2000년 6월 14일 평양 백화원영빈관 1호각에서 오후 3시부터 7시까지 6·15 공동선언에 담을 내용을 조율했는데, 회담 시간의 3분의 2를 '통일 방안' 논의에 썼다.

김대중과 김정일은 1분 1초가 귀한 시간의 대부분을 왜 통일 방안 논의에 쏟아부었을까? 6·15 남북공동선언의 산증인인 임동원은 2019년 '6·15 남북정상회담 19주년 기념 학술회의'에서 그 의미를 이렇게 짚었다. "분단 역사상 처음으로 상봉한 남북의 두 정상은 남북관계 개선과 한반도 평화를 위해서는 통일 문제에 대해 남북 간 어느 정도의 공통 인식이 있어야 한다는 데 공감합니다. 남북관계 개선 문제를 통일 문제와 분리해서는 생각할 수 없다는 것입니다. 상대방이 적화통일이나 흡수통일을 기도한다고 서로 의심한다면 남북관계는 개선될 수 없다는 것입니다."[25] 흡수통일과 적화통일을 배제하고 남북관계 개선의 밑돌을 놓은 필수 기초공사였다는 진단이다.

'적화통일 배제'는 남이 북에 바라는 것이다. 남이 북과 관계개선·화해·협력의 여정에 나설 때 최소한의 신뢰 기반이다. '흡수통일 배제'는 북이 남에 바라는 것이다. 1990년대 초 동북아의 비대칭 탈냉전으로 고립무원의 처지에 몰린 북의 생존과 대외 개방에 절대적으로 필요한 최소한의 담보다.

'조국통일'은 역사적으로 남과 북 두 분단정부의 궁극의 지향점이다. 남이 제헌헌법(1948년 7월) 4조에 "대한민국의 영토는 한반도와 그 부속도서로 한다"고 이례적으로 영토 조항을 둔 핵심 문제의식은, 분단은 일시적일 뿐 통일이 궁극의 지향임을 최상위 규범인 헌법에 분명히 해두려는 데 있었다. 북이 1948년 7월 최고인민회의에서 채택한 제헌헌법 103조에 "조선민주주의인민공화국의 수부(수도)는 서울시이다"라고 명시한 것도, 큰 틀에서는 같은 맥락이다.

그러나 1948년 두 분단정부가 앞다투어 외친 '통일 지향'은 상대를 전적으로 부인하는 양날의 칼이다. 그 칼날이 불러온 최악의 사태가 스탈린과 마오쩌둥의 승인을 받아 1950년 6월 25일 김일성이 일으킨 전면 남침과 '3년 전쟁'이다. 그렇게 '통일'은 현실 역사에선 남북관계의 목에 걸린 가시가 됐다.

7·4 공동성명 → 남북기본합의서 → 6·15 공동선언

당연히 가시를 뽑으려는 노력이 있었다. 그 첫 성과는 두 분단정부 최초의 공식 문서 합의인 '7·4 남북공동성명'(1972년 7월 4일)의 '조국통일 3대 원칙'(자주·평화·민족대단결)이다. "쌍방은 다음과 같은 조국통일 원칙들에 합의를 보았다. 첫째, 통일은 외세에 의존하거나 외세의 간섭을 받음이 없이 자주적으로 해결하여야 한다. 둘째, 통일은 서로 상대방을 반대하는 무력행사에 의거하지 않고 평화적 방법으로 실현하여야 한다. 셋째, 사상과 이념, 제도의 차이를 초월하여 우선 하나의 민족으로서 민족적 대단결을 도모하여야 한다."

"평화적 방법"에 의한 통일 합의가 특히 중요하다. 한반도를 도륙한 자해적 '3년 전쟁' 같은 짓은 다시 하지 않겠다는 두 분단정부의 공개 다짐이기 때문이다. 하지만 발표 직후 박정희의 '유신독재', 김일성의 '유일독재' 선언으로 7·4 남북공동성명의 진정성·신뢰성은 뿌리부터 의심받았다.

두 분단정부는 소련, 동유럽 사회주의국가들의 연쇄 체제전환 와중인 1991년 UN 분리·동시 가입과 남북기본합의서 채택으로 공존의 기반을 다졌다. UN 가입은 두 분단정부가 국제법상 서로한테

'별개의 주권국가'임을 인정한 것이자, '다른 나라'에 대한 침략행위·무력행사를 배제한 UN헌장을 어기지 않겠다는 국제적 약속이다. 남북기본합의서는 "7·4 남북공동성명에서 천명된 조국통일 3대 원칙을 재확인"하고는, "쌍방 사이의 관계가 나라와 나라 사이의 관계가 아닌 통일을 지향하는 과정에서 잠정적으로 형성되는 특수관계"라고 규정했다. 두 분단정부가 합의한 유일무이한 '남북관계 규정'인데, 남과 북이 국제법적으론 '두 개의 주권국가'이되 서로한텐 '외국'이 아닌 "통일지향 특수관계"라는 선언이다. 그러고는 남북화해·불가침·교류협력의 다짐을 25개 조항으로 풀어 적었다. 남북기본합의서의 정식 명칭은 '남북 사이의 화해와 불가침 및 교류·협력에 관한 합의서'라는 사실을 잊지 말아야 한다.

중력법칙의 발견은 '거인의 어깨 위에서' 세상을 바라본 덕분이라는 아이작 뉴턴의 말처럼, 김대중과 김정일의 6·15 공동선언 2항 합의 또한 7·4 남북공동성명과 남북기본합의서 없이는 가능하지 않았을 일이다.

김대중은 김정일한테 "통일은 점진적·단계적으로 추진해야 하며, 통일의 과정을 남과 북이 협력해 관리해야 해요"라고 강조했다. 그러고는 "우리가 주장하는 남북연합제라는 것은 '2체제 2정부'의 협력 형태를 의미하는 것"이라며 "'2체제 (1국가) 연방제' 통일 방안은 수락할 수 없어요"라고 잘라 말했다.[26] 그러자 김정일은 "내가 말하는 '낮은 단계 연방제'라는 건 남측이 주장하는 '연합제'처럼 군사권과 외교권은 남과 북의 두 정부가 각각 보유하고 점진적으로 통일을 추진하는 개념"이라며 "연방제로 즉각 통일하자는 게 아닙니다. 그건 냉전시대에 하던 얘기"라고 호응했다.[27] 김일성이 주도해 조선노동당 6차 대회(1980년 10월)에서 채택한 북쪽의 공식 통일 방안인 '고려민주연방공화국 창립방안'을 "냉전시대에 하던 얘기"라고 치부한 것이다.

"통일은 뒤로 미루고 화해 협력부터 하자"는 합의

여기서 남과 북의 통일 방안의 변천 과정을 깊이 파고들지는 말자. 다만 두 가지는 꼭 기억하자.

첫째, 김대중과 김정일이 "남측의 연합제 안과 북측의 낮은 단계 연방제 안이 서로 공통성이 있다고 인정"했다는 사실이다. 서로를 "미제의 식민지"라거나 "소련의 괴뢰"라며 전면 부인하던 '나는 옳고 너는 그르다' 식 태도에서, '나도 옳고 너도 옳다'는 태도로의 변화다. 이는 코페르니쿠스적 전환이며 정상 차원의 상호 인정과 공존의 다짐이다. 두 정상이 북을 사실상 "반국가단체"라 규정한 국가보안법과 남을 "혁명 대상"으로 규정한 조선노동당 규약의 개정 필요성에 공감한 것도 이런 문제의식의 자연스러운 귀결이다.

둘째, "이 방향에서 통일을 지향시켜 나가기로 하였다"는 확약이다. 통일을 지향하되 언제까지 한다는 목표 시한은 없다. 이 대목에서 김정일이 김대중한테 "완전 통일까지는 앞으로 40년, 50년이 걸릴 것"이라고 말한 사실을 기억할 필요가 있다.

김대중과 김정일이 공들여 벼린 6·15 공동선언 2항을 쉽게 풀면 '통일은 목표이자 과정'이라는 뜻이 된다. 통일 방안을 두고 다투

거나 통일을 최우선 과제로 앞세우지 말자는 것이다. 그러니 통일
은 장기 과제로 미뤄두고, 당장은 화해와 불가침과 교류협력을 위해
'해야 할 일' 가운데 '할 수 있는 일'을 추려 애써 실천하자는 두 정상
의 다짐이다.

두 정상의 바람대로, 6·15 공동선언 이후 남북 당국은 통일 방
안을 두고 더는 공개 설전을 벌이지 않았다.

개성공단,
남북협력의 가장 높고 넓은 고원

2000. 8

개성공단사업은 남북 교류협력사에 가장 높고 넓은 고원이다. 두 세기에 걸친 분단사에 5만 명이 넘는 남북의 시민·인민이 한데 어우러져 함께 일한 공간은 개성공단뿐. 분단사에 유일무이한 대규모·장기 공존 실험이다.

그 개성공단이 2016년 2월 박근혜 정부의 '전면 중단'(10일)과 북쪽의 '폐쇄'(11일) 조처가 맞부딪치며 강제로 빠져든 겨울잠에서 아직 깨어나지 못하고 있다. 그 긴 겨울잠이, 죽음 문턱에서 삶으로 되돌아 나오려는 처절한 생존투쟁이기를.

강제 겨울잠에 빠지기 전 개성공단에선 북쪽 노동자 5만4988명이 123개 입주기업에서 일했다. 누적 생산액은 32억3305만 달러.[28] 2004년 12월 15일 시범공단이 처음 가동된 뒤부터 2016년 2월 10일 공장의 기계가 멈출 때까지 하루하루는 말 그대로 전인미답의 여정이다.

개성공단은 정주영·김대중·김정일·노무현의 합작품이다. 사상 첫 남북정상회담의 훈풍이 배양기 구실을 했다. 정주영은 1998년 12월 방북해 김용순과 '한국 중소기업이 입주할 2000만 평 규모 서해안 공단 조성'에 합의했다. 이듬해 10월엔 함경남도 흥남 교외의 서호초대소에서 김정일을 만나 황해도 해주에 공단을 짓자고 했는데, 김정일은 신의주를 역제안했다. 그런데 김정일은 6·15 남북정상회담 직후인 2000년 6월 말 원산에서 정주영을 다시 만나 공단 터로 신의주가 아닌 개성을 제안한다.

정주영·김정일의 의기투합

마침내 '개성'이다. 당시 김정일은 "개성이 전쟁 전에는 원래 남쪽 땅이었으니 남쪽에 돌려주는 셈치고, 북쪽은 나름대로 외화벌이를 하면 된다"는 취지로 얘기했다고 한다.[29] 당시 정주영이 경남 창원공단(2000만 평, 50만 명)을 선례로 개성공단의 밑그림을 설명하며 "개성공단이 창원처럼 되더라도 개성과 주변 인구가 30만밖에 안 돼 노동력 확보에 어려움이 있을 수 있다"고 하자, 김정일은 "북과 남에는 군인이 너무 많다. 그 단계가 되면 내가 인민군대 군복을 벗겨서 한 30만 명을 공장에 넣겠다"고 대답했다. 그의 말대로 개성공단 북쪽 노동자가 5만4988명에서 멈추지 않고 30만 명까지 늘어났다면 한반도 군축의 시발점이 되지 않았을까?

허튼소리가 아니다. 개성은 어떤 곳인가? 박정희 정부에서 한국군 현대화 전략인 '율곡계획'을 입안한 군사전략가이기도 한 임동원은 개성의 전략적 가치를 이렇게 평가했다.[30] "개성지역은 북측의 최전방 요충지로 군사전략적 차원에서는 결코 개방할 수 없는 곳이다. 개성은 서울에서 가장 가까운 주공격축선상에 있고 개성 전방에는 서울을 사정거리 안에 둔 수많은 장거리포가 포진하고 있기 때문이다."

실제 2000년대 초반까지 개성공단 터에는 조선인민군 6사단, 64사단, 62포병여단 등 6만여 병력과 포진지 등이 자리잡고 있었다. 북쪽은 개성공단이 본격 가동되자 이 부대들을 10~15㎞가량 뒤로 물렸다. 더구나 개성공단에 남쪽 사람들이 상주하며 터잡은 탓에 인민군으로선 기습공격의 요체인 은밀성을 확보할 수 없게 됐다. 개성-문산 축선(개성-문산-서울)은 유사시 북쪽 인민군의 최단 서울 공격로다. 개성공단 가동으로 근처 휴전선이 10㎞가량 사실상 북상하게 된 셈이다. 김정일이 '개성'을 제안했다는 소식을 들은 임동원이 "도저히 믿기지 않아 '혹시 현대가 속은 게 아니냐'"고 되물은 까닭이다.[31] 2016년 2월 10일 박근혜 정부의 일방적 '전면 중단' 선언으로, "개성공단의 노동력이 부족해지면 인민군대 군복을 벗겨서 한 30만 명을 공장에 넣겠다"던 김정일의 호언을 현실로 바꾸지 못한 건 아쉽고도 아쉬운 일이다.

그런데 김정일은 왜 남북협력 공단 터로 애초 선호하던 북중 접경지인 신의주를 두고 남북 접경지인 개성을 점찍었을까? 김정일이 야심차게 추진한 '신의주 특별행정구'가 중국 당국의 극력 저지로 좌초한 사연에 실마리가 있다.

2002년 9월 북한 당국은 '신의주 특별행정구 기본법'을 제정하고 초대 장관에 네덜란드 국적의 화교 자본가인 양빈楊斌 어우야집단(유럽아시아국제무역회사) 회장을 임명했는데, 중국 당국이 열흘도 안 돼 양빈을 연행해 뇌물공여와 사기 등 혐의로 구속해버렸다. 또한 이보다 앞서 2000년 5월과 2001년 1월 중국을 방문한 김정일에게 주룽지朱鎔基 중국 국무원 총리가 신의주보다 남쪽, 곧 개성이 더 적합하다고 조언(?)했다는 게 당시 북중관계에 밝은 고위 외교소식통의 전언이다.

따라서 김정일의 '개성 낙점'은 북중 접경지에 경제특구가 들어서는 데 대한 중국의 거부감과 더불어 "경제협력을 통한 민족경제 균형 발전"(6·15 공동선언 4항)을 약속한 김대중과의 신뢰관계 등이 두루 작용했을 수 있다.

남쪽 한계기업들의 마지막 보루

2000년 8월 22일 '개성공업지구 건설·운영에 관한 합의서'가 채택됐다. 개성지역에 2000만 평 규모로 공업지구와 배후도시를 건설하고 성과를 보아가며 2000만 평을 추가로 조성하며, 개성지역을 공업지구뿐만 아니라 문화·관광·상업도시로 건설해나간다는 원대한 구상이 담겼다. 합의 주체는 남쪽 현대아산, 북쪽 조선아시아태평양평화위원회와 민족경제협력연합회. 그해 북쪽은 개성을 공업지구로 지정(11월 13일)하고 '개성공업지구법'(11월 20일)을 제정한 뒤, 현대아산에 개성공업지구 전체에 대한 50년간의 사용권을 보장하는 토지이용권을 발급(12월 23일)했다. 12월 27일 통일부는 현대아산과 한국토지공사(현 LH)를 개성공단 공장 구역 1단계 조성공사 협력사 업자로 승인했다. 개성공단 구상이 마침내 남과 북 당국 모두의 법적·행정적 지원을 받아 출발선을 떠나 간난신고의 긴 여정에 올랐다.

노무현 대통령 임기 첫해인 2003년 6월 30일 개성공단 1단계(100만 평) 개발이 시작됐다. 이듬해 12월 15일 개성공단에서 생산된 첫 제품인 '개성공단 냄비'는 서울의 백화점에서 불티나게 팔렸다. 시민들은 '라면을 끓여 먹기 송구하다. 가보로 물려줘야겠다' 등의 소감을 올렸다. '개성공단 냄비' 공장 사장은 "비싼 주방용품은 선진국에서 수입하고 싼 냄비는 중국에서 수입하고 정말 힘들었다. 그래도 망하지 않고 이곳까지 올 수 있어 정말 기쁘다"며 뜨거운 눈물을 쏟았다.[32] 고진감래, 희망의 눈물이다. 신원에벤에셀·삼덕스타필드 등 개성공단에 입주한 남쪽 기업들은 시범단지 가동에 앞서 북쪽 노동자들을 중국으로 데려가 기술연수를 했다.

2004년 12월 개성공단 시범단지 가동 당시 북쪽 노동자 월 최저임금은 50달러. 임금의 15%에 해당하는 '사회보험료'를 더해도 60달러를 밑돌았다. 공단 기반시설은 남쪽 정부가 책임지고 갖췄고, 서울·인천과 아주 가까운 군사분계선 바로 위쪽이라 물류 편의성도 높았다. 한반도 정세의 불안정성 등 숱한 악조건을 상쇄하고도 남을 개성공단의 매력이다. 한국에서 밀려나 중국에서, 인도에서, 베트남에서 고군분투하다 결국엔 경쟁력을 잃은 숱한 한계기업들이 마지막으로 찾은 곳이 개성이었다. 전체 입주기업의 58.4%가 섬유봉제·가죽가방 관련 업체인 까닭이다.

開城, 성을 열다

노무현 정부는 신생아라 할 개성공단을 국제경쟁력을 갖춘 경제
특구로 키우려 애썼다. 덕분에 개성공단은 해마다 몸집을 두 배 넘
게 불리며 빠르게 성장했다. 2005년 18개이던 입주기업은 2006년
30개로, 2007년 65개로 급증했다. 이들 기업에서 일하는 북쪽 노
동자도 6013명(2005년)→1만1160명(2006년)→2만2538명(2007년)
으로 늘었다. 연간 생산액은 1491만 달러(2005년)→7373만 달러
(2006년)→1억8478만 달러(2007년)로 수직 상승했다.[33]

그렇게 개성공단은 '성을 열다'라는 개성開城의 말뜻 그대로 적
대와 증오의 동굴에 갇힌 남과 북을 공존과 상생의 꿈결 같은 꽃길
로 이끌었다.

조선인민군 서열 1위
워싱턴에 가다

2000. 10

2000년 9월 4일 오후 조선민주주의인민공화국의 헌법상 국가수반인 김영남 최고인민회의 상임위원장이 독일 프랑크푸르트암마인 공항에 모습을 드러냈다. 이틀 전 베를린에 도착한 김영남은 이 공항에서 아메리칸 항공 AA175편을 타고 미국 뉴욕으로 가 'UN 새천년 정상회의'에 참석할 계획이었다. 뉴욕에서 김대중 대통령과 회담이 예정돼 있고, 클린턴 대통령이 주최하는 연회에 초청을 받은 터라 자연스레 북미 정상(급) 회동도 기대됐다. UN 새천년 정상회의를 계기로, 석 달 전 사상 첫 남북정상회담이 일으킨 '한반도 평화'의 바람이 오랜 북미 적대관계에도 훈풍이 되리라는 기대가 부풀어올랐다.

그런데 누구도 예상치 못한 "해괴한 일"이 벌어졌다. '미국 항공 보안 관리'라는 이들이 김영남 일행의 미국행을 가로막은 것이다. "탑승 수속을 받는데 보안요원들이 나타나 옷과 신발을 벗도록 요구하고, 인체의 국부까지 샅샅이 조사했다. 그들은 우리에게 사전 동의도 구하지 않고 비행기 좌석을 취소했다." 김 위원장을 수행한 최수헌 외무성 부상이 전한 사연이다.[34] 주권국 고위 외교사절을 대상으로 상상할 수 없는 난폭한 검색이 자행된 것이다.

뉴욕에서 남북미 3각 정상(급) 외교를 고대하던 남과 북, 미국 정부가 발칵 뒤집혔다. 최수헌은 5일 기자회견을 자청해 "미국은 이런 야만적인 행위에 공식 사과하고 응분의 책임을 져야 한다"며 김영남의 방미 계획을 취소한다고 밝혔다. 그즈음 매들린 올브라이트 미국 국무장관은 임동원 국정원장에게 "귀국하지 말고 뉴욕으로 와서 새천년 정상회의에 꼭 참석해주기 바란다"는 내용을 신속하게 북에 전하고 설득해달라고 부탁했다.[35]

그러나 이미 엎질러진 물. 김영남 일행은 다시 5일 저녁 뉴욕행 비행편을 예약했지만 '평양의 지시'를 받고는 6일 베이징을 거쳐 평양으로 돌아갔다. 김대중과 김영남의 뉴욕 회담은 무산됐다. 국제정치학자 찰머스 존슨Chalmers Johnson은 이 사태를 두고 "(1999년 5월) 미국 공군기의 베오그라드 주재 중국대사관 오폭 사건에 버금가는 것처럼 보인다"고 평했다.[36]

김영남의 UN정상회의 참석 무산

클린턴 행정부는 사태를 수습하려 무진 애를 썼다. 6일 백악관과 국무부 대변인 명의의 유감 표명에 이어 7일 클린턴이 김대중과 한미 정상회담에서 "북이 UN 정상회의에 참여할 수 있도록 모든 노력을 다했으나 이루어지지 않았다. 매우 유감스럽게 생각한다"고 밝혔다. 이튿날 올브라이트는 백남순 북한 외무상에게 사과 편지를 보낸 사실을 공개하며 "북한이 미국의 사과 편지를 받아들였다"고 밝혔다. 실제 그날 북 외무성 대변인은 "우리는 미국 측이 이번 사건과 관련해 공식 사과의 뜻을 표명해온 데 대해 주목한다"며 사실상 수용 의사를 밝히곤 더는 미국을 비난하지 않았다.[37]

2000년 가을 북미관계 개선 노력에 찬물을 끼얹은 '프랑크푸르트 사태'가 왜 일어났는지 그 진실은 아직도 밝혀지지 않았다. 클린턴 행정부의 적극적인 수습 노력이 보여주듯, 미국 정부의 '작품'이 아님은 분명하다. 그렇다고 사정을 모른 보안요원이 저지른 '사고' 라 하기도 어렵다. 당시 독일 외교부는 아메리칸 항공 쪽에 김 위원장을 포함한 북 대표단의 지위와 중요성을 미리 통보했다고 《프랑크푸르터 알게마이네 차이퉁》의 보도에 따르면, 이 사태 수습에 깊이 관여한 고위 외교 소식통은 "북미관계 개선을 바라지 않은 미 공화당 쪽의 방해 공작"이라 짚었다.

김영남의 방미 무산에 이어 백남순도 UN 총회 참석 계획을 취소해버렸다. 2000년 가을 북미관계 개선의 기회는 영영 사라진 것일까. 그럴 리가. 뜻이 있으면 길도 있는 게 세상 이치. 클린턴 정부의 적극적인 해명과 수습 노력, 김대중 정부의 사려 깊고 발 빠른 중재·소통, 무엇보다 '워싱턴으로 가는 길'을 열고자 한 김정일의 강한 의지라는 3박자가 어우러져 돌발 악재를 신속하게 해소했다.

프랑크푸르트 사태가 수습 국면에 들어선 9월 7일 김계관 북 외무성 부상은 뉴욕에서 찰스 카트먼Charles Kartman 미 한반도평화회담 담당 대사를 만나 "워싱턴에 특사를 파견할 준비가 돼 있으며 '조미 공동 콤뮤니케(코뮈니케)' 채택에도 동의한다"고 밝혔다.

조명록이 인민군복을 입고 클린턴을 만난 까닭은?

그리고 한미 양국 정부의 그 누구도 예상하지 못한 뜻밖의 인물이 10월 초에 워싱턴으로 찾아왔다. 김정일의 최측근이자 군부를 대표하는 실력자인 조명록 국방위원회 제1부위원장 겸 조선인민군 총정치국장이다. 워싱턴에 온 조명록은 스스로를 "김정일 최고사령관의 특사"라고 소개했다.

　조명록은 조선노동당 창건 55돌 기념일인 2000년 10월 10일 오전 조선인민군복 차림으로 백악관에서 클린턴을 만나 김정일의 친서를 전달했다. 조명록은 그날 아침 올브라이트를 만날 땐 짙은 회색 양복을 입었는데, 백악관으로 출발하기 전 국무부에서 일부러 인민군복으로 갈아입었다. '선군정치'를 전면에 내세운 김정일 체제에서 권력 서열 2위이자 군부 서열 1위인 조명록의 인민군복은 그 자체로 강렬한 대미 신호로 받아들여졌다. 클린턴-조명록 만남에 배석한 웬디 셔먼Wendy Sherman 대북정책조정관은 "관계 개선을 위한 노력에 외무성뿐 아니라 군부도 함께하고 있다는 중요한 메시지를 전달하고 있다고 생각한다"고 평했다.[38] 조명록은 백악관을 방문한 첫 북한 관리였다.(조명록은 워싱턴 방문에 앞서 샌프란시스코에 들러 윌리엄 페리 대북정책조정관을 만나고 세계 정보기술산업의 심장부인 실리콘밸리를 둘러봤다.)

그날 저녁 국무부 환영 만찬에서 올브라이트는 이런 말을 했다. "얼었던 것은 녹을 수 있으며, 다툼의 땅은 시간이 지나면 화합의 땅이 될 수 있다. 미북 두 나라가 안보와 정치·경제상의 차이점을 해결하는 것이 가능하다는 데 의심의 여지가 없다. 만일 이 기회를 놓친다면 우리는 외교관으로서 전적으로 실격자라는 말을 들을 수밖에 없을 것이다."

조명록의 답사는 비장했다. "김정일 동지는 우리 공화국의 자주권과 영토 보전과 안전에 대한 미국의 담보만 확인되면 대립과 적의의 조미관계를 평화와 친선 관계로 전환시킬 수 있는 중대 결단을 내릴 것이다. 나는 김정일 최고사령관의 특사로 미국을 방문해 김정일 최고사령관이 조미 사이의 관계 개선을 하는 데 대한 의사를 빌 클린턴 대통령에게 직접 전달했다."

클린턴의 평양 방문 합의

조명록의 방미를 계기로 북미 양국 정부는 오랜 적대관계 청산 의지를 담은 '북미 공동 코뮈니케'를 2000년 10월 12일 발표한다. 조명록을 수행한 강석주는 셔먼한테 "(1999년 5월) 평양에서 윌리엄 페리(당시 대북정책조정관)가 제안한 (포괄적 해결) 방안을 논의할 준비가 돼 있으며, 현안인 미사일 문제 협상을 일단락 짓고 조미 사이의 전면적인 외교 관계를 조속히 수립하자"는 뜻을 밝히고 집중 협의한 결과물이다.[39] 북미는 이 합의문을 통해 "두 나라 사이의 쌍무관계를 근본적으로 개선하는 조치들을 취하기로 결정"하고 "어느 정부도 타방에 대해 적대적 의사를 가지지 않을 것이라고 선언"했으며, "조선반도에서 긴장 상태를 완화하고 1953년의 정전협정을 공고한 평화보장체제로 바꾸어 조선전쟁을 공식 종식"시키는 데 "4자회담 등 여러 방도들이 있다는 데 견해를 같이했다"고 밝혔다.

세계를 놀라게 한 파격인 '북미 공동 코뮈니케'의 화룡점정은 맨 마지막 문장이다. "조선민주주의인민공화국 국방위원회 김정일 위원장께 윌리암 클린톤 대통령의 의사를 직접 전달하며 미합중국 통령의 방문을 준비하기 위하여 매덜레인 알브라이트 국무장관이 가까운 시일에 조선민주주의인민공화국을 방문하기로 합의했다."

미국 대통령의 평양 방문을 준비하러 미국 국무장관이 평양에 간다는 뜻이다. 사상 첫 남북정상회담에 이어 사상 첫 북미정상회담이 가시권에 들어온 셈이다. 미국 국무장관 올브라이트는 2000년 10월 22일 0시(현지시각) 워싱턴 인근 앤드루스 공군기지에서 전용기에 올랐다. 출장 목적지는 평양. 올브라이트를 수행한 미 국무부 고위관리는 이렇게 읊조렸다. "우리는 지금 마지막 냉전적 적대가 끝나가는 역사적 순간에 직면해 있다."[10]

역사에 가정은 없다지만…
김정일-클린턴 북미정상회담 좌초

2000. 12

2000년 10월 조명록의 워싱턴 방문과 올브라이트의 평양 방문은 북미 양국의 의지와 협의만으로 이뤄진 건 아니다. 오랜 냉전 적대로 얼어붙은 펌프에서 물이 콸콸 쏟아지게 한 마중물이 있다. 넓게는 그 넉 달 전 남북정상회담, 좀 더 구체적으로는 '외교의 달인' 김대중이다.

한국의 자화자찬만은 아니다. 북미 모두 인정하는 사실이다. 조명록은 2000년 10월 10일 올브라이트 주최 환영만찬에서 이렇게 말했다. "지난 6월 북남 최고지도자의 상봉 이후 북남 사이 불신을 낳은 턱들이 하나둘씩 제거되고 있다. 이산가족 상봉, 인적·물적 교류 확대 등 북남 화해가 전례없이 고조되고 있다. 조선반도의 이런 긍정적인 변화는 조미관계에서도 동일한 변화가 가능하다는 것을 시사해주고 있다." 남북정상회담과 이후 흐름이 북이 대미 관계 개선에 나서는 데 동력이 되고 있다는 얘기다.

'북미 공동 코뮈니케'에 담긴 클린턴의 평양 방문 계획도 김대중의 조언과 설득의 결과였다. 클린턴이 애초 김정일을 만나는 "장소는 평양이나 제3국, 시기는 아시아태평양경제협력체APEC 정상회의(11월 4~16일) 전후나 12월을 고려"한다며 조언을 구하자, 김대중은 "국교 없이도 닉슨 대통령이 중국을 방문한 선례가 있으니, 한반도 냉전 종식이라는 큰 그림을 갖고 평양을 방문해 큰 성과를 거두기를 기대한다"고 조언했다.[41]

특히 김대중이 2004년 《한겨레》 새해 특별인터뷰에서 밝힌 뒷얘기를 기억할 필요가 있다. "내가 (2000년 6월) 김정일 위원장을 만났을 때 '당신들에게는 두 가지가 중요한데, 하나는 안전이고, 하나는 경제를 살리는 것이다. 그런데 둘 다 해줄 수 있는 나라는 미국밖에 없다'고 말했다. 김 위원장도 그걸 알고 있었다. '미국과의 관계 개선을 계속하시오'라고 말해 의견의 일치를 봤다. (평양에서) 돌아와서 빌 클린턴 대통령에게 전화해서 그런 뜻을 전했다. 그래서 조명록 차수와 올브라이트 국무장관이 워싱턴과 평양을 상호 방문한 것이다."[42]

남북미 3각 관계의 선순환

전문가가 아닌 시민이라도 직감하듯이 남북·한미·북미, 이 세 개의 양자관계는 따로 놀지 않는다. 셋 중 하나만 문제가 생겨도 한반도 평화가 흔들린다. 1990년대 동북아의 비대칭 탈냉전 이후 30년 넘게 온갖 노력에도 한반도의 공고한 평화가 손에 잡힐 듯 잡히지 않는 까닭이다. '남북미 삼각관계'라는 인식틀이 필요하다.

2000년 10월 23일 미국 국무장관 올브라이트가 평양 순안공항에 모습을 드러냈다. 조명록이 백악관을 방문한 첫 북한 관리였듯이, 올브라이트는 1948년 9월 9일 38선 이북에 조선민주주의인민공화국이라는 또 다른 분단정부가 세워진 이래 평양 땅을 밟은 첫 미국 각료이자 최고위 관리였다. 《CNN》《뉴욕타임스》《타임》《뉴스위크》 등을 포함한 세계 13개 언론사의 취재진 57명이 그의 방북에 동행한 까닭이다. 순안공항에서 올브라이트 일행을 맞은 북의 관리는 "공화국 수립 이후 단일 행사를 위해 입국하는 서방기자들로는 최대 규모"라고 했다.[43] 외부 언론에 폐쇄적이기로 악명 높은 북한 당국이 올브라이트 방북에 거는 기대가 어떠했는지 방증한다.

올브라이트는 평양 도착 직후 북의 "영원한 수령" 김일성의 주검이 있는 금수산기념궁전(현 금수산태양궁전)에 비공개로 참배했다. 미국 보수세력의 예상되는 비판을 무릅쓴, 평양에서 분명한 성과를 거두겠다는 결연한 의지와 대북 배려가 담긴 파격적인 행보다. (넉 달 전 평양을 찾은 김대중은 국내 정치적 파장을 염려해 끝내 참배를 피했다.)

도착 첫날 오후 3시 김정일이 올브라이트의 숙소인 백화원영빈관을 찾았다. 사전에 조율하지 않은 방문이었다. 김정일과 올브라이트 장관은 3시간 남짓 1차 회담을 하고는 능라도 5·1경기장으로 가서 조선노동당 창건 55돌 경축 대집단체조와 공연예술 〈백전백승 조선노동당〉을 1시간 30분 남짓 함께 관람했다. 둘은 주석단에 나란히 앉아 10만 명이 동원된 북 특유의 집체예술공연을 보며 많은 이야기를 나눴다. 주석단 맞은편을 가득 채운 5만 명이 한 치의 오차도 없이 펼쳐 보이는 카드섹션으로 "대포동 미사일(로켓) 형상이 연출됐을 때 그(김정일)가 나를 쳐다보며 '이것이 첫 번째 위성발사이자 마지막일 것'이라고 말했다"고 올브라이트는 10월 24일 평양방문 결산 기자회견에서 밝혔다. 그러면서 "나는 그가 한 말을 여러 문제들을 해결하고자 하는 그의 열망만큼이나 진지한 것으로 받아들인다"고 강조했다. 김정일이 북미 핵심 현안인 (장거리)미사일 문제를 해소하겠다는 의지를 직접 밝혔다는 해석이다.

"올브라이트 장관이 해를 가지고 왔어요"

관람을 마치고 백화원영빈관으로 자리를 옮겨 진행된 김정일 주최 환영연회에서 김정일은 이런 말을 했다. "올브라이트 장관이 해를 가져왔습니다." 울림이 큰 상징어법이다.

2000년 10월 24일 낮 백화원영빈관에서 김정일-올브라이트의 2차 회담이 3시간 동안 진행됐다. 회담에 앞서 김정일은 취재진이 지켜보는 가운데 "어제 우리가 나눈 3시간의 대화가 50년간의 침묵을 깨기에 충분하다고 믿지는 않는다"고 했다.

올브라이트는 김정일과 이틀에 걸쳐 6시간 동안 회담을 한 뒤 평양을 떠나기 전 동행 취재진을 상대로 한 기자회견에서 "특히 미사일 문제에서 중요한 진전을 거뒀다"며 "이번 방문 결과를 클린턴 대통령한테 보고한 뒤 얼굴을 맞대고 평가할 것"이라고 밝혔다. 올브라이트는 10월 25일 서해직항로를 이용해 서울로 와서 청와대로 찾아가 김대중에게 방북 결과를 설명하고 협의한 뒤, 신라호텔에서 한미일 외교장관 회의를 하고 워싱턴으로 떠났다.

올브라이트는 3국 외교장관 공동기자회견에서 "(클린턴) 대통령 방북은 아직 결정되지 않았다"고 여지를 뒀지만, 평양 방문에서 "중요한 진전"이 있었다는 잠정 평가에 비춰 미국 대통령의 사상 첫 평양 방문은 실행만 남은 듯했다.

부시 당선이 가로막은 클린턴 방북

그런데 아무도 예상하지 못한 미국 대선(11월 7일)의 '플로리다 검표 논란'과 팔레스타인 평화협상 등이 클린턴의 평양행을 가로막았다. 대통령 선거인단 25명이 걸린 플로리다에서 검표 논란이 일어 35일간의 법정 공방 끝에 연방대법원이 5 대 4로 민주당 앨 고어가 아닌 공화당 조지 W. 부시(아들 부시)의 손을 들어준 것이다. 클린턴의 대북정책을 맹비난해온 부시의 당선, 전통적으로 미국 대통령에게 '북한'보다 압도적으로 우선순위가 높은 '이스라엘-팔레스타인' 문제가 겹쳐 클린턴의 평양행을 어렵게 만들었다. 클린턴은 12월 21일 아침 김대중에게 전화를 걸어와 "북한 방문은 거의 불가능합니다"라고 밝혔다.[44] 그리고 올브라이트는 "최후의 노력으로, 김정일 위원장한테 워싱턴으로 오라고 초청했다. 북한은 초청을 받아들일 수 없다고 대답했다"고 회고했다.[45] 결국 클린턴은 2000년 12월 28일(현지시각) "대통령 재임 중 미국의 국익을 증진할 북한과의 합의를 준비하고 평양 방문의 기반을 마련하기에는 시간이 충분하지 않은 것으로 결론지었다"는 내용의 성명을 발표했다.

클린턴은 평양에 갈 수 없고, 김정일은 워싱턴에 갈 생각이 없고, 그렇게 사상 첫 북미정상회담의 기회는 신기루처럼 사라졌다. 남북정상회담과 북미정상회담의 선순환을 통해 한반도 냉전구조를 해체해 항구적 평화체제를 앞당기려던 김대중-김정일의 거대한 꿈도 좌초 위기에 내몰렸다.

많은 이들이 '김정일이 조금만 빨리 결단했다면, 조명록이 조금만 일찍 워싱턴에 갔다면 한반도의 역사가 달라졌을 것'이라고 통탄했다. 예컨대 강석주와 '북미 공동 코뮈니케'를 협의한 셔먼은 "만일 김정일 위원장이 조명록 특사의 방미를 한 달만 앞당겼어도 역사는 달라질 수 있었을 것"이라고 아쉬워했다.[46] 클린턴은 뒷날 김대중을 서울에서 만나 "당시 나한테 1년이라는 시간만 더 있었다면 한반도의 운명이 달라졌을 것"이라고 몹시 아쉬워했다.[47] 김정일은 2011년 12월 17일 숨을 멈출 때까지 다시는 북미정상회담의 기회를 잡지 못했다.

"북한은 악의 축"
부시와 네오콘의 도발

2002. 1

2001년 12월 '플로리다 검표 논란'에서 조지 W. 부시의 손을 들어
준 연방대법원의 결정으로 너무도 많은 게 바뀌었다. 미국의 새 대
통령 부시는 ABCAnything But Clinton를 주문처럼 되뇌었다. 딕 체니
(부통령), 폴 울포위츠(국방부 부장관), 존 볼턴John Bolton(국무부 차관보)
등 네오콘Neocon(신보수주의자)은 제네바 기본합의를 "저자세 외교
의 극치"라며, "클린턴 행정부의 대북정책은 전적으로 잘못된 것이
고 결코 계승해서는 안 될 것이다. 우리는 클린턴과는 정반대의 대
북정책을 펼 것"이라고 떠들었다.[18] 부시 행정부 초대 국무장관인 콜
린 파월의 비서실장을 지낸 로런스 윌커슨Lawrence Wilkerson은 이
들을 "대통령 집무실의 비밀결사Oval Office Cabal"라 멸칭했다.[19] 네
오콘이 장악한 부시 행정부의 출범과 함께, 1994년 10월 이후 북미
관계와 한반도 평화의 안전판 구실을 하던 제네바 기본합의가 무너
져 내리고 한반도에 다시금 핵위기의 먹구름이 짙게 깔릴 터였다.

김대중은 김정일, 클린턴과 협력해 어렵사리 가꿔온 한반도 탈냉전의 흐름이 끊길까 노심초사했다. 취임 두 달도 안 된 부시를 만나러 워싱턴까지 날아간 까닭이다. 그러나 2001년 3월 8일 한미정상회담에서 부시는 "나는 북한 지도자에 의구심을 가지고 있다"거나 "대북정책을 근본적으로 재검토 할 것이고 대북접촉 재개를 서두를 생각이 없다"고 냉랭하게 말했다.[50] 그는 김대중을 "이 사람this man" "이 양반this guy"이라고 칭해 논란이 일기도 했다.[51] 정상회담 전날 "클린턴 행정부가 추진하다 멈춘 데서부터 (북한과) 대화를 재개할 계획"이라고 밝혔던 파월 국무장관은 네오콘 강경파의 집중포화를 맞고는 정상회담 도중 기자들 앞에서 "내가 조금 앞서 나갔다"며 자신의 앞선 발언을 취소하는 수모를 겪었다.[52] 불길한 징조였다.

"이라크, 그다음은 북한"

2001년 9월 11일, 오사마 빈 라덴이 이끄는 알카에다의 항공기 자살 테러로 미국의 심장부인 뉴욕과 워싱턴이 쑥대밭이 됐다. '9·11 테러'다. 상처받은 패권국의 최고사령관인 부시는 '테러와의 전쟁'을 선언했다. 부시는 "중립지대는 없다. '적과 동지' 가운데 하나를 선택해야 할 것"이라고 세계를 윽박질렀다.

조선민주주의인민공화국은 '부시의 편'이 되겠다고 공개 선언했다. 북은 9·11 테러 이틀 뒤인 9월 13일 외무성 대변인을 내세워 "UN 회원국으로서 모든 형태의 테러, 그리고 테러에 대한 어떤 지원도 반대하며 이러한 입장은 변하지 않을 것"이라고 맹세했다. 두 달 뒤인 11월 3일 외무성 대변인이 다시 나서 '테러자금 조달 억제를 위한 국제협약'과 '인질 억류 방지를 위한 국제협약'에 가입하기로 결정했다고 발표하고, 실제 가입했다. 《뉴욕타임스》는 북의 이런 일련의 행보를 〈북한으로부터의 지지〉라는 제목으로 보도했다.[53]

김정일의 구애는 효과가 없었다. 2002년 1월 29일 부시는 의회 연두교서에서 북을 이란·이라크와 묶어 "악의 축axis of evil"으로 규정했다. 북을 미국의 '3대 주적'의 하나이자 "선제공격으로 정권교체를 해야 할 대상"으로 지목한 것이다. 부시 행정부는 3월 13일엔 북을 핵공격 대상에 넣은 '핵태세검토보고서NPR'를 내놨다. 볼턴은 한 연설(2002년 5월)에서 "악의 축 세 나라 가운데 첫 군사공격 목표는 이라크, 그다음은 북한, 세 번째가 이란"이라고 예고했다.[54]

"부시와 체니는 김정일의 목을 쟁반에 올려놓고 싶어 했다"

김대중은 부시의 폭주를 어찌 제어할지 부심했다. 2002년 2월 20일 청와대 한미정상회담을 앞둔 설 연휴에 김대중은 워커힐의 한 빌라에 머물며 설득 논리 마련에 골몰했다. 간절히 바라면 이루어진다고 했던가. 부시는 김대중과 만나 "햇볕정책을 지지한다"고 했고, 경의선 남쪽 구간 최북단역인 도라산역을 찾아 철도 침목에 "이 철로가 한국의 이산가족을 재결합시켜주기를May This Railroad Unite Korean Families"이라 적었다. 한반도의 탈냉전과 영구 평화를 바라는 김대중과 한국인은 환호했다.

그뿐이었다. 부시는 2002년 5월 상원의원들과 만남에서 김정일을 "피그미" "만찬 테이블을 망쳐놓는 아이" 따위의 말로 조롱했다. 부시 행정부 백악관 회의에 날마다 참석한 미 정보기관 관리는 "부시와 체니는 김정일의 목을 베어 쟁반에 올려놓고 싶어 했다"고 회고했다.[55] 부시는 2002년 2월 김대중과 회담에서도 "김정일은 자기 백성을 굶주리게 하고 인권을 유린하는 악랄한 독재자"라며 "북한에 '자유의 바람'을 불어넣어 북한 체제를 붕괴시켜야 한다"고 열을 올렸다.[56]

'강석주-켈리 대화록' 공유 거부한 부시 행정부

부시의 이런 속내가 민낯을 드러내는 덴 오랜 시간이 걸리지 않았다. 제임스 켈리 국무부 동아시아태평양 담당 차관보를 단장으로 한 대통령 특사단의 평양 방문(2002년 10월 2~5일)이 제2차 한반도 핵위기를 일으킬 뇌관이었다.

애초 부시의 대북특사 방안은 풍전등화에 놓인 한반도 평화를 지키려는 남북 협력의 산물이었다. 김정일은 대통령 특사로 방북한 임동원을 2002년 4월 4일 백화원영빈관에서 만나 "(부시가) 더는 험담을 하지 않는다면 나도 김(대중) 대통령의 권고를 받아들여 미국과 대화할 용의가 있어요. 미국 국무부 대사가 오겠다면 와도 좋겠지요"라고 '특사 방안'을 꺼내들었다. 서울로 돌아온 임동원은 이를 워싱턴에 전했고, 2002년 4월 30일 백악관 대변인은 "북한이 프리처드 대사를 초청했으며 미국은 이를 수용한다"고 공식 발표했다.

한참을 미적거리던 부시 행정부는 대북협상 창구인 찰스 프리처드Charles Pritchard는 "클린턴 행정부의 잔재로 북한에 저자세이고 신뢰할 수 없다"며 배제하곤 그대신 켈리를 단장으로 지목했다.[57] '협상'이 아닌 '일방적 통보' 의무를 떠안은 특사단장 지명에 켈리는 "날벼락 인사"라며 난감해했다. 켈리는 10월 3일 김계관을 만나 "북한의 고농축우라늄HEU 계획에 대한 확실한 증거가 있다"며 "이 계획의 폐기가 대화의 전제조건"이라고 통보했다.(제임스 레이니 전 주한 미국대사에 따르면 켈리가 읽은 '설명자료'는 "국방부와 NSC의 주장이 담긴 강경한 진격명령서"였다.[58])

김계관은 "그런 계획은 없다"고 즉석에서 부인했다. 켈리가 한국과 일본 정부에 설명한 바에 따르면, 다음 날 강석주는 "미국이 핵무기로 우리를 '악의 축'이라며 '선제공격'하겠다고 위협하는 마당에 우리도 국가안보를 위한 억제력으로 핵무기는 물론 그보다 더 강력한 것도 가질 수밖에 없지 않나"고 '반항적인 어투'로 답했다.

강석주의 발언을 고농축우라늄 계획 인정으로 단정하기엔 모호하다고 여긴 한일 양국은 '강석주-켈리 대화록' 사본 공유를 요청했으나 부시 행정부는 거부했다. 그러곤 '북이 고농축우라늄 계획의 존재를 인정했다'는 공식 발표(10일 17일)를 밀어붙였다. "미국이 적대시정책을 버리면 미국의 안보 관심사의 해결이 가능하다"거나 "최고위층과의 회담을 통해 일괄타결을 희망한다"는 강석주의 제안은 못 들은 체했다.[59]

"우리는 핵프로그램을 가질 권리가 있으며, 그보다 더 강력한 무기도 가지고 있다"

북은 10월 25일 '외무성 대변인 담화'로 "자주권과 생존권을 지키기 위해 핵무기는 물론 그보다 더한 것도 가지게 되어 있다고 명백히 말해주었다"고 발표했다.[60] "미국 특사는 아무런 근거자료도 없이"라는 담화의 지적처럼 켈리는 강석주한테 아무런 물증도 제시하지 않았으며, 강석주가 켈리한테 실제 한 말은 "우리는 핵프로그램을 가질 권리가 있으며 그보다 더 강력한 무기도 가지고 있다"인데도 부시 행정부의 공식 발표를 정면으로 부인하지 않은 것이다.* 우호적 협상이 불가능하다고 판단할 때 북이 의지하는 모호성이 충만한 '강 대 강 위기 고조 전략'이다.

그러나 부시 행정부가 문제삼은 고농축우라늄 프로그램의 존재 여부에 대한 북의 이런 모호한 태도는 타오르는 불에 기름을 끼얹는 행동이었다. 흔히 '벼랑 끝 전술'이라 불리는 북의 이런 위기 고조로 갈등 상황을 협상 국면으로 바꾸려는 습관적 외교 행태는 한반도 정세를 더 깊은 수렁으로 끌고 들어가기 일쑤였다. 북에 대한 국제사회의 평판을 더욱 나쁘게 만들어, 한국 등 주변국들이 외교

---

* 존 루이스John W. Lewis 스탠퍼드대 명예교수가 2004년 1월 23일 《교도통신》 인터뷰에서 밝힌 바에 따르면 김계관은 2004년 1월 방북한 미국 민간 전문가 대표단에 2002년 10월 켈리가 평양에서 만난 북한 관리들과 나눈 대화록(한국어 번역본)을 보여줬다. 이 대화록에서 강석주는 본문에 언급된 것처럼 "우리는 핵프로그램을 가질 권리가 있으며, 그보다 더 강력한 무기도 가지고 있다"고 언급했고, 이에 켈리가 거듭 확인을 요청하자 "판단은 당신들에게 달려 있다"고 대꾸했다는 것이다.[61]

협상의 기회를 만들려 움직일 수 있는 공간을 줄인 것이다.

제네바 기본합의 체제의 붕괴

북이 고농축우라늄 프로그램의 존재를 부인하지 않자, 부시 행정부
는 11월 13일 백악관 국가안보회의에서 제네바 기본합의에 따른
미국의 핵심 의무 사항인 대북 중유 제공 중단을 결정하고, 다음 날
한반도에너지개발기구KEDO 집행이사회에서 한·일 양국 정부를 윽
박질러 12월부터 공급 중단을 공식 결정했다. 그 순간 볼턴은 "해냈
습니다. 신이시여 고맙습니다"라며 감격에 빠졌다.[62]

부시 행정부가 제네바 기본합의를 사실상 파기하자, 북한 역
시 제네바 기본합의에 따라 8년간 동결했던 영변 핵시설의 재가동
에 돌입했다. 그해 12월에만 핵 동결 해제 및 핵시설 재가동 선언
(12일) → 영변 원자로 봉인 제거(21일) → 사용후연료봉 저장시설 봉
인 제거(22일) → 재처리시설 봉인 제거(23일) → 핵연료봉 공장 봉인
제거(24일) → 국제원자력기구 사찰관 추방(31일), 그러곤 마침내 "국
가의 최고이익이 극도로 위협당하고 있는 엄중한 사태에 대처해 자
주권·생존권·존엄을 지키기 위해" 핵확산금지조약NPT을 탈퇴한다
고 선언하는 정부성명을 발표(2003년 1월 10일)했다.[63] 부시·네오콘이
북핵을 억제해온 제네바 기본합의 체제를 부숴버리자, 그 틈새로 빠
져나온 2차 핵위기가 한반도에 먹구름을 드리웠다.

지금은 맞고, 그때는 틀리다

사실 기록 차원에서 덧붙여야 할 일들이 있다. 2010년 10월 12일, 북한 당국은 영변 핵단지를 방문한 지그프리드 헤커Siegfried S. Hecker 스탠퍼드대 명예교수 겸 국제안보협력센터 선임연구원 일행한테 '원심분리기 2000개가 가동 중'이라며 현장을 보여줬다.[64] 2002년 10월 부시 행정부가 의혹을 제기한 고농축우라늄HEU이 아닌 저농축우라늄LEU이긴 하지만, 어쨌든 북이 우라늄농축 프로그램을 가동하고 있음이 실물로 확인된 것이다. 북한 당국이 헤커 일행한테 어떤 의도로 그 시설을 공개했는지는 확인되지 않는다. 헤커는 2004~2010년 7회 방북해 영변 핵시설 단지를 네 차례 둘러본 북핵문제에 관한한 세계 최고의 민간 전문가다. 그가 마지막으로 방북한 2010년 10월 이후 영변 핵시설을 현장에서 본 외부인은 아무도 없다.

그리고 북한은 2013년 2월 12일 고농축우라늄탄(폭발력 6~7킬로톤)을 활용한 3차 핵실험을 감행했다. 북이 핵무기급 농축우라늄을 확보했음이 확인된 것이다. 그러므로 2002년 말 제네바 기본합의 붕괴의 책임은 부시 행정부뿐만 아니라 북한 당국에도 묻는 게 상식적일 터. 다만 '부시 행정부가 맞았고, 북은 거짓말을 했다'는 식의 사후 평가는 복잡한 현실을 너무 단순화한 것일 수 있다.

헤커 박사는 이렇게 말했다. "2002년 10월 상황을, 단지 '북한이 미국을 속였다'고 정리하기는 힘들다. 훨씬 복잡했다. 북한이 당시 영변 플루토늄 핵 시설을 동결하면서도 비밀리에 우라늄 농축을 추진한 것은 사실이다. 하지만 북한의 우라늄 농축 프로그램은 초기 단계로, '미국의 제네바 기본합의 종식이 정당했다'라고 할 만큼 위협적이지는 않았다."[65]

2010년 10월의 일로 2002년 10월의 일을 평가하는 건 8년의 시차를 간과하는 것이라는 지적이다. 이는 결과적으로 북이 고농축 우라늄탄 핵실험을 했더라도, 그보다 앞서 제네바 기본합의를 적극적으로 무너뜨림으로써 '외교의 시간'을 날려버린 부시 행정부의 책임은 면책될 수 없다는 평가이기도 하다.

미국은 왜 2차 핵위기를 만들었나?

2002. 8

2002년 부시와 네오콘이 한반도 평화의 기반이던 북미 제네바 기본합의를 파기하고 제2차 한반도 핵위기를 만들어낸 건 "악은 굴복시켜야 할 대상일 뿐, 우리는 악과 협상하지 않는다"[66](딕 체니)라는 말이 대변하는 그들의 '강경도덕주의' 때문만은 아니다. 근본은 제2차 세계대전 이후 동북아시아에서 누려온 기득권을 잃지 않으려는 패권전략이다. 네오콘식 일방적 도덕주의의 가면을 벗기면, 미국식 패권전략의 민낯이 드러난다. 편견에 사로잡힌 비난이라고? 우선 부시·네오콘의 행태를 한국과 일본 정부가 어떻게 평가했는지 살펴보자.

네오콘 그 사람들은, 말하자면 중국을 앞으로 미래 가상의 적으로 생각하고, 지금 미사일방어MD 체제 같은 군비확장을 하려고 하는데, 그럼 뭔가 구실이 있어야 하지 않느냐. 그게 바로 북한이오.

부시 행정부의 네오콘을 직접 상대한 김대중의 진단이다.[67] 실제 미국의 초당파적 기관인 군비통제협회ACA는 부시 행정부가 미사일방어 체제 구축의 명분을 얻으려고 북한의 미사일 위협의 유지를 선호하는 분위기라고 비판한 바 있다.

(1990년 9월) 가네마루 (방북) 때는 (미 국무장관) 베이커가 핵문제를 꺼냈다. 결국 미국의 말이 옳았음을 나중에 알게 되긴 했지만, 그렇다면 왜 좀 더 일찍 정보를 주지 않았던 것일까. 우리가 움직이면 미국은 반드시 제지하려 든다는 생각이 들기도 한다.

앞서도 한차례 소개한, 2002년 고이즈미 준이치로 일본 총리의 방북과 북일정상회담의 실무를 담당한 후지이 아라타 일본 외무성 북동아시아 과장의 증언이다.[68] 조일관계에 관한 조선노동당, 일본의 자유민주당, 일본 사회당의 공동선언'(1990년 9월 28일) 직후 1차 핵위기가 터지고, 고이즈미 방북과 '조일 평양선언' 채택 직후 2차 핵위기가 터진 건 '역사의 우연'으로 보기 어렵다는 지적이다.

2002년 여름, 동북아의 탈냉전 훈풍

부시 행정부가 북한의 고농축우라늄 프로그램 의혹을 한국과 일본 정부에 처음으로 제기한 때는 2002년 8월 29일이다. 임동원에 따르면 "어느 날 갑자기 그는 강연을 구실로 서울에 와서 (2002년) 8월 29일 국방장관과 외교통상부 차관을 만나 '북한이 1997년부터 추진해온 고농축우라늄 계획이 우려할 만한 수준에 이르렀다'면서, '이는 북한과의 관계 개선에 장애 요인이 될 것'이라고 주장했다."[69] '그'는 존 볼턴 당시 미 국무부 차관보다. 일본 정부에도 같은 날 같은 내용이 통보됐다.

네오콘의 대표 주자인 볼턴의 고농축우라늄 계획 의혹 통보는 내용도 내용이지만, 시점에 주목할 필요가 있다. 8월 29일은 일본 정부가 고이즈미의 북한 방문 및 김정일과 사상 첫 북일정상회담 계획을 공식 발표하기 하루 전이다. 서울에선 남북경제협력추진위원회 2차 회의가 열리고 있었다. 이 회의에선 경의선·동해선 철도·도로 연결공사 남북 동시 착공 등 8개 항의 합의가 있었다.

9월 17일 북일정상회담에서 김정일은 일본인 납북자 문제와 관련해 "유감스러운 일로 솔직히 사과하고 싶다"고 했고, 고이즈미 총리는 식민지배와 관련해 "통절한 반성과 마음으로부터 사과의 뜻을 표명"하고 "경제협력 실시"를 약속했다(조일 평양선언 1조). 그다음 날인 18일, 남북은 한반도의 끊어진 혈맥을 이을 경의선·동해선 철도·도로 착공식을 했다. 세계적 탈냉전 조류에도 '냉전의 외딴섬'으로 남아 있던 한반도와 동북아의 냉전적 적대 해소와 화해·협력·평화에 강력한 추동력이 만들어지고 있던 것이다.

이뿐만이 아니다. 이즈음 북한 당국은 '개혁·개방'으로 간주될 만한 전향적 조처들을 쏟아냈다. 7·1 경제관리개선조처(7월 1일), 신의주특별행정구 기본법 채택 및 신의주특구 지정 발표(9월 12일), 남북 군사직통전화 개통(9월 24일), 금강산관광지구 지정(10월 23일)과 관광지구법 채택(11월 13일), 경제시찰단 방남(10월 26~11월 3일), 개성공업지구 지정(11월 13일)과 개성공업지구법 채택(11월 20일) 등이 대표적이다. 7·1 경제관리개선조처와 신의주특구 지정 등을 두곤 김정일이 북일관계 정상화와 맞물릴 일본의 경제원조 및 차관을 염두에 뒀을 가능성이 있다는 지적도 나왔다. 주한 미국대사를 지낸 제임스 레이니는 당시 김정일의 행보를 두고 '북이 사상 최초로 한국·미국·일본 모두에 공격적일 정도로 관여하고 있다'고 짚기도 했다.[70] 2002년 가을 남북한과 일본의 역사적 화해·협력 움직임이 뜻대로 풀려나갔다면 동북아 탈냉전은 몽상이 아닐 터였다.

고이즈미 방북 직전 볼턴의 서울·도쿄 방문

하여 2002년 8월 29일 볼턴의 '고농축우라늄 계획' 의혹 통보는 문제적이다. 이즈음 부시 행정부가 한국과 일본 정부에 통보한 미 CIA의 새로운 '정보판단'의 요지는 이렇다. "북한이 고농축우라늄시설을 지하에 건설 중인 것이 확실하다고 판단한다. 순조롭게 진행될 경우 2004년 후반기부터는 연간 2~3개의 핵폭탄을 만들 수 있는 분량의 '고농축우라늄' 생산이 가능할 것으로 판단한다."[71] 리처드 아미티지Richard Armitage 당시 미 국무부 부장관은 "2002년 9월, 북한이 더는 연구개발 프로그램이 아닌 생산 프로그램 단계에 이미 진입했다는 결론을 내렸다"고 의회 청문회에서 증언했다(2003년 2월 4일 상원 외교위원회).[72]

그러나 체니·볼턴 등 강경 네오콘들의 주장과 달리, 부시 행정부에서 국가안보보좌관과 국무장관을 지낸 콘돌리자 라이스Condoleezza Rice는 '결정적 증거'라 선전된 이 정보의 정확성을 두고 정부 안에서 '합의 불가능한 논쟁'이 지속되는 등 "상황의 심각성에 대한 사람들의 의견은 큰 차이를 보였다"고 회고했다.[73] 무엇보다 1994년 10월~2002년 12월 한반도 평화의 주요 기반이던 북미 제네바 기본합의가 작동 불능의 수렁에 빠지고 남북한과 일본의 맹렬한 화해·협력 노력마저 좌초하자 부시·네오콘들은 더는 북의 고농축우라늄 계획 의혹에 관심을 집중하지 않았다.

네오콘들의 이런 수선스러움과 달리 CIA가 미국 의회에 제출한 2003~2005년치 정보평가보고서의 북한 핵기술 관련 부분엔 고농축우라늄 관련 언급이 전혀 없다. 심지어 조지프 디트라니Joseph Detrani 중앙정보국 북한담당관은 2007년 2월 27일 상원 군사위에 나와 "북한의 이 (고농축우라늄) 프로그램이 현존하는지 중간 수준의 신뢰도at the mid-confidence level를 갖고 있다"고 증언했다.[74] 이전의 "높은 확신high confidence"에서 정보평가 수준을 크게 낮춘 것이다. '중간 수준의 신뢰도'란 정보기관 자체 개념 규정에 따르면, "(특정한 한 가지 경우로만 해석할 수 없고) 대안적 평가와 다양한 경로가 있을 수 있는 것으로 해석해야 하는 정보"다. 요컨대 정보분석 전문가인 디트라니의 의회 증언은 '(2007년 2월 현재) 북한에 고농축우라늄 계획이 현존하지 않을 수 있다'는 고백으로 읽어도 과하지 않다.

"네오콘의 정보 조작?"

2차 북핵위기 발발을 막으려 동분서주한 임동원은 당시 네오콘의 행태를 두고 "그해(2002년) 여름부터 대북관계 개선이 활성화되고 있던 상황에서 한국과 일본 두 정부에 대해 노골적으로 제동을 걸기 위한 정보조작이 아닌가 하는 의혹을 떨쳐버릴 수 없었다"고 짚었다.[75] 그러곤 이런 회한을 남겼다. "우리는 부시 행정부의 네오콘 강경파들이 구축한 '신냉전의 방벽'을 극복하기에는 힘에 부쳤고 핵개발로 강경 대응하려는 북한을 설득하기도 어려웠다. 국내의 고질적인 냉전적 사고와 보수우경화 추세, 그리고 '무조건 미국을 추종해야 한다'는 사대주의적 조류 또한 극복하지 못했다."[76]

6자회담,
미국의 회피와 중재자 중국의 출현

2003. 8

2002년 말~2003년 초 불거진 2차 북핵위기는 9년 전 1차 북핵위기 (1993~1994년) 때와 몇 가지 점에서 다른 경로를 밟았다. 첫째, 1994년 6월 '영변 핵시설 폭격 계획'과 같은 한반도 전쟁위기로 바로 번지지 않았다. 둘째, 초기 수습과정에서 북미 양자협상이 아닌 다자협상 틀이 모색·실행됐다. 셋째, '중재자 중국'의 출현이다.

6자회담이 그 험난한 과정의 증언자다. 2005년 '9·19 공동성명'과 2007년 '9·19 공동성명 이행을 위한 초기조치'(2·13 합의) 및 '9·19 공동성명 이행을 위한 2단계 조치'(10·3 합의)라는 세 개의 합의 문서를 세상에 내놨다.

제네바 기본합의 체제를 망가뜨린 부시 행정부는 이라크 침공 (2003년 3월)과 함께 '북핵문제의 국제화'를 추진했다. 클린턴 행정부의 북미 양자협상과 제네바 기본합의를 "저자세 외교의 극치"라 맹비난해온 부시 행정부의 선택지에 북한이 바라는 양자협상은 들어 있지 않았다. 양자협상을 북한에 대한 보상이라 여겼기 때문이다. 아울러 그들은 "북한 핵문제는 미국 혼자 책임질 문제가 아니다"라고 공공연히 외쳐댔다. "미국이 다자적 접근을 택한 목적은 평양과의 양자 접촉을 피하기 위한 것"이라고 클린턴 행정부 시기 대북협상 상대사인 찰스 프리처드는 짚었다.[77]

중국을 끌어들인 미국의 속내

부시 행정부는 애초 'P5+5' 틀을 2차 북핵위기를 다룰 다자협상 틀로 북에 제안했다. UN 안보리 상임이사국(P5, 미국·영국·프랑스·중국·러시아)에 남북한과 일본·오스트레일리아·유럽연합을 더한 형식이다. 10개국 가운데 확실한 북한 편은 중·러 두 나라뿐이다. 북한이 받을리 만무한 다자협상 틀이었다.

그러나 세상일은 복잡하고 묘하다. 선한 의도가 좋은 결과를 담보하지 않듯, 나쁜 의도가 나쁜 결과만 낳는 건 아니다. 부시 행정부에서 8년간 국가안보보좌관과 국무장관을 지낸 콘돌리자 라이스는 "(부시) 대통령은 중국을 개입시키지 않으면 아무것도 달라지지 않을 것이라고 말했다"면서, 그에 따라 중국을 움직여 6자회담을 추진하는 방안을 선택하게 된 것이라고 밝혔다.[78] 이렇듯 부시 행정부는 책임회피 차원에서 중국을 끌어들여 북한을 제어하려 했는데, 이 선택이 뜻하지 않은 나비효과를 낳았다.

파월 국무장관이 2003년 2월 25일 노무현 대통령 취임식에 참석하러 동북아시아에 온 김에 베이징에 들렀다. 파월은 미국·남북한·중국·일본이 참여하는 다자(5자)회담을 조직해달라고 중국에 제안·요청했다. 중국은 즉답하지 않고 뜸을 들였다. 그러자 부시가 장쩌민 중국 국가주석한테 직접 전화를 걸어. "강경파들로부터 북한에 대한 군사력 사용 압력을 많이 받고 있다. 또한 북한을 지금 견제하지 않으면 일본의 핵무장화도 배제할 수 없다"는 취지로 설득했다.[79]

중국, 6자회담 의장국으로 나서다

드디어 중국이 움직이기 시작했다. '중재자 중국'의 출현이다. 부시의 '부탁'을 들어주는 모양새로 중국이 미국과의 협상에 쓸 '청구서'를 모은다는 셈법에 더해, '4세대 지도자' 후진타오 국가주석 체제의 등장과 함께 '떠오르는 강대국 중국'의 외교 역량을 국제사회에 과시하려는 전략적 판단 등이 두루 작용했다. 2003년 3월, 외교부장(장관)과 국무원 부총리를 지낸 첸치천이 평양을 방문해 부시의 요청대로 5자회담을 입에 올렸다. 북이 이를 거부하자 첸치천은 바로 북중미 3자회담 방안을 꺼내들었다. 북미 양자협상을 바라는 북한, 양자협상은 절대 불가하다는 미국 사이에 다리 놓기다. 북에는 '3자 틀 안의 양자', 미에는 '양자가 아닌 3자'라는 명분을 주는 절충안이다.

　뉴욕-베이징-평양의 3각 밀당 끝에 2003년 4월 23일 베이징에서 북중미 3자회담이 열렸다. 3자회담은 아무런 합의 없이 끝났다. 그러나 북의 NPT 탈퇴 선언(2003년 1월 10일) 100여 일 만에 북미가 협상 탁자에 마주 앉았다는 사실이 중요하다. 미국과 달리 북한을 잘 아는 중국의 능란한 외교적 수완의 성과다. 그렇게 겉보기에 실패한 듯하던 3자회담은 넉 달 뒤 6자회담 출범의 밑돌이 된다. '중재자 중국'은 그 회담의 의장국으로 자리매김했다.

협상 테이블을 둘러싼 눈치싸움

부시 행정부는 베이징 3자회담을 애초 구상한 5자회담으로 전환하려 했다. 그런데 미국의 '5자회담' 구상을 접한 러시아의 이고리 이바노프 외교장관이 "도대체 러시아를 배제한다는 아이디어를 누가 냈느냐"고 따지자 파월은 5자회담 구상을 러시아를 포함한 6자회담 구상으로 재빨리 바꿨다.[80]

북한은 미국의 예상을 깨고 '6자로 바로 가자'고 역제안을 했다. 베이징 3자회담 직후 외무성 담화를 통해 "필요한 물리적 억제력을 갖추기로 결심"(2003년 4월 30일)했다고 엄포를 놓던 북은 "먼저 쌍무회담을 하고 계속해 미국이 제기하는 다자회담도 할 수 있다"(5월 24일)고 하더니, 마침내 "(추가) 3자회담을 거치지 말고 직방 6자회담을 개최하며"(8월 1일)라고 태세를 빠르게 전환했다. 북으로선 5자(북중 대 한미일)보다는 러시아가 포함된 6자가 힘의 균형을 맞추기에 유리하다고 판단했을 수 있다. 여기에 북의 김정일을 "피그미"라 조롱하던 부시가 "미스터 김정일"이라며 예의를 갖추고, 다이빙궈 戴秉國 중국공산당 대외연락부장이 방북해 대북 설득에 나선 것도 북이 6자회담을 받아들이는 데 긍정적으로 작용했다.

6자회담은 북미 양자협상을 꺼린 부시 행정부의 책임회피의 부산물이지만, 의도하지 않은 좋은 협상 틀이었다. 동북아시아의 역내 질서에 직접적 이해관계를 지닌 국가가 모두 협상 탁자에 앉았다는 사실이 무엇보다 중요하다. 한반도 임시 군사정전체제를 항구적 평화체제로 바꾸는 데 필요한 협상 당사국인 남·북·미·중 4개국에 동북아 냉전질서를 탈냉전의 협력안보질서로 바꾸는 데 함께 참여해야 할 일본·러시아가 결합한 구도다. '문밖'에 방치되거나 내쫓긴 이해당사자가 아무도 없다. 6자회담은 '동북아 탈냉전의 씨앗'을 품은 훌륭한 배양기였다.

6자회담의 초기 성적표는 낙제점에 가까웠다. 2003년 8월 27~29일 사흘간 베이징 댜오위타이 팡페이위안에서 1차 6자회담이 열렸으나, 6자가 모두 동의한 회담 결과 발표문조차 내놓지 못했다. 협상의 공통분모를 찾지 못했다는 뜻이다. 켈리를 단장으로 한 미국 대표단은 자체 협상안도 없이 회담에 임했다. 예견된 결렬이다. 6자회담 의장인 왕이王毅 중국 외교부 부부장이 1차 6자회담 직후 "미국의 대북정책, 바로 이것이 우리가 직면한 문제다"라고 불만을 감추지 않은 까닭이다.[51]

2차 6자회담은 그로부터 6개월 뒤인 2004년 2월 25~28일 베이징 댜오위타이에서 열렸다. 1차보다 하루 길어진 회담 기간만큼의 "소박한 진전"(알렉산드르 로슈코프 러시아 외무차관, 러시아 수석대표)이 있었다. 1차 때의 '의장요약문'은 2차에서 '의장성명'으로 격상됐다. 중국 쪽 수석대표인 왕이 의장은 "'상호 조율된 보조step'를 통한 문제해결 방식의 수용" 등 다섯 가지를 2차 회담의 성과로 꼽았다. 그러나 2차 회담에서도 눈에 띄는 진전은 없었다. 미국 대표단은 이번에도 자체 협상안을 내놓지 않았다.

지지부진 속 공감대

3차 회담은 그로부터 넉 달 뒤인 2004년 6월 23~26일 베이징 댜오위타이에서 열렸다. 3차에 이르도록 아무런 실질 합의에 이르지 못하자 6자회담의 지속 가능성에 물음표가 붙었다. 그러나 그보다 큰 기대 또한 자극했다. "2004년 2분기 안에 3차 회담 개최, 실무그룹 구성"이라는 2차 회담의 약속대로 3차 회담이 열렸고, 그 직전 각국 차석대표가 참여한 '(사전)실무그룹회의'가 두 차례(2004년 5월 12~15일, 6월 21~22일) 베이징 댜오위타이에서 열렸다. 무엇보다 미국 대표단이 처음으로 자체 협상안을 제출했다는 사실이 중요하다. '협상의 기초'가 마련된 것이다. 3차 회담은 6자회담의 대표 상징어가 된 "'말 대 말'과 '행동 대 행동'" 원칙과 "단계적 과정"이라는 접근법에 각국이 공감함을 '의장성명'으로 공표했다. 더디지만 성과가 있었던 것이다.

10개월 동안 1~3차 회담을 소화한 6자회담은, 4차 회담을 소집하기까지 다시 13개월을 소모한다. 3차 회담과 4차 회담 사이에 6자회담의 진로에 중대한 영향을 끼칠 변화가 미국 쪽에서 움트기 시작했다. 2004년 11월 부시의 재선 성공 이후 새롭게 재편된 '부시 2기 외교팀'의 출현이다.

9·19 공동성명,
한중 협력외교와 동북아 탈냉전 청사진

2005. 9

4차 6자회담은, 3차 회담이 눈에 띄는 성과 없이 끝나고 13개월이 흐른 뒤에야 어렵사리 열렸다. 그사이 북한은 6자회담 참가 무기한 중단 방침을 밝히며 "우리 인민이 선택한 사상과 제도, 자유와 민주주의를 지키기 위해 핵무기고를 늘리기 위한 대책을 취할 것"이라고 '핵보유 선언'(2005년 2월 10일 외무성 성명)을 한 터다. 상황이 더 나빠졌다.

하지만 밤이 깊을수록 새벽도 가깝다고 했던가? 절박한 상황을 앞에 두고 4차 회담은 1단계 회의(2005년 7월 26일~8월 7일)와 2단계 회의(9월 13~19일)를 합쳐 모두 20일간 진행됐다. 1차(2003년 9월 27~29일)와 2차(2004년 2월 25~28일), 3차(2004년 6월 23~26일) 회담 기간을 모두 더한 11일의 두 배 가까운 장기 협상이었다. 4차 회담에 앞서 한국 수석대표 송민순과 미국 수석대표 크리스토퍼 힐Christopher R. Hill, 중국 수석대표이자 6자회담 의장인 우다웨이武大偉가 "합의에 도달할 때까지 무한정 계속하자"는 데 뜻을 모은 덕분이다.[82] 그렇게 6자회담 최고의 성과이자 '동북아시아 탈냉전의 청사진'이라 불리는 9·19 공동성명이 세상에 나왔다. 4차 6자회담과 그 결과물인 9·19 공동성명은 국가이익을 관철하는 세 수단(전쟁·외교·공작)가운데 왜 외교가 더 바람직할뿐더러 우월한지, 왜 외교를 포기하면 안 되는지를 보여주는 살아 있는 교과서다.

6자회담은 어떻게 1·2·3차 회담의 지지부진을 떨치고 4차 회담에서 '퀀텀점프'를 할 수 있었을까? 4차 회담의 주역 가운데 하나인 송민순은 "1차 6자회담부터 실패를 거듭하며 바닥을 다져"온 결과라고 평가했다.[83] 외교 협상에선 결렬도 성과다. 지레 포기하지 않고 끈질기게 경청하고 소통하며 신뢰를 쌓으면 마침내 길이 열린다. 잊지 말자.

네오콘의 반대에도 김계관과 마주 앉은 힐

4차 회담을 1~3차 회담과 차별화한 원동력은 "미국의 대북정책, 바로 이것이 우리가 직면한 문제"라는 6자회담 의장의 한탄을 받은 부시 행정부의 변화였다. 찰스 프리처드는 4차 회담을 "미 행정부 내에서 일어난 세 가지 중대한 변화의 결과였다"평가했다.[84] 그가 꼽은 세 가지는 이렇다. 첫째 부시 행정부의 대북정책이 실패했다는 (중간) 결론, 둘째 그에 따른 콘돌리자 라이스의 국무장관 임명, 셋째 크리스토퍼 힐 국무부 동아시아태평양 담당 차관보를 6자회담 수석대표로 임명한 것이다. 프리처드는 힐을 수석대표로 임명(2005년 2

월)한 것이 "전술적 측면에서 가장 중요"했다고 짚었다. 4차 회담 때 한국의 회담 전략을 청와대 국가안전보장회의NSC를 통해 조율한 이종석은 라이스의 취임을 계기로 "미 국무부가 (딕) 체니 부통령 등이 지지하는 강압외교에 맞서 협상 지향의 외교적 방식을 추구하는 것으로 보였다"고 평가했다.[85]

힐은 2005년 7월 9일 베이징 세인트레지스호텔 뒤편 비즈니스센터 다이닝룸에서 북한 수석대표 김계관과 만찬을 겸한 비공개 북미 양자협상을 벌였다. 라이스-힐이 주도한 이 방안은 부시 행정부의 네오콘한테는 극도로 혐오스러운 선택이겠지만, 북에는 '미국의 변화'를 체감할 증거로 작용했다. 힐이 밥값을 낸 그날 만찬 자리에서 북은 6자회담 재개에 합의했다. 힐은 '중국을 끼고 북을 만나라'는 상부의 지침과 '중국을 끼고는 절대 만나지 않겠다'는 북 사이에서 위험부담을 안고 김계관과 일대일로 마주앉기를 피하지 않았다. 이런 힐을 두고 일본에선 "김정힐"(김정일+힐)이라는 조롱조의 별명이 나돌았지만, 한국에선 "상급자들을 설득시킬 만한 정치력과 합리적인 판단력"(이종석)을 지닌 "결과지향적 협상가"(송민순)라는 후한 평가가 나왔다.[86] 밥을 얻어먹은 김계관은 4차 회담 1단계 회기 중인 2005년 7월 30일 베이징의 북한식당 '해당화'로 힐을 초청해 만찬 협의를 하는 것으로 답례했다.

한국과 중국의 대북 특사 외교

미국의 변화만으로 4차 회담이 가능했던 건 물론 아니다. 중국은 탕

자쉬안唐家璇 국무위원을 후진타오의 특사로 평양에 보내 김정일한 테서 "비핵화는 김일성 주석의 유훈"이라는 발언을 끌어냈다. 한국은 평양에서 열린 6·15 공동선언 기념 남북공동행사에 참석한 정동영 통일부장관이 노무현 대통령의 특사 자격으로 김정일 위원장을 만나 "미국이 우리를 존중하고 인정하면 (4차 회담을) 7월에 할 수 있다"는 말을 끌어냈다.[87] 미국의 태도 변화에 한국과 중국의 협력적 대북 설득이 결합해 6자회담 재개로 이어진 셈이다. 노무현 정부는 평행선을 달리는 북미 사이에 다리를 놓아 6자회담을 성사시키려 경수로 건설 사업을 종료하는 대신 북핵 폐기 때 남이 북에 200만kW의 전력을 직접 송전하는 '중대제안', 곧 "경수로-대북전력지원 교환 방안"을 내놓았다. 정동영이 김정일한테 직접 설명하고 2005년 7월 12일 공식 제안한 이 방안은[88] 그해 가을 9·19 공동성명 3조에 명기됐다.

6자회담 참가국들이 20일 동안 치열한 수 싸움을 벌인 4차 회담의 1·2단계 회의를 관통한 핵심 쟁점은 북의 핵 폐기 범위와 경수로 문제였다. 당연하게도 최후의 순간까지 대립의 축은 북한과 미국이었다. 북은 '현존하는 모든 핵무기와 핵계획'을 포기할 수 있지만, 경수로로 상징되는 평화적 핵에너지 이용 권리는 절대 포기할 수 없다는 태도를 고수했다. 미국은 북의 '모든 핵무기와 핵계획 폐기' 약속이 확보돼야 하며, 경수로의 '경'자도 협상에서 거론돼선 안 된다는 태도였다.

북미의 협상 전략을 깊이 따져보면 '북핵 폐기' 문제는 접점이 보였다. 문제는 경수로 문제에서 평행선을 달리는 양국의 상반된 협상 전략이었다. 힐은 지침에 따라 경수로를 거론할 수 없었는데, 김 계관은 경수로를 "기본의 기본"이자 "모든 것을 푸는 열쇠"라고 거 듭 강조했다.[89] 요컨대 4차 회담의 성패는 경수로 문제를 어떻게 처 리하느냐, 달리 말하면 미국이 경수로 문제를 북의 핵폐기 약속을 끌어낼 협상 카드로 쓸지에 달렸다.

부시은 6자회담장에서 진행되는 상황을 날마다 보고받을 정도 로 관심을 보였지만, 정작 북을 설득해야 할 힐의 손에는 아무것도 쥐여주지 않았다. 힐은 "나는 북한이 핵프로그램 폐기 대가로 경수 로를 요구하는 협상에서 거의 유연성을 발휘할 수 없었다"고 한탄 했다.[90] 이어 "북한과 접촉에 적대감을 지닌 (워싱턴의) 네오콘과 초강 경보수주의자들은 북한 사람들이 포함된 어떤 공식 자리에서도 건 배하지 말라"는 지침을 문서로 보내왔다고 밝혔다.[91]

한국과 중국, '창조적 모호성' 전략으로 '경수로 난제'를 풀다

경수로를 둘러싼 가망 없는 대치 와중에 한국과 중국이 눈부신 협 력외교로 난파 위기의 6자회담을 구하고 9·19 공동성명으로 가는 다리를 놓았다. 한국과 중국은 쓸 수 있는 모든 외교력을 동원해 북 의 "모든 핵무기와 현존하는 핵계획 포기"와 함께 한·미·중·일·러 가 "적절한 시기에 조선민주주의인민공화국에 대한 경수로 제공 문 제에 대해 논의하는 데 동의했다"는 문구를 병기하기로 뜻을 모으 고 북한과 미국을 돌려세우는 데 성공했다. 경수로의 '경'자도 입에 올릴 수 없다는 힐한테는 "적절한 시기에 제공 문제 논의"는 '경수로 제공'이 아니니 받으라고 압박했다. 경수로 제공 확약 없이 합의는 불가하다 버티는 김계관을 상대로는 어쨌든 "'경수로'가 공동성명에 명시됐으니, 앞으로 문제를 잘 풀어나가면 당연히 경수로가 제공될 수 있을 것"이라는 취지로 설득과 압박을 병행했다. 이른바 '창조적 모호성' 전략에 따른 합의 시도였다. '창조적 모호성'은 꽤 오래도록 6자회담 관련국 사이에 높은 평가를 받은 외교 개념이자 전략이다.

아울러 한중 양국은 김계관과 힐을 따로 불러 나머지 5자는 합의했으니 당신이 동의하지 않으면 합의 무산의 책임은 전적으로 당신 쪽에 있는 것이라는 '외교적 공갈'도 불사했다. 김계관과 힐은 북미 양자협상 뒤 일쑤로 송민순을 찾아왔고, 송민순은 오랜 적대관계에 따른 깊은 불신과 심대한 문화적 차이 탓에 상대편의 말에 깔린 '숨겨진 협상 전략'을 정확히 읽어내는 데 어려움을 겪는 둘 사이에서 '공정한 통역사' 노릇을 했다. 그렇게 6자회담은 한중관계 30년사에 가장 빛나는 '협력 외교'의 무대로 거듭났다.

무엇보다 "한국이 대응만 할 것이 아니라 먼저 상황을 만들고 다른 나라들이 이에 대응하게 만들어야겠다"는 전략적 판단에 따라 대통령(노무현)-외교장관(반기문)-6자회담 수석대표(송민순) 등이 모두 나서 미국 쪽 상대를 설득한 용기 있는 협상 전략은 한국 외교사에 특기할 만하다.[92]

한국과 중국의 협력외교와 북미의 전략적 선택의 산물인 9·19 공동성명엔 동북아의 냉전질서를 협력적 탈냉전질서로 바꿔가는 데 필요한 거의 모든 요소가 담겨 있다. 탈냉전기 동북아 역내 안보 질서의 뇌관으로 작용해온 북핵문제를 해소할 '평화적인 방법으로 한반도의 검증가능한 비핵화 달성'(1조), '북미·북일 관계 정상화'(2조), 6자의 '에너지·교역·투자 분야 경제협력, 양자·다자적 증진'(3조), '직접 관련 당사국들의 한반도 영구 평화체제 관련 협상'과 '6자의 동북아 안보협력 증진 모색'(4조) 등이 그것이다. 6자 수석대표들은 2005년 9월 19일 낮 12시 시작된 4차 회담 2단계 회의 폐막 회의에서 9·19 공동성명을 합의·채택하며 "돌이킬 수 없는 거대한 첫걸음"(송민순), "불가능하다고 믿었던 합의"(러시아 수석대표 알렉산드르 알렉세예프), "만리장정의 첫걸음"(우다웨이), "조선반도 비핵화의 첫걸음을 뗀 기초"(김계관)라고 자평했다.[93] 그날은 한국의 가장 큰 명절인 추석 연휴의 마지막날이었다.

네오콘의 BDA 제재, 핵실험을 부르다

2005. 9

9·19 공동성명이라는 개가를 올린 2005년 9월 19일 4차 6자회담 2단계 회의 폐막 전체회의의 분위기는 뜻밖에도 무겁고 차가웠다.

미국 수석대표인 크리스토퍼 힐은 "북한의 인권 침해, 생화학무기 계획, 탄도미사일 계획과 확산, 테러리즘, 불법 행위에 대한 우려를 해소하는 것이 미북관계 정상화 논의의 필요조건"이라고 못 박았다. 잔칫상에 재를 뿌리는 듯한 힐의 발언은 "(북한과 같은) 적들과 협상하는 것은 나약함의 표현"이라는 비뚤어진 신념으로 무장한 워싱턴의 "네오콘과 초강경 보수주의자들"을 의식한 제스처였다.[94] 당면 최대 현안인 '북핵 폐기'에 집중하기는커녕 미국의 모든 요구를 협상 탁자에 펼쳐놓으려는 듯한 힐의 이 종결 발언은, 한국 수석대표 송민순이 그토록 경계한 "하나의 망치로 여러 개의 못을 동시에 박으려는 것만큼 현명치 못한 일"이었다.[95] 아니나 다를까 북한 수석대표 김계관이 "힐 선생의 발언은 마치 결별선언으로 들린다. 이제부터 더 큰 산을 넘어야 한다는 느낌이 든다"고 맞받았다.

정작 문제는 김계관과 힐의 날 선 신경전이 아니었다. 워싱턴의 네오콘들은 힐을 앞세운 '대리 경고'로는 안심이 되지 않았는지, 북을 옥죌 새 비밀병기를 꺼내 들었다. 이른바 '방코델타아시아BDA 사태'가 그것이다.

BDA 사태의 발단은 이렇다. 미 재무부는 4차 6자회담 2단계 회의가 한창이던 2005년 9월 15일(한국시각 9월 16일) 중화인민공화국(중국) 마카오 특별행정구 소재 은행인 BDA를 "돈세탁 우선 우려 대상 금융기관"으로 예비지정한 사실을 관보에 실었다고 발표했다. 미 재무부는 "BDA는 북과 특별한 관계를 지니고 있으며, 북의 국가 범죄 수행을 도왔다"고 밝혀, 이 조치의 표적이 북한임을 굳이 숨기려 하지 않았다. 비국가 행위자인 알카에다의 9·11 테러에 대응해 국제 테러리즘을 뿌리 뽑겠다며 만든 '애국법 311조'의 첫 적용 대상이 '국가 행위자'인 조선민주주의인민공화국이었다. 미 재무부의 발표 이후 고객의 대량인출 사태(뱅크런)에 BDA가 휘청이자 마카오 당국은 2005년 9월 28일 'BDA 예금인출 동결' 조처를 했고, 이 은행의 북한 계좌 52개, 2500만 달러도 함께 묶였다.

"북한을 노린 미국의 금융제재"

크리스토퍼 힐에 따르면 BDA 제재를 실무적으로 주도한 재무부차관 스튜어트 레비Stuart A. Levey는 "네오콘인 볼턴의 정치적 측근"이며, 따라서 6자회담 와중에 불거진 미 재무부 발표는 "협상을 총체적으로 이탈시키려는 의도가 강했다".[96] 6자회담 의장이자 중국 수석대표인 우다웨이 역시 "도대체 뭐하는 거냐"며 웃음기 없이 따지는 등, 미 재무부의 발표는 "협상 전 과정에 대한 도전이라는 시각이 6자회담 당사국 사이에 지배적이었다".[97] 미국의 '제재 외교'를 깊이 추적한 일본의 원로 언론인 스기타 히로키杉田弘毅는 미 재무부의 이 발표를 "북한을 노린 미국의 금융·제재"라고 평가했다.[98]

9·19 공동성명 채택 50여 일 뒤에 열린 5차 6자회담 1단계 회의(2005년 11월 9~11일)는 아무런 추가 합의를 이끌어내지 못하고 사흘 만에 끝났다. 네오콘의 'BDA 폭탄'에 6자회담 협상장이 쑥대밭이 된 탓이다. 회담에 앞서 북한 외무성은 "미국의 BDA 제재는 선 핵포기 관철을 위한 우회적 압박 공세"(2005년 10월 18일)라고 비판한 터다.

김계관은 5차 1단계 회의 직전인 11월 7일과 회의 기간인 11월 10일 송민순을 따로 만나 "싱가포르에서 무슨 물건을 사 오려고 해도 송금이 안 되니 마대에 돈을 싸가야 한다"거나 "금융·제재는 살점을 떼어내는 것과 같아서 결코 무시하고 넘어갈 수 없다"고 하소연했다.[99] 이후 김계관은 "금융은 피와 같다. 이것이 멈추면 심장도 멈춘다"며, BDA 사태 해결 전에는 협상 탁자에 앉을 수 없다는 태도를 고수했다. 힐은 재무부의 BDA 제재를 "6자회담을 방해하려는 노림수"로 여겼지만, 정작 김계관 등 협상 파트너를 만나서는 "그건 그저 법집행일 뿐"이라거나 "제재와 관련해선 내가 할 수 있는 일이 없다"고 잦아드는 목소리로 대꾸할 따름이었다.[100] 며칠 간격의 9·19 공동성명 합의와 BDA 제재는 "부시 행정부 안의 이데올로기적 전

쟁 상태"의 심각성을 드러내는 희비극이었다.[101]

김계관 "송금이 안 돼 마대에 돈을 싸가야 한다"

6자회담의 협상 동력은 빠르게 식었고, 그만큼 한반도·동북아 정세의 긴장도 가파르게 상승했다. 6자회담을 벼랑 끝으로 몰고 간 건 '2500만 달러 동결'로 미국이 장악한 국제금융망에서 북한을 내쫓으려는 네오콘 위험천만한 전략이었다. "마대에 돈을 싸가야 한다"는 김계관의 하소연은 과장이 아니었다.[102] 네오콘은 환호했겠지만, 사태는 심각했다. 흔히 금융·경제제재는 "다른 수단에 의한 전쟁"으로 불린다. "경제제재는 국제분쟁에서 전쟁을 대신하는 수단"이자 "전쟁보다 훨씬 좋은 수단"(스티븐 므누신, 트럼프 행정부 재무장관)이며 "21세기형 정밀무기"(마이클 헤이든, 부시 행정부 중앙정보국장)라는 미국 사람들의 자찬을 기억할 필요가 있다.[103]

5차 6자회담 1단계 회의 결렬 뒤 북중미 수석대표 회동(2006년 1월 18일, 베이징)과 북미 금융문제 실무접촉(3월 7일, 뉴욕) 등이 있었지만 돌파구는 열리지 않았다. 북은 '6자회담 미국 수석대표 방북'을 제안했다. 그런데 "(부시) 대통령이 북한 문제를 풀려고 중국이나 다른 나라와 협력하는 데 주력하는 것을 방해하려고 대통령 등 뒤에서 음모를 획책"해온 "부통령 체니를 비롯해 볼튼, 밥 조셉, 에릭 에델만 등 네오콘"이 나서 이를 거부했다.[104]

협상으로 BDA 사태를 풀기 어렵다고 판단한 북은 특유의 무력시위로 길을 열려 했다. 김정일은 그해 미국의 독립기념일(7월 4일)

에 맞춰 대포동 2호와 노동·스커드 등 각종 탄도미사일 7발을 섞어 쐈다. UN은 첫 대북제재 결의(안보리 결의 1695호, 2006년 7월 15일)로 북의 도발을 제지했지만 김정일은 사상 첫 핵실험(10월 9일)이란 폭주로 응답했다. 한반도 정세가 앞을 가늠할 수 없는 안갯속으로 빨려 들어갔다.

김정일의 조선민주주의인민공화국이 "핵실험이라는 사실상의 레드라인(금지선)"[105]을 넘어서자 미국의 대응이 달라졌다. UN 안보리 결의 1718호(10월 14일) 채택으로 대북제재 강도를 높이는 한편으로 북을 6자회담 협상장으로 돌아오게 하려 외교력을 쏟았다. "(2006년) 10월 북한의 지하 핵실험이 있었던 뒤 라이스 장관은 협상에 복귀해야 할 필요가 있다고 판단해 조용히 중국 외교부장과 전화 접촉에 나섰"고, 이어 남태평양의 작은 섬나라인 바누아투에 출장을 간 힐을 베이징으로 급파해 김계관과 비공개 양자 협의를 하게 했다.[106]

덕분에 북한의 핵실험 두 달여 뒤인 2006년 12월 18~22일 5차 2단계 회의가 열렸다. 북은 회담 종료 직후 미국과 비공개 실무협의 때 "유럽에서 조용히 만나 협의를 지속하자"고 제안했고, 라이스는 부시를 설득해 힐을 베를린으로 보냈다. 2007년 1월 16~18일 베를린에서 김계관과 힐이 비공개로 만났다. 힐은 'BDA 문제 해결'을 약속했고, 김계관은 "핵시설을 불능화할 준비가 돼 있다"고 화답했다.[107] 둘의 만남 직후 열린 5차 3단계 회의(2월 8~13일)에서 '9·19 공동성명 이행을 위한 초기조치'(2·13 합의)가 채택됐다.

힐 "북한 계좌 동결로 후속 협상 18개월간 궤도 이탈"

부시 행정부는 약속대로 BDA 제재 해소에 나섰다. BDA에 묶여 있던 북의 52개 계좌 2500만 달러는 ①BDA→②마카오 중앙은행→③뉴욕 연방준비은행FRB→④러시아 중앙은행(모스크바)→⑤러시아 극동상업은행(블라디보스토크)→⑥조선무역은행(평양)을 잇는, 지구를 한 바퀴 도는 복잡하고 긴 송금 절차를 밟아 2007년 6월 25일 북한 수중에 돌아갔다. 네오콘이 싸지른 '똥'을 치우는 데 미·중·러 3개국 정상과 북·중·미·러 4개국 중앙은행이 동원돼야 했다. 그날 북 외무성 대변인은 "우리 요구대로 동결 자금 문제가 해결됐다"며 "우리도 '행동 대 행동' 원칙에 따라 2·13 합의 이행에 들어갈 것이고 그 일환으로 26일부터 평양에서 국제원자력기구 실무대표단과 핵시설 가동중지·검증감시와 관련한 협의를 하게 된다"고《조선중앙통신》을 통해 발표했다.

힐은 'BDA 소동'을 두고 "북한 계좌 2500만 달러 동결은 북한 경제에 그 어떤 영향도 끼치지 않았다. 은행계좌를 동결한 유일한 효과는 후속 협상을 18개월간 궤도 이탈시켰다는 점"이라고 냉냉소했다.[108] 송민순 역시 "BDA에 예치된 북한의 돈은 2500만 달러 정도에 불과했지만, 결국 그 돈 때문에 6자회담은 21개월간이나 발목이 잡혔고 그사이 북한은 2006년 10월, 핵실험이라는 사실상의 레드라인도 넘었다"고 탄식했다.[109]

미국의 대북정책,
민주당과 공화당은 얼마나 다를까?

미국은 '외세'이자 한반도 문제의 '당사자'다. 미국은 한국전쟁에 참전해 북한·중국과 정전협정에 서명한 당사자다. '한반도 임시군사정전체제'의 국제법적 토대인 정전협정은 서명 당사자인 미국의 동의 없이 변경·대체 불가능하다. 미국은 한국군의 작전통제권을 갖고 있으며, 한국에 3만 명에 가까운 미군을 상시 주둔시키고 있다.

미국은 한국의 유일한 동맹국이며, 한국전쟁 때부터 북한을 사실상 '봉쇄'하며 지금껏 적대관계를 유지해오고 있다. 탈냉전기 한반도의 최대 안보 현안인 '북핵문제'를 두고, 북미 적대관계의 다른 얼굴이라고 하는 까닭이다.

그렇다면 미국의 민주당과 공화당은 한반도 문제, 특히 북한을 상대할 때 서로 다른 전략과 정책을 구사할까? 적잖은 이들이 미국의 양당 가운데 민주당 집권기에 '북핵'을 포함한 한반도 문제의 평화적·외교적 해결의 가능성이 상대적으로 높다고 생각하는 경향이 있다. 과연 그럴까?

핵실험·합의문·정상회담으로 비교한
민주당과 공화당의 대북관계

복잡한 이론적 논의에 앞서 역사를 되돌아보자. 1990년대 이후 탈냉전기로만 시야를 좁혀도 북미관계는 파란만장 우여곡절을 거듭하고 있다. 북미의 갈등과 협상의 파고를 최대한 단순화해서 살펴보자.

북한의 핵실험은 북핵위기지수가 가장 높이 치솟은 때라고 할 수 있는데, 북한은 미국의 양당 가운데 어느 당 집권기에 핵실험을 많이 했을까? 북한은 2023년 8월까지 6차례 핵실험을 했다. 이 가운데 2번은 공화당 집권기에, 4번은 민주당 집권기에 했다. 공화당 집권기는 부시 정부 때 1차(2006년 10월), 트럼프 정부 때 6차(2017년 9월) 핵실험이 있었다. 2~5차 핵실험은 모두 민주당 오바마 집권기(2009년 5월, 2013년 2월, 2016년 1월, 2016년 9월)에 몰려 있다.

그렇다면 북핵문제와 북미 적대관계 완화·해소의 중요 성과로 꼽을 수 있는 양자·다자 문서 합의는 언제 어떻게 이뤄졌을까? 민주당 클린턴 정부 때 3건의 북미 합의문이 발표됐다. 북미 공동성명(1993년 6월), 제네바 기본합의(1994년 10월), 북미 공동 코뮈니케(2000년 10월)가 그것이다. 공화당 부시 정부 때는 '북핵 폐기'와 '북미관계 정상화' 약속 등을 담은 6자회담 합의 문서가 3건 발표됐다. 9·19 공동성명(2005년), 9·19 공동성명 이행을 위한 초기조치(2·13 합의,

2007년), 9·19 공동성명 이행을 위한 제2단계 조치(10·3 합의, 2007년)다. 민주당 오바마 정부 때는 북한과 미국이 각자 발표한 2·29 합의(2012년)가 있다. 그리고 공화당 트럼프 정부에서는 6·12 북미공동성명(2018년)이 있다. 합의의 중요도를 논외로 하고 횟수만을 따졌을 때 민주당 4, 공화당 4로 동률이다.

외교 협상의 꽃으로 불리는 정상회담은 공화당 트럼프 정부 때 두 차례뿐이다. 트럼프는 2018년 6월 싱가포르, 이듬해 2월 하노이에서 김정은과 정식 정상회담을 두 차례 했고, 정상 합의문(6·12 북미공동성명)도 발표했다. 또한 트럼프는 2019년 6월엔 김정은과 판문점에서 53분간 '대화'(비공식 회담)을 하기도 했다. 반면 민주당 집권기엔 북미정상회담이 단 한 차례도 성사되지 못했다. 2000년 10월 클린턴 정부 때 상호 특사 교환을 통해 클린턴 대통령의 평양 방문과 정상회담을 추진했으나 막판에 무산됐다.

핵실험, 문서 합의, 정상회담이라는 척도로 살핀 북미관계는 민주당 집권기보다 오히려 공화당 집권기에 성과가 더 많은 셈이다. 통념과 다른 결과다.

클린턴–부시–오바마–트럼프 집권기의 북미관계

그렇다고 미국 공화당이 '북핵'을 포함한 한반도 문제의 평화적 해결에 적극적이고, 민주당은 그보다 못하다고 단정할 일은 아니다. 탈냉전기 클린턴(1993~2001, 민주)–부시(2001~2009, 공화)–오바마(2009~2017, 민주)–트럼프(2017~2021, 공화) 집권기의 일을 일별해보자.

클린턴 정부는 북한의 NPT 탈퇴 선언(1993년 3월) 이후 사용후 핵연료 재처리 등 공세적 핵활동에 맞서 '영변 핵시설 폭격'을 검토하기도 했으나, 이내 양자협상을 통해 북미 제네바 기본합의를 이끌어냈다. 제네바 기본합의는 1994~2002년 8년간 한반도 평화의 핵심 버팀목 구실을 했다. 클린턴은 1998년 여름 북한의 '금창리 지하 핵시설' 의혹과 '대포동 1호' 로켓 발사로 한반도 위기지수가 높아지자, 1994년 '영변 북폭' 계획의 입안자인 윌리엄 페리 전 국방장관을 대북정책조정관으로 임명했다. 이어 한국의 김대중 정부와 협력해 〈페리 프로세스〉라는 한반도 냉전구조의 해법을 마련해 2000년 사상 첫 남북정상회담의 디딤돌을 놨고, 내처 김정일과 평양 정상회담을 추진하기도 했다.

반면 부시는 9·11 테러 이듬해인 2002년 1월 29일 의회 연설에서 북한을 이란·이라크와 묶어 '악의 축'으로 규정했고, 그해 10~12월 북한의 고농축우라늄 프로그램 의혹을 빌미로 제네바 기본합의를 허물었다. 재선에 성공한 부시는 6자회담에 참여해 2005년 2차 북핵위기 해소의 일대 전기를 마련한 9·19 공동성명을 이끌어냈으나, 합의서에 잉크가 마르기도 전에 BDA 사태라는 대북 금융제재를 가했다.

김정일은 이를 빌미로 2006년 10월 9일 첫 핵실험을 감행했다. 북은 1차 핵실험 직후 "부시 행정부는 우리의 인내성 있는 성의와 아량에 제재와 봉쇄정책으로 대답해 나섰다. 우리는 미국에 의해 날로 증대되는 전쟁위험을 막고 나라의 자주권과 생존권을 지키기 위해 부득불 핵무기 보유를 실물로 증명해보이지 않을 수 없게 됐다"

고 주장했다.[110] 요컨대 부시는 김정일이 한반도의 위태로운 평화를 뿌리부터 뒤흔들 '핵실험'이라는 지옥문을 여는 빌미를 제공했다.

미국의 첫 흑인 대통령인 오바마는 인권변호사 출신답게 한반도에도 평화의 문을 활짝 열리라는 기대 속에서 임기를 시작했다. 그는 2009년 1월 20일 취임사에서 "권력을 쥔 자들이 불끈 쥐고 있는 주먹을 편다면 미국은 손을 내밀 것"이라며, 대화와 협상을 통한 갈등 해소를 강조했다. '핵 없는 세계'라는 멋진 비전도 제시했다. 그가 취임 첫해인 2009년 노벨평화상을 받은 배경이다. 그러나 이런 기대가 무색하게 오바마 재임 8년간 한반도 평화는 회복 불능에 가까운 치명상을 입었다. 그는 자신이 체코 프라하에서 '핵 없는 세계' 연설을 하기로 예정된 2009년 4월 5일 북이 '광명성 2호'를 쏘고 내처 5월 25일 2차 핵실험을 감행하자, '전략적 인내'라는 이름의 대북 무관심·방치 정책으로 선회했다. 북은 네 차례의 핵실험으로 오바마의 '관심'과 태도 변화를 더욱 압박했다.

오바마와 정반대로 공개석상에서도 인종차별 발언을 서슴지 않는 공화당의 트럼프가 집권하면서 한반도 정세는 어지럼증을 느낄 정도로 출렁였다. 트럼프는 집권 첫해인 2017년 김정은과 "세계가 보지 못했던 화염과 분노" "괌도 주변 포위사격 검토" 따위의 험악한 말을 주고받는 겁쟁이 게임Chicken game을 벌이며 한반도 8000만 시민·인민을 전쟁의 공포로 몰고 갔다. 그러나 트럼프는 2018년 문재인의 적극적인 평화 노력을 디딤돌 삼아 김정은과 사상 첫 북미정상회담을 하고 "상호 신뢰 구축이 조선반도의 비핵화를 추동할 수 있다"며 '한반도의 완전한 비핵화'와 북미관계 정상화 등의 약속을 담은 '6·12 북미공동성명'에 서명했다.

민주-공화 차이보다
미국의 패권전략에 주목해야

이렇듯 미국 민주당 정부와 공화당 정부를 두고 어느 정당이 더 한반도 평화에 우호적이라고 단정해서 말하기 어렵다. '말'은 대체로 공화당이 거칠지만, 그렇다고 실제 벌어진 일마저 그런 것은 아니다.

왜 그럴까? 미국이 21세기 세계의 유일무이한 패권국이라는 사실, 그리고 패권국 미국 입장에서 한반도 정책, 특히 대북정책은 결코 최우선 순위가 아니라는 사실을 염두에 둘 필요가 있다. 미국의 한반도 정책은, 한반도의 분단과 전쟁이 그러했듯이, 전 지구적 이해관계에 뿌리를 둔 미국 패권전략의 적용이라는 사실을 잊어선 안된다.[111] 미국한테 한반도 정책과 대북정책은 패권전략의 목표를 달성하는 데 활용할 여러 수단의 하나일 뿐이다. 민주당 정부든 공화당 정부든 마찬가지다.

예컨대 클린턴이 1994년 '영변 북폭'과 제네바 기본합의라는 전혀 성질이 다른 정책 수단을 혼용한 건, 대량살상무기WMD 통제를 통한 비확산체제 유지라는 패권전략에 대한 깊은 이해 없이는 설명할 수 없다. 북한과 '대화'를 입에 달고 살던 민주당의 오바마와 바이든 정부가 '북핵문제' 해결에 우선순위를 두지 않는 현실 또한, 오바마가 천명한 '미국의 아시아 회귀Pivot to Asia', 그리고 트럼프에 이어 바이든이 더욱 노골적으로 구사하고 있는 중국 견제 전략, 곧 미중 전략·패권 경쟁에 대한 이해 없이는 설명 불가능하다.

하여, 한반도 평화에 관심이 많은 이들은 미국 민주당과 공화당의 한반도 정책과 대북정책이 어찌 다른지 '차별성'을 찾는 데 애쓰기보다는, 미국 패권전략의 변화와 지속, 그것이 한반도에 어떻게 투사되는지를 살피는 게 낫다.

서해평화협력특별지대,
노무현-김정일이 벼린 평화번영의 꿈

2007. 10

북한의 1차 핵실험(2006년 10월 9일)을 불러온 BDA 사태가 해소(2007년 6월 25일)되고 6자회담이 다시 구체적 성과를 내자, 남과 북은 바로 2차 정상회담에 합의했다. 애초 2005년 평양에서 열린 6·15 공동선언 기념 남북공동행사에서 정동영 장관이 대통령 특사 자격으로 김정일을 만나 '2005년 가을 정상회담'을 제안해 구체적 협의를 하다 'BDA 제재'를 둘러싼 북미 갈등 탓에 미뤄둔 터였다.

"8월 2일부터 3일까지 이틀 동안 국가정보원장이 비공개로 방북해달라"는 김양건 조선노동당 통일전선부장 명의의 전화통지문이 2007년 7월 29일 남쪽에 왔다. 김만복 국정원장이 '남북관계 진전과 현안 사항 협의' 목적의 고위급 비공개 접촉을 제안하는 편지를 21차 남북장관급회담(5월 29일~6월 1일, 서울) 때 북쪽 대표단에 건넨 지 두 달 만이었다.

8월 2일 평양 백화원영빈관에서 김만복을 만난 김양건은 대뜸

"북남정상회담이 그렇게 필요합네까?"라고 물었다.[112] 북쪽의 협상 태도를 모르는 이들한테는 오만해 보이는 어투인데, 실상은 전혀 다르다. 북쪽은 협상 과정에서 오랜 밀당 끝에 합의에 이를 때, 이런 식의 '시혜'를 베풀 듯하는 태도를 자주 보인다. 남북 당국회담 경험이 풍부한 '선수들'한테 이런 어법은 '합의에 이를 수 있다'라는 신호나 마찬가지다. 김양건도 다르지 않았다. 그는 이내 "개최 시기는 가능한 한 빠를수록 좋으므로 준비기간을 고려해 8월 하순경으로 하고 장소는 평양이 좋겠다"고 제안했다.

김만복은 8월 4일 군사분계선을 다시 넘어 노무현의 '8월 하순 평양 정상회담' 수락 의사를 김양건을 통해 김정일한테 전했다.[113] 남과 북은 이튿날 합의한 "8월 28~30일 노무현 대통령의 평양 방문" 계획을 8월 8일 오전 10시에 동시 발표했다. "남북 정상분들의 상봉은 역사적인 6·15 남북공동선언과 우리민족끼리 정신을 바탕으로 남북관계를 보다 높은 단계에로 확대발전시켜 한반도의 평화와 민족공동의 번영, 조국통일의 새로운 국면을 열어나가는 데서 중대한 의의를 가지게 될 것이다."

노무현의 '정상회담 출구론'

그런데 북은 8월 8일 "예상치 않았던 심각한 큰물 피해로 인해 노무현 대통령의 평양 방문을 9월 말로 연기할 것을 제의한다"는 전통문을 보내왔다. 사망·실종 600여 명, 주택 24만 채 파손, 이재민 100만 명을 초래한 수해로 정상회담을 예정대로 치를 수 없게 됐다는 것이다. 남쪽은 추석 연휴(9월 22~26일)와 노 대통령의 국외순방 일정 (9월 25~28일)을 고려해 10월 2~4일을 정상회담 일정으로 수정 제안 했고, 북은 즉시 수용했다.

그렇게 분단사 두 번째 남북정상회담이 2007년 10월 2~4일 평양에서 열리게 됐다. 만약 정상회담이 예정대로 2007년 8월 28~30일에 치러졌다면 노무현과 김정일의 '남북관계 발전과 평화 번영을 위한 선언'(10·4 정상선언)은 이명박 정권에 의해 바로 폐기되 는 비극적 운명을 피할 수 있었을까?

두 번째 남북정상회담은 노무현의 임기가 얼마 남지 않은 시점 에 추진·성사돼 당시 대선을 앞둔 한국 사회에서 많은 논란을 낳았 다. 심지어 당시 외교통상부장관이던 송민순은 "정권 막바지에 가 서 남북정상회담을 하고자 하면 북한이 칼자루를 쥐려고 할 것이고, 또 어떤 합의를 이루더라도 후속 이행이 불투명하다고 보았다"고 회고했다.[114]

하지만 노무현의 판단은 달랐다. "저나 김 위원장의 주도로 이 번 정상회담이 열리는 게 아닙니다. 상황이 변했기 때문에 열리는 것입니다. 6자회담이 진전됐기 때문에 정상회담도 가능하게 된 것 입니다." 노무현이 2007년 9월 5일 정상회담 자문위원단과 회의 때 한 말이다. "남북정상회담도 북핵문제가 풀리지 않으면 성사될 수 가 없다"(2007년 6월 13일《한겨레》특별인터뷰)며, 정상회담에 관한 한 임 기 초부터 '입구론'보다 '출구론'을 견지해온 노 대통령다운 진단이 다.[115] '입구론'이 정상회담 등 남북관계 개선으로 북핵문제의 돌파 구를 열자는 쪽이라면, '출구론'은 북핵문제에 진전이 있어야 정상회담을 통한 남북관계 개선이 가능하다는 인식·접근이다.

노무현이 마냥 기다리기만 한 건 아니다. 노무현은 "이 상황 변화 속에서 한국 정부의 역할은 큽니다. 근본에 있어 신뢰를 축적해온 결과"라고 자평했다.[116] 6자회담 9·19 공동성명을 이뤄내고, 'BDA 제재'를 푸는 과정에서 참여정부가 보여준 열정과 헌신, 전략적 행보가 남북 사이 신뢰의 밑거름이 됐다는 것이다.

노무현 "남북관계의 가장 큰 장애요인은 불신"

노무현은 '불신'과 '신뢰'를 열쇳말 삼아 남북관계를 진단하고 2차 정상회담에서 얻어낼 '성과'를 가늠했다. "남북관계의 가장 큰 장애요인은 불신입니다. 불안과 불신 제거가 가장 중요합니다. 그래서 만나는 것 자체가 성과라는 겁니다. 핵심 성과는 신뢰를 만드는 것입니다."[117]

노무현은 서해 직항로를 이용한 김대중과 달리 경의선 육로로 평양에 갔다. 2007년 10월 2일 아침 9시께 경의선 도로 위 노란 페인트로 칠해진 군사분계선을 넘기 직전 노무현은 짧지만 격정적인 즉석 연설을 남겼다.

이 선이 지난 반세기 동안 우리 민족을 갈라놓고 있는 장벽입니다. 이제 저는 대통령으로서 이 금단선을 넘어갑니다. 제가 다녀오면 또 더 많은 사람들이 다녀오게 될 것입니다. 그러면 마침내 이 금단의 선도 점차 지워질 것입니다. 장벽은 무너질 것입니다.

그날 낮 12시 2분 평양 4·25문화회관 앞 광장에서 노무현과 김정일이 처음 만나 반갑게 악수했다. 이 모습은 분단 사상 처음으로 평양발로 세계에 생중계됐다. 노무현은 오후 4시 10분부터 5시 55분까지 만수대의사당 2층 회담장에서 북한 헌법상 국가수반인 김영남 최고인민회의 상임위원장을 만났다. 김영남이 품에서 원고지를 꺼내 한미군사훈련 등 이른바 '근본문제'와 관련한 불만을 쏟아냈다.

김영남은 첫 남북정상회담 때인 2000년 6월 13일 평양 만수대의사당에서 김대중을 만났을 때도 그랬다. 김영남은 '근본문제'와 관련한 공식 견해를 재확인하고, 실제 협상은 '유일무이한 수령'인 김정일이 하는 일종의 역할 분담이었다. 6년 전 김대중은 묵묵히 들었다. 그러나 노무현은 김대중이 아니었다. 김영남의 거친 장광설을 다 듣고 난 노무현은 "이런 식으로 얘기할 거면 뭐 하러 만났습니까? 내일도 이런 식이라면 보따리를 싸야 할지 모르겠습니다"라고 특유의 직설화법으로 맞받았다.[118] 김영남은 당혹스러운 표정을 감추지 못했다.

노무현과 김정일의 회담은 10월 3일 백화원영빈관에서 오전 9시 34분~11시 45분과 오후 2시 45분~4시 40분, 두 차례 246분 동안 진행됐다. 오전 회담에선 아무런 합의도 없었다. 돌파구가 절실했던 노무현은 수행원들과 옥류관에서 점심을 먹다 즉석연설을 했다. "우리는 개성공단을 '개혁과 개방의 표본'이라고 많이 얘기했는데, 북측의 입장에서 볼 때 역지사지하지 않은 그런 것이었습니다. 개성공단의 성과를 얘기할 때 북측의 체제를 존중하는 용의주도한 배려가 있어야 합니다." 김정일의 귀에 들어가라고 일부러 한 말이다.

서해평화협력특별지대 구상,
분쟁의 바다를 평화번영의 바다로

오후 회의는 오전과 판이했다. 김정일은 "언제 그랬냐는 듯이 오전에 안 된다고 했던 문제까지 다 풀어버렸다. 꺼내는 의제마다 좋다고 했다."[119] 회담 당사자인 노무현도 영문을 알 수 없었다. 노무현은 오찬 때 '개혁개방이란 말을 쓰지 말자'고 공개 연설한 게 "도움이 되었는지는 모르겠지만"이라 혼자 생각했을 뿐이다.[120] 노무현의 '역지사지'가 통한 건지, 아니면 김정일의 애초 협상 전략이 그랬는지 알 수 없다. 어쨌든 두 정상은 많은 쟁점에서 빠르게 합의에 이르렀다. 그걸 다 모아 정리한 게 8개 조항으로 이뤄진 10·4 정상선언이다. "남북관계 발전과 한반도 평화, 민족 공동의 번영과 통일 실현"을 목표로 내세웠는데, 선언의 정식 명칭('남북관계 발전과 평화번영을 위한 선언')이 상징하듯 '평화·번영'이 알짬이다.

하여 두 정상이 평화·번영을 이룰 수단으로 공들여 벼린 게 바로 선언 5조의 서해평화협력특별지대 설치·운영 구상이다. "남과 북은 해주지역과 주변 해역을 포괄하는 '서해평화협력특별지대'를 설치하고 공동어로구역과 평화수역 설정, 경제특구 건설과 해주항 활용, 민간선박의 해주직항로 통과, 한강하구 공동이용 등을 적극 추진해나가기로 하였다." 서해 북방한계선NLL 일대 남북 접경 해역은 남북 사이에 군사적 충돌이 잦은 '화약고'이자 한반도 임시군사정전체제의 아킬레스건이다. 정전협정에 해상경계선이 설정되지 못한 탓이다. 그 'NLL 문제'를 "안보군사 지도 위에 평화경제 지도를 크게 덮어서 평화문제, 공동번영의 문제를 일거에 해결하자"는 노무현의 제안에 따른 합의였다.[12]

갈등·충돌의 바다를 평화·번영의 바다로 바꿔나가겠다는 이 '서해평화협력특별지대' 구상은 "남북 공동선언에서 가장 핵심적인, 가장 진전된 합의"라는 노무현의 자평(2007년 10월 4일 도라산 출입사무소 '대국민 보고')이 아니라도, 70년 분단사에 가장 창의적이고 미래지향적인 남북 합의라 할 수 있다.

노무현은 10월 4일 저녁 7시30분 평양에서 돌아오는 길에 개성공단에 들러 이렇게 말했다.

민족과 조국이 하나라는 말이 현실이 되기 위해 헌신적으로 노력하는 곳이 바로 개성공단입니다. 개성공단은 남북이 하나 된 자리이고 함께 성공하는 모범이 되는 자리이지 누구를 개혁시키고 누구를 변화시키는 자리가 아닙니다. 개성공단의 실험이 성공하면 통일이 앞당겨지는 것이고, 그렇지 않으면 지연될 것입니다.

2007년 10월 4일 밤 9시26분, 2박3일 정상회담 일정을 갈무리하는 경의선 도라산 출입사무소CIQ '대국민 보고회'에선 이렇게 말했다. "다음 정부에 부담을 주는 공동선언이 아니라 다음 정부가 남북관계를 더욱 잘 풀어가고 한반도의 평화와 공동번영을 잘 만들어나갈 수 있는 그런 토대를 만드는 일을 저는 하고 있다고 생각합니다. 그와 같은 확신을 가지고 남은 임기 동안 최선을 다해서 노력하 겠습니다." 그러나 '서해평화협력특별지대' 구상을 포함한 10·4 정 상선언은 이명박 정권의 남북 정상 합의 승계 거부로 현실화하지 못했다. 그 뒤 북방한계선 인근 서해 바다에선 대청해전(2009년 11월 10일)으로 인민군 해군 함정이 반파돼 8명이 사망했고, 천안함(2010 년 3월 26일)이 폭침돼 승조원 46명이 목숨을 잃었다. 노무현과 김정 일의 '서해평화협력특별지대' 구상이 무산된 서해 바다는 다시 '분 쟁의 바다' '한반도의 화약고'로 되돌아갔다.

포기할 수 없는 꿈,
한반도 종단 철도·도로

2007. 12

기적이 울렸다. 2007년 5월 17일 오전 11시 27분께 경의선 문산역과 동해선 금강산역에서 힘차게 출발한 열차가 분단의 벽을 거의 동시에 교차하며 뛰어넘었다. 경의선 남쪽 열차는 낮 12시 18분, 동해선 북쪽 열차는 낮 12시 21분 군사분계선을 남에서 북으로, 북에서 남으로 넘어섰다. 경의선은 1951년 6월 12일 운행 중단 이래 56년, 동해선은 1950년 이후 57년 만의 군사분계선 종단 운행이었다.

경의선 남북철도 연결구간에선 남쪽의 '새마을호 7435열차'(기관사 신장철)가 오전 11시 28분 문산역을 출발해 임진강역과 도라산역을 거쳐 군사분계선을 힘차게 통과하고는 북의 판문역과 손하역을 지나 오후 1시 3분 개성역에 닿았다. 동해선 남북철도 연결구간에선 북쪽의 디젤기관차인 '내연 602호 기관차'(기관사 로근찬)와 객차 5량이 오전 11시 27분 금강산역을 출발해 삼일포역과 감호역을 지나 군사분계선을 통과하고는 낮 12시 34분 남쪽 최북단역인 제진역에 도착했다.

남과 북의 열차가 분단의 세월을 뛰어넘어 경의선(27.3㎞)과 동해선(25.5㎞)의 남북철도 연결구간을 내달려 "끊어진 민족의 혈맥"을 다시 잇는 데 각각 1시간 35분과 1시간 7분이면 족했다. 두 열차가 군사분계선을 지나는 순간, 열차 승객들은 〈우리의 소원〉을 눈물 번진 웃음 띤 얼굴로 함께 불렀다. 경의선 열차에 타는 '행운'을 얻은 고 리영희 선생(당시 78살)은 "(일제 강점기 때) 중학교 1~4학년을 서울에서 다니며 방학 때 고향 (평안북도) 삭주에 갈 때마다 경의선을 탔다. 그때 경의선은 일제가 조선과 만주를 수탈하려고 건설한 열차였지만, 오늘 이 열차는 한반도 평화를 지속시키고 유럽까지 뻗어가 민족의 번영을 가져오는 열차로 탈바꿈해야 한다"고 감격스레 호소했다.[122]

분단 반세기 만의 남북 통과 열차는 내처 신의주와 부산으로 질주하지 못했다. 그날 오후 3시 30분 다시 기적을 울리며 문산역과 금강산역으로 돌아갔다. 그로부터 16년이 흐른 2023년, 남북철도 연결구간엔 작열하는 태양에 짓눌린 고요와 쓸쓸함이 떠돈다. 한반도의 동과 서를 종단하며 민족의 혈맥을 이을 경의선과 동해선이 언제쯤 정기노선을 운행할지 지금은 전혀 가늠할 수 없다.

2007년 5월 17일, 남북 열차가 군사분계선을 넘다

남북 당국은 30여 년 전인 1991년 12월 13일 서울 쉐라톤워커힐호텔에서 열린 5차 남북고위급회담에서 처음으로 끊어진 철길 연결에 뜻을 모았다. 그날 남북이 합의·발표한 남북기본합의서 19조 "남과 북은 끊어진 철도와 도로를 연결하고 해로, 항로를 개설한다"는 문장이 그것이다. 이에 따라 남북은 이듬해 8차 고위급회담에서 합의·채택(1992년 9월 17일)한 남북교류협력 부속합의서 3조 2항에서 "경의선 철도와 문산-개성 사이의 도로를 비롯한 육로 연결"을 포함해 민족의 혈맥을 잇는 육·해·항로 개설의 구체 방안을 문서로 합의했다. 그러나 이 합의는 바로 실천으로 이어지지 못했다. 한국과 미국의 정권교체기와 맞물려 불거진 이른바 '1차 북핵위기'와 남북, 북미 갈등 탓이다.

'말'에 그치던 남북 철도·도로 연결의 꿈은 2000년 6월 첫 남북정상회담을 계기로 '실천'의 단계로 진화했다. 6월 14일 평양 백화원영빈관에서 열린 회담에서 김대중이 "철도·통신·항만·전력·농업 등 여러 분야에서 남북협력을 위해 당국 간의 협력을 본격화할 용의가 있어요. 끊어진 철도와 도로를 다시 잇죠"라고 제안하자, 김정일은 "김일성 주석님께서는 (1994년 7월 첫 남북정상회담이 예정대로 열렸다면) 김영삼 대통령에게 남북 간의 실질적 경협사업을 시작하자고 제의할 계획이었습니다. 우선 경의선 현대화 사업부터 추진하고자 하셨지요"라고 화답했다.[123] 두 정상의 이런 논의는 "남과 북은 경제협력을 통해 민족경제를 균형적으로 발전시키고"라는 문구로 6·15 공동선언에 담겼다.

남북은 정상회담 직후 철도연결 논의에 속도를 냈다. 정상회담 한 달여 뒤에 열린 1차 장관급회담(2000년 7월 31일)에서 "경의선 철도의 끊어진 구간을 연결하고, 이를 위한 문제는 빠른 시일 내에 협의하기로 한다"고, 2차 장관급회담(2000년 9월 1일)에선 "서울-신의주 사이의 철도를 연결하며 문산-개성 사이의 도로를 개설하기 위한 실무접촉을 9월 중에 가지고 착공식 문제 등을 협의한다"고 합의했다.

이때까지만 해도 철도 연결은 "경의선부터"라는 데 남북의 의견이 다르지 않았다. 그런데 2002년 4월 5일 대통령 특사로 평양에서 김정일을 만나고 돌아온 임동원은 "남북 사이의 끊어진 철도와 도로를 연결하는 것이 중요하다는 인식 아래 동부에서 새로 동해선 철도 및 도로를, 서부에서 서울-신의주 사이의 철도 및 문산-개성 사이의 도로를 빨리 연결하기로 하였다"고 발표했다. 이전의 남북 협의·합의에 등장하지 않던 "동부에서 새로 동해선 철도 및 도로 연결"이라는 문구에 주목할 필요가 있다.

김정일 "경의선에 더해 동해선 철길도 연결하자"

동해선은 김정일이 제안했다. 김정일은 "동해선 철길도 연결하자"는 자신의 제안에, 임동원이 "좋은 구상이지만 남쪽에는 아직 '동해선'이 없으며 강릉에서 비무장지대까지 약 130㎞ 구간에는 철도가 없다"며 난색을 표하자 이런 이야기를 했다. "중국 일변도의 경의선만 중시할 것이 아니라 러시아와의 관계도 고려해 동해선 연결을 추진해야 해요. 중국과 러시아를 함께 끼고 나가야 해요. 서쪽의 경의선을 중국횡단철도와, 그리고 동쪽의 동해선을 시베리아횡단철도와 연결하면 조선반도가 '평화지대'가 될 수 있어요. 부산에서 시베리아횡단철도와 중국횡단철도를 통해 유럽으로 물동량이 오가는 데 어떻게 여기서 전쟁이 벌어질 수 있겠습니까?"[124]

남북철도 연결사업은 '냉전의 외딴섬'으로 고립된 대한민국을 유라시아 대륙과 태평양을 잇는 허브로 바꾸려는 '철의 실크로드' 구상의 알짬인데, 날로 심각해지는 '중국 의존'을 동해선 연결 등을 통한 러시아와 협력 강화로 균형을 잡으려는 김정일의 고민·전략과 무관치 않았던 것이다.

남북은 2002년 9월 17일 경의·동해선 철도·도로 연결 동시 착공식을 치렀다. 그리고 노무현은 2003년 2월 25일 대통령 취임사에서 이렇게 선언했다. "한반도가 지구상의 마지막 냉전지대로 남은 것은 20세기의 불행한 유산입니다. 21세기에는 세계를 향해 평화를 발신하는 평화지대로 바뀌어야 합니다. 유라시아 대륙과 태평양을 잇는 동북아의 평화로운 관문으로 새롭게 태어나야 합니다. 부산에서 파리행 기차표를 사서 평양, 신의주, 중국, 몽골, 러시아를 거쳐 유럽의 한복판에 도착하는 날을 앞당겨야 합니다."

남북 종단 화물열차 정기운행 222회

노무현은 임기 마지막 해인 2007년 10월 김정일과 평양 정상회담에서 "문산-봉동 간 철도 화물 수송을 시작"(10·4 정상선언 5조)하기로 합의했다. 노무현과 김정일이 약속한 지 69일째인 2007년 12월 11일 경의선 남쪽 최북단 도라산역과 북쪽 최남단 판문역 사이 남북 화물열차가 정기 운행을 시작했다. 주 5회(토·일 제외) 정기 운행하며 주로 개성공단 관련 원자재와 생산품을 실어날랐다. 한국전쟁 이후 사상 첫 남북 종단 화물열차 정기 운행이다. 이 화물열차는 354일간 222회(왕복 444회) 정기운행하며 55TEU(1TEU=길이 6m짜리 컨테이너 1개)에 이르는 화물을 날랐다.[125] 그러나 이 역사적인 남북 종단 화물열차는 이명박 정부 출범 뒤 남북관계 악화 유탄을 맞아 2008년 11월 28일을 끝으로 더는 남과 북 사이를 오가지 못했다.

문재인 대통령과 김정은 국무위원장은 2018년 4·27 판문점선언에서 "동해선 및 경의선 철도와 도로들을 연결하고 현대화해 활용하기 위한 실천적 대책들을 취해 나가기로"(1조) 하고, 9월 평양공동선언에서 "금년(2018년) 내 동·서해선 철도 및 도로 연결을 위한 착공식을 갖기로"(2조1항) 약속했다. 2018년 12월 26일 개성 판문역에서 남북 철도·도로 연결·현대화 착공식이 열렸다.

그러나 남과 북 8000만 시민·인민의 '한반도 종단 철도·도로'의 꿈은 더는 나아가지 못했다. 문재인은 임기 마지막 해인 2022년 1월 5일 동해선 남쪽 유일의 단절 구간인 동해북부선(강릉-제진 사이 112km) 철도 연결 착공식에서 "우리의 의지는 달라지지 않았다. 강릉-제진 구간에 철도가 놓이면 남북 철도 연결은 물론 대륙을 향한 우리의 꿈도 더욱 구체화할 것"이라 외쳤으나, 북핵을 이유로 미국이 놓은 '제재의 덫'을 끝내 벗어던지지 못했다.

미국은 왜
남북연결사업에 비협조적일까?

미국은 남북 철도·도로 연결사업에 비협조적이(었)다. 조지 W. 부시
(2001~2009년)와 도널드 트럼프(2017~2021년) 등 공화당 집권기에 특
히 심했다. '남북관계 진전은 비핵화와 속도를 맞춰야 한다'는 명분
을 앞세웠다. 비협조의 속내는 그보다 훨씬 근본적이다. 동북아시아
냉전질서에 뿌리를 두고 있다. 미국이 압도적으로 우월한 지위에 있
는 정전체제를 유지하느냐, 아니면 남북협력 가속화로 정전체제를
항구적 평화체제로 전환할 물꼬를 트느냐를 둘러싼 밀당이 본질이
다.

　남북을 오가는 철도·도로는 당연하게도 군사분계선과 비무장
지대DMZ를 관통해야 한다. 군사분계선과 비무장지대는 정전협정
(1953년 7월 27일)에 근거를 두고 있다. 정전협정은 유엔군 사령관과
조선인민군 최고사령관, 중국인민지원군 사령원 사이에 체결됐다.
대한민국은 서명 당사자가 아니다. 당시 대한민국 대통령 이승만이

'북진통일'을 주장하며 정전에 반대한 탓이다.

군사분계선은 정전협정에 따라 38선을 대체한 남북 경계선이다. 휴전선의 공식 이름이다. 서해안 강화에서 동해안 간성까지 155마일(약 250km)에 이른다. 땅 위에 선이 그어져 있진 않고, 서쪽에서부터 동쪽으로 일련번호를 매겨 세운 '군사표식물' 1292개를 이으면 그게 바로 군사분계선이다.

군사분계선 남북으로 각각 2km까진 비무장지대다. 정전협정은 이 지역에 무장력의 상주를 금지해 완충지대로 삼았다. 그러나 실제론 남쪽 100여곳, 북쪽 280여 곳의 감시초소GP를 따라 병력·중화기가 밀집한 '중무장지대'다.

민간인의 출입이 금지된 비무장지대는 한반도 전체 면적 22만 1487km²의 약 0.5%를 차지한다. 서쪽 예성강과 한강 어귀의 교동도에서 개성 남쪽의 판문점을 지나 동해안 고성의 명호리까지, 큰 강 6개를 건너고 평야 1개를 가로질러 산맥 2개를 타고 넘으며 70개 마을을 가둬두고 있다.

그러므로 남북을 잇는 철도·도로는, 정전협정의 주술에 걸려 70년째 '정지된 시간'과 '밀봉된 공간'에 갇힌 군사분계선과 비무장지대를 흔들어 깨우는 '평화 회랑peace corridor'이다. 그리스신화 속 시시포스의 투쟁과도 같은 남북의 지난한 철도·도로 연결 노력은 한반도 허리춤에 경의선(너비 250m)·동해선(너비 100m)이라는 두 개의 숨구멍을 뚫었다. 아직은 너비 350m로 군사분계선 250km의 0.14%에 불과하지만, 그 작은 숨구멍으로 남북 8000만 시민·인민이 포기하지 않고 쉼없이 오간다면, 그리하여 오해를 이해로, 적대

를 공존으로 바꿔 나간다면, 정전의 얼음벽은 평화의 봄바람에 시나
브로 녹아내릴 것이다.

군사분계선 250㎞에 뚫은 350m 희망의 숨구멍

꿈은 창대한데 현실은 서럽다. 지금 그 350m 희망의 숨구멍으로 아
무것도 오가지 못한다.

길이 보이지 않으면 걸어온 길을 되돌아보라 했던가? 2000년
6월 첫 남북정상회담을 계기로 남북이 합의한 경의선·동해선 철도·
도로 연결사업을 현실화하자면 미국의 협조가 절실했다. 철도·도로
연결 공사를 하려면 정전협정 서명 주체인 유엔군과 조선인민군 사
이에 비무장지대 관할권 이양 합의가 전제돼야 해서다. 그런데 부시
행정부의 도널드 럼스펠드 국방장관은 비협조로 일관했다. 럼스펠
드는 주한미군 사령관(=유엔군 사령관)의 입을 빌려 "북한이 고농축우
라늄 계획을 추진하는 등 우려할 만한 상황인데도 남북 철도·도로
연결사업을 꼭 추진해야 하겠느냐"고 한국 국방장관을 압박했다.[126]
한미 협의가 난항을 겪자 남북 군사 협의도 헛돌았다. 결국 청
와대가 직접 나서 "철도·도로 연결사업은 남북이 합의한 대로 반드
시 추진하겠다. 미국 쪽은 지체없이 판문점 장성급 회담을 개최해
필요한 조치를 취하고, 합의된 날짜에 착공식을 거행할 수 있도록
보장하라"고 강력히 촉구했다.[127] 이런 우여곡절을 거쳐 '동해지구와
서해지구 남북관리구역 설정과 남과 북을 연결하는 철도·도로 작업
의 군사적 보장을 위한 합의서'가 남북이 약속한 철도·도로 연결 공

사 착공식 하루 전인 2002년 9월 17일 가까스로 발효됐다.

미국은 청와대의 결연한 태도에 한발짝 물러섰으나 딴지걸기를 멈추지 않았다. 남북관리구역 경의선 통로의 지뢰 제거 작업이 마무리 단계이던 2002년 11월 미국은 북쪽의 지뢰 제거 작업이 '의심스럽다'며 상호 검증을 요구했다. 우여곡절 끝에 북쪽이 상호 검증에 동의해 검증 요원 명단을 남쪽에 통보했다. 미국은 "유엔사의 권위를 훼손시키는 일은 있을 수 없다"며 "북쪽이 직접 유엔사에 제출해 허가를 받아야 한다"고 다시 딴지를 걸고 나섰다.[128] 이 일로 지뢰 제거 작업이 3주간 멈췄다.

남북이 이 사태를 수습하자, 이번엔 주한미군의 대표적 매파로 알려진 유엔군사령부 부참모장 제임스 솔리건James N. Soligan 미 공군 소장이 2002년 11월 28일 국방부 출입기자단 간담회에서 "금강산 육로관광을 위해 군사분계선을 월경할 때는 유엔사의 승인을 받아야 하고 한국군도 정전협정을 준수해야 한다" "정전협정이 준수되지 않으면 남북 교류협력 사업이 제대로 되지 않을 것"이라고 공개 협박을 서슴지 않았다.[129] 솔리건의 '침대 축구'에 가로막혀 철도 연결공사 자재 대북 지원, 금강산 육로관광 등이 뒤로 밀렸다. 결국 남쪽이 북쪽을 설득해 "남북관리구역은 비무장지대의 일부이며 통행 승인과 안전 문제는 정전협정에 따라야 한다"는 문구를 남북부속합의서에 명시해 시빗거리를 그해 말 남쪽의 대통령 선거가 끝나면서 미국의 트집잡기가 잦아들었다.

남북철도 연결을 방해하는
미국의 '침대 축구'

이런 일련의 논란을 두고 당시 《한겨레》는 "현재는 군사분계선 통과 문제로 비치고 있지만 장기적으로는 정전협정의 평화협정 대체 문제까지를 포함한 복잡한 사안"이라고 짚었고[130], 임동원은 "만일 우리가 굴복했다면 남북관계는 다시 한번 파탄나고 6·15 공동선언은 백지화됐을지 모른다"고 회고했다.[131]

　정전협정을 근거로 비무장지대 관할권jurisdiction을 고수하려는 미국 쪽의 집착은 세 차례의 남북정상회담과 사상 첫 북미정상회담으로 한반도에 평화의 산들바람이 분 2018년 즈음에도 달라지지 않았다. 로버트 에이브럼스Robert B. Abrams 주한미군 사령관 겸 유엔군 사령관은 '제9차 한독 통일자문위원회'(2019년 6월 12~13일 강원도 평창) 계기에 강원도 고성 비무장지대 '829보존GP'를 독일 정부 대표단한테 보여주려던 통일부의 계획을 "안전상 이유로 불허"했다. 당시 서호 통일부차관이 에이브럼스한테 항의서한까지 보냈으나 유엔사는 어떤 '안전상 이유'가 있는지 끝내 설명하지 않았다.[132] '829보존GP'는 비무장지대 남북 군사 대치의 증거인 감시초소를 '9·19 군사합의'(2018년 9월 19일)에 따라 철거한 사실을 기념하려고 영구 보존하기로 한 곳이다.

　2019년 8월엔 김연철 통일부장관이 '파주 DMZ 평화의 길 개방 행사'(8월 9일 경의선 도라산역)에 참석하는 김에 비무장지대 안 유일한 민간인 거주지인 대성동마을을 방문하려 하자, 유엔사는 "주민 불편"을 이유로 취재진의 동행을 불허하는 '침대 축구'를 되풀이했다.[133] 대한민국 국무위원이 대한민국 국민이 사는 마을을 방문하면 '주민 불편'을 끼친다고 유엔군 사령관(=주한미군 사령관)이 판단한다? 지나가던 소가 웃을 일이다.

논란의 대상인 유엔군 사령관의 '군사분계선 통과와 비무장지대 출입 허가권'(이하 허가권)은 정전협정에 근거를 두고 있다. 정전협정은 허가권의 범위·절차를 따로 밝히지 않았다. 다만 협정의 목적과 효력 범위를 서언에 명시했다. "한반도에서 적대 행위와 일체 무력 행위의 완전한 정지를 보장하는 정전을 확립할 목적"이며 "정전 조건과 규정의 의도는 순전히 군사적 성질에 속하는 것"이다. 전쟁의 재발을 막는 데 초점을 맞춘 정전협정은 남과 북이 비무장지대를 평화적으로 활용하고 화해·협력을 위해 군사분계선을 넘나드는 미래를 상상하지 못했다.

유엔사 설치 근거인 UN 안전보장이사회 결의 84호(1950년 7월 7일)는 1항에서 "방어를 위한 한국 지원과 국제평화와 안보 회복"이 목적이라 명시했다. 유엔사 권한의 전제다. 한국군 작전통제권을 유엔사에 이양한 대한민국 대통령 이승만의 공한(1950년 7월 14일)도 "적대 행위가 계속되는 동안"으로 한정했다.[134] 따라서 유엔사 허가권은 '적대·무력 행위 방지를 위한 군사적 성질'에 관한 일로 한정됨이 마땅하다.

10년의 겨울과

2년의 봄

2008-2020

...여 명확히 교체될 때까지는 계속 효력을 가진다

...제외한 본 정전 협정의 일체 규정은 1953년 7 월 27 ...

...시부터 효력을 발생한다

... 월 27 일 1000 시에 조선 판문점에서 조선문 중국문 ...

... 작성한다 이 세가지 글의 각 협정 문본은 동등한 ...

조선인민군 최고 사령관　　　중국인민지원군 사령원　　연합국군 ...

조선민주주의인민공화국 원수　　　　　　　　　　　　　미국 육...

김 일 성　　　　　　　　　펑 덕 회　　　　　마 ...

참 석 자

한국전쟁 정전협정문(1953년 7월 27일)
조선인민군·유엔군·중국인민지원군 사령관 3인(김일성·마크 클라크·펑더화이)의 서명으로 당일 22시부터 발효되어 70년이 흐른 지금까지 한반도를 강고한 냉전질서에 가둬두고 있는 문서다. 북핵문제는 물론 남북관계와 북미관계 등 한반도 평화와 관련된 모든 현상의 근원을 거슬러 추적하다 보면 공통적으로 만나게 되는 문서이기도 하다.
따라서 협정에는 불참했지만 전쟁의 실질 당사국인 한국을 포함한 남북미중의 '4자 평화회담'이야말로 얽히고설킨 한반도 문제의 실마리이자 결자해지 방안으로 거론된다.

이명박정부의 대북강경책과
북한 붕괴론

2008.2~2013. 2

"통일부를 폐지하겠다"는 선언이 앞날의 모든 혼란과 절망을 예고했다. 2008년 1월 16일, 이명박 정부 출범을 준비하던 17대 대통령직 인수위원회는 외교통상부와 통일부를 합쳐 외교통일부로 개편하겠다는 정부조직개편안을 발표했다.[*1] 말만 통폐합이지 사실상 통일부를 없애겠다는 발표였다. 인수위 외교·통일·안보 분과는 통일부를 그대로 두자는 의견을 냈으나 "남북관계를 국제정세에 대한 명확한 판단, 우방과의 면밀한 공조 속에서 진행해야 한다"는 이명박 당선자의 뜻에 따라 통일부 폐지 발표가 나왔다는 것이다.[2] 이동관 인수위 대변인은 통일부 폐지가 대통령 당선자의 지시라고 공식

---

* 박재완 대통령직 인수위 정부혁신·규제개혁 태스크포스 팀장은 2008년 1월 16일 이명박 정부의 조직개편안을 발표하며 "서독 내독성도 내무행정과 통일을 함께 담당했던 부서인 만큼 통일부가 반드시 따로 있을 필요성이 없다고 판단했다"고 기자들한테 설명했다.

확인했다.

이명박 정부의 통일부 폐지 방침은 남북관계를 "나라와 나라 사이의 관계가 아니라 통일을 지향하는 과정에서 형성되는 특수관계"(통일 지향 특수관계)로 규정해 서로를 '외국'으로 대하지 않기로 한 남북기본합의서 정신을 정면으로 부정하는 처사였다. '작은정부론'을 앞세워 외교부에 합병시키는 방식으로 통일부를 해체하려던 이명박 정부의 무리수는 "통일부를 없애지 않으면 나라가 망하나"라는 김대중의 힐난이 아니더라도 그야말로 초당파적 여론의 반발에 무릎을 꿇었다.[3] 민주당 정부의 임동원·정세현·이종석은 물론 '전두환의 괴벨스'로 불린 허문도까지, 역대 통일부장관의 예외 없는 반대와 성토는 통일부가 일개 정권 차원에서 존폐를 논하거나 이념·진영 다툼의 대상이 되어서는 안 된다는 것을 보여준다.

그러나 '통일부 해체 실패'는 이명박 정부에 교훈이 아닌 오기를 심었다. 이명박 정부는 2008년 3월 26일 서울 종로구 삼청동 남북회담본부에서 열린 통일부 업무보고에서 '6·15 공동선언'과 '10·4 정상선언' 부정을 공식화했다. 통일부 업무보고와 이명박 대통령의 발언에서 6·15 공동선언과 10·4 정상선언은 단 한 차례도 등장하지 않았다. 10·4 정상선언의 핵심 사업인 서해평화협력특별지대 건설, 조선 협력단지 건설, 개성-신의주 철도 개보수 등 대형 인프라 협력사업과 관련한 언급도 전혀 없었다. 이명박은 "과거처럼은 안 할 것"이라며 "통일부의 모든 간부들은 이제까지 해 오던 방식의 협상 자세를 바꿔야 한다"라고 말했다.[4] 김대중·노무현 정부와 전면적 단절 선언이었다. 10·4 정상선언을 "북남관계 발전과 평화번영을 위한 지침"이라며 승계·이행을 촉구해온 북쪽에 좋은 신호일 까닭이 없다.

6·15와 10·4 선언 승계 거부

통일부 폐지를 꾀하고, 지난 10년간 남북 정상들이 합의한 공동선언의 승계·이행을 거부한 이명박은 천연덕스럽게 '비핵·개방·3000구상'을 대표 대북정책으로 내세웠다. 북이 먼저 핵을 포기하고 자발적으로 개방에 나서면 10년 안에 1인당 소득을 3000달러로 만들어주겠다는 시혜적 입장의 정책이었다. 북은 "이명박 역도" 운운하는 욕설로 응답했다. "이명박 역도의 개방 넋두리는 결국 반북대결을 고취하기 위한 반민족 궤변이고 북남관계를 전면 부정하는 반통일적 망동"이자 "우리의 존엄과 체제에 대한 용납 못할 도발"이라는 것이다.[5]

　남북 사이 긴장이 높아가던 와중에 예상치 못한 불행한 사태가 터졌다. 2008년 7월 11일 이른 새벽 금강산 장전항 해수욕장을 산책하다 통제구역을 벗어난 관광객 박왕자 씨가 조선인민군 초병이 쏜 총에 맞아 숨진 것이다. 이튿날 이명박 정부는 금강산관광 중단을 선언하고 관광객들을 모두 남쪽으로 철수시켰다. 김정일이 현정은 현대그룹 회장을 직접 만나 사건에 대해 유감을 표시하고 재발방지를 약속했지만 이명박 정부는 금강산관광을 재개하지 않았다. 그렇게 탈냉전기 남북 화해·협력의 상징인 금강산관광이 깊은 겨울잠에 빠졌다.

이명박 정부는 6자회담에도 찬물을 끼얹었다. 2008년 북한과 미국은 '행동 대 행동' 원칙에 따라 6자회담 합의사항을 착실하게 이행한다. 6월 김정일은《CNN》의 생중계 속에 영변 핵시설 냉각탑을 폭파했다. 부시 대통령은 북한에 대한 '적성국교역법' 적용 해제와 함께 테러지원국 명단 삭제를 지시했다.

그러나 이명박 정부는 미국의 강경파와 손잡고 '북핵 검증'을 빌미로 6자회담의 좌초를 도모했다. 그들의 바람대로 2008년 12월 베이징에 모인 6자회담 수석대표단은 북한의 비핵화 조치 검증방법 합의에 실패했다. 이명박은 이듬해 9월 UN총회 연설에서 '그랜드 바겐'이라는 일괄타결론을 제안하며 6자회담과 남북정상회담의 단계별 합의·이행 전략을 부정했다. 웃는 낯으로 재를 뿌리는 이명박의 '그랜드 바겐'을, 미 국무부 대변인은 "그의 말, 그의 정책"이라며 냉소했다. 2008년 12월 이후 6자회담은 지금까지 다시 열리지 못하고 있다.

남과 북의 난타전

운명의 2009~2010년, 남과 북은 일대 '난타전'을 벌인다. 2010년 3월 26일 금요일 늦은 밤 백령도 서남쪽 1.8㎞ 해역을 지나던 대한민국 해군 초계함 천안함이 "북한 소형 잠수함정으로부터 발사된 어뢰에 의한 외부 수중폭발로 침몰"(천안함 민군 합동조사단 발표)했다. 배에 타고 있던 해군장병 46명이 목숨을 잃었다. 2009년 11월 10일 서해 대청도 근처 북방한계선NLL 해상에서 남쪽 해군이 북쪽 경비정 '등산곶 383호'를 교전 끝에 반파한 지 137일째 되는 날이었다.

이명박 정부는 개성공단을 뺀 모든 남북 교류협력 사업을 금지하는 '5·24 조치'로 응수한다. 유일하게 살아남은 개성공단에 대한 신규 투자마저 금지한 고강도 대응이었다. 남북 경제협력 통계를 시작한 1989년 이후 남북 사이 숱한 대화 중단과 군사적 충돌에도 한 번도 중단한 적 없던 교역과 위탁가공을 이명박 정부는 전면 금지했다.

5·24 조치는 대북제제의 탈을 쓴 자해행위였다. 이 조치로 남쪽 기업 입은 직접 피해액(45억 달러)은 북쪽(8억 달러)의 5배를 넘었다.[6] 설립 이후 고속성장을 거듭하던 개성공단은 이후 기가 꺾였다. 그 대신 북중 접경지역에서 중국 기업이 설비와 원료를 제공하고 북쪽 노동자들이 물건을 만드는 북중 위탁가공 사업이 섬유 산업을 중심으로 급작스레 활발해졌다.

2010년 11월 23일 "오후 2시 34분부터 2시 55분까지, 오후 3시 10분부터 3시 41분까지 북한이 해안포와 곡사포 100여 발을 연평도로 발사했고, 이 가운데 수십 발이 주민이 거주하는 마을로 떨어졌다"(합동참모본부 발표). 해병대 장병 2명, 그리고 해병대 관사 신축 공사를 하던 김치백·배복철 씨가 숨졌다.[7] 1970년대 이후 첫 포격전과 민간인 사망에 여론이 들끓었고, 남북관계는 더 깊은 수렁으로 빨려들어갔다.

이명박의 예언

"통일이 가까운 것을 느낀다."

남북관계가 엉망으로 뒤엉킨 2010년, 이명박은 8·15 광복절 경축사에서 느닷없이 "통일은 반드시 온다"며 '통일세' 신설을 제안했다. 그러곤 "통일이 가까운 것을 느낀다"(2010년 12월 9일 말레이시아 동포간담회)거나 "통일은 도둑같이 올 것이다. 그리 오래 걸리지 않을 것"(2011년 6월 21일 민주평통 간부위원 임명장 수여식)이라며 '북한 붕괴론'을 쉼 없이 제기했다.

나름의 '근거'가 없지는 않았다. 이명박은 김정일의 건강 악화에 주목했다. 김 위원장은 2008년 9월 9일 평양 김일성광장에서 열린 조선민주주의인민공화국 창건 60돌 경축 열병식에 모습을 드러내지 않았는데, 이때부터 제기된 건강이상설은 그가 2009년 1월 23일 평양을 찾은 왕자루이王家瑞 중국공산당 중앙위 대외연락부장을 만난 뒤에야 가라앉았다. 사실 김정일은 2008년 8월 뇌졸중으로 쓰러졌다가 프랑스 및 중국 의료진의 도움으로 가까스로 회복한 상황이었다. 일본《아사히신문》(2016년 12월 23일)에 따르면 당시 김 위원장의 뇌 CT(컴퓨터단층촬영) 사진을 정밀 분석한 한국 국가정보원과 미 CIA가 "3~5년 내 사망"을 예상했다고 한다.

김정일은 뇌졸중에서 회복한 뒤 2010년 9월 28일 44년 만에 조선노동당 대표자회를 소집해 20대인 아들 김정은으로의 '3세 승계'를 공식화했다. 그는 2010~2011년 이태 동안 중국을 세 차례(2010년 5월 3~7일과 8월 26~30일, 2011년 5월 20~27일), 러시아를 한 차례(2011

년 8월 20~27일) 오가며 뒷배를 다졌다. 후진타오를 만난 김정일은 "조중친선의 바통을 후대들에게 잘 넘겨주고 그것을 대를 이어 강화발전시켜나가도록 하는 것은 우리들이 지닌 중대한 역사적 사명"이라고 거듭 호소했다.[*]

이명박은 김정일의 이런 분주한 행보를 '북한 붕괴'의 전조라 믿고 싶었던 듯하다. 이런 믿음의 확산은 대북정책의 실패를 합리화하는 데 맞춤한 핑곗거리였다.

김정일이 2011년 12월 17일 숨을 멈췄다. 그래서 개신교 장로인 이명박의 '예언'대로 "통일이 한밤중에 도둑처럼" 왔나? 조선민주주의인민공화국은 망했나?

금강산관광 10년과 멈춰 선 미래

1998. 11~2008. 7

"아버지~."

1998년 11월 19일 이른 아침, 현대금강호가 금강산 자락이 동해로 흐르는 장전항에 닿기 직전 한 할머니가 분단 반세기 꿈에도 잊지 못한 북녘의 아버지를 목 놓아 불렀다. 그 아버지가 살아 계실리 만무. 금강산 줄기를 타고 흘러 갑판을 때리는 이른 겨울바람이 서럽게 맵찼다.

첫 금강산 관광객 826명을 포함한 1418명을 태운 현대금강호가 전날 오후 5시 43분 강원도 동해항을 떠나 14시간여 만인 19일 아침 8시께 장전항에 닻을 내렸다. 남북 분단사 최대·최장 교류협력 사업인 금강산관광의 시작이다. 금강산 땅을 밟자마자 엎드려 절을 하는 노인이 숱했다. 금강산 구룡연·만물상 가는 길의 연주담 등 절경 앞에 남녘에서 챙겨 온 제수를 펼치고 반세기 만의 제사를 지내는 이들도 있었다. 당시 구순으로 첫 관광객 가운데 최고령인 심재

린 할아버지는 "하늘을 날 것처럼 기분이 좋다"고 했다(평안남도 진남
포 출신인 심 할아버지는 "죽기 전에 고향에 가보면 좋겠다"던 꿈을 이루지 못하고
눈을 감았다). 관광객 826명의 압도적 다수가 늙은 실향민이었다. 자
식들에게 유언을 남기고 배에 오른 이들이 적잖았다.

애초 금강산관광사업은 "일생 소원이 내 고향 금강산을 국제관
광단지로 만들어 통일에 기여하는 것"이라던 정주영의 '꿈'에서 시
작됐다. 정주영은 금강산 자락 통천에서 나고 자랐는데, 가출하면서
훔친 "아버님의 소 판 돈 70원"을 밑천으로 자전거수리점부터 시작
해 한국의 대표적 자본가가 된 입지전적 실향민이다. 김대중을 도와
'정주영의 꿈'이 실현되도록 정책적으로 지원한 임동원도 압록강 변
평안북도 위원에서 나고 자란 실향민이다.

"평화로 가는 여권"

그들 실향민의 처절한 수구초심이 '불가능한 꿈'이던 금강산관광을
현실로 만든 힘이자 수호천사다. 그러나 그 수구초심만으로 남북교
류협력사에 규모와 위상이 압도적인 금강산관광 10년의 전모를 설
명할 순 없다. 1998년 11월 18일부터 2008년 7월 11일까지 금강산
관광을 다녀온 이는 193만4662명(해로관광 55만2998명, 육로관광 138만
1664명).⁹ 그 숫자만큼 다채로운 금강산행의 사연이 있을 터. 실향노
인, 이산가족, 체험학습·수학여행 학생·교사, 가족여행, 오지여행,
호기심 여행….

10여 년간 200만 가까운 이들의 금쪽같은 시간과 돈을 쓰게 만

든 '힘'을 되짚어볼 필요가 있다. 단절과 적대의 세월을 끝낼 '먼저 온 미래'가 '금강산관광 10년'에 숱한 씨앗을 뿌려놓았기 때문이다.

금강산관광 10년은 남과 북이 화해·협력·공존·평화의 마당으로 나아가려면 풀어야 할 난제가 무엇인지, 꿈을 현실로 바꾸려면 어떤 우여곡절을 견뎌내야 하는지를 일깨워준 산 교육의 장이다. UN은 관광을 "평화로 가는 여권A passport to peace"이라 했는데, 금강산관광만큼 이 비유에 맞춤한 게 없다.

출발은 거창했다. 역사적 의미만큼 상업적 기획의 스케일도 거대했다. 정주영한테 금강산관광은 남북철도연결·서해안산업공단(개성공단)·통신현대화·발전시설사업 등 '7대 경협사업' 현실화의 마중물이었지 최종 목표는 아니었다. 정주영이 현대 계열사의 정예인력을 끌어모아 남북경협사업 주체로 1999년 2월 '주식회사 현대아산'을 따로 만든 까닭이다.

1998년 11월 19일 이른 아침 현대금강호가 처음 닻을 내린 장전항은 북쪽 동해의 최전선 군사항, 유고급 잠수정 기지였다. 금강산관광 초기 장전항엔 관광선 바로 옆에 군함이 정박했다. 관광 지속과 함께 장전항을 쓰던 북의 동해함대는 북쪽으로 100km 남짓 물러섰다. 한반도의 허리를 가른 군사분계선 동쪽에 너비 100km에 이르는 '평화 회랑' 만들어진 셈이다.

'비싸고 불편한 관광'이 부른 적자

정주영은 사업 초기 "한 해 관광객 50만 명 이상"을 자신했다. 관광객 폭주에 따른 혼란을 걱정해 금강호·봉래호의 침실 배정을 자동 추첨하는 프로그램을 개발했을 정도다. 그러나 100만 원을 훌쩍 넘는 비싼 관광요금, 편도 14시간에 이르는 지루한 뱃길, 4박 5일이라는 긴 여정은 주머니가 가벼운 시민의 금강산행을 가로막았다.* 한국인이라면 누구나 한번쯤 가보고 싶어할 금강산의 매력, 실향민의 수구초심 등을 동력으로 1998년 한 달 보름간 1만554명을 시작으로 1999년 14만8074명, 2000년 21만3009명으로 상승세를 타던 금강산관광객은 2001년 5만7879명으로 급격히 줄어들었다. 2002년 1월엔 한 달 관광객이 1000여 명으로 날개 없이 추락했다. 현대의 적자가 눈덩이처럼 불었다.

필요는 변화의 어머니라고 했던가? 금강산관광사업의 양대 주체인 현대와 북쪽 조선아시아태평양평화위원회(아태평화위)는 무자비한 현실에 적응하려 발버둥을 쳤다. 애초 관광객 수와 무관하게 한 달 1200만 달러이던 관광 대가를 2001년 6월부터 1인당 100달러로 바꿨다. 아태평화위가 현대의 어려움을 고려해 당장의 수입 급감을 감수하기로 했는데, 근본적으론 '더 많은 수입'을 위해 '시장의 논리'를 존중하며 관광객을 늘려나갈 수밖에 없다는 현실인식에 따른 것이다. 남북 경협사에 기록해둘 만한 선택이다.

하지만 관광 대가 조정은 현대와 아태평화위의 분배 몫 조정일 뿐 관광객 유인책은 될 수 없었다. 2002년 8만4727명, 2003년 7만

---

* 첫 금강산관광의 1인당 요금은 평균 130만 원 선으로 이는 오스트레일리아나 캐나다 7박 8일 관광상품과 같은 수준이었다.

4334명, 한 달 관광객이 1만 명도 안 됐다.

그사이 금강산관광사업의 기획자이자 산파인 정주영이 숨을 멈췄고(2003년 3월 21일), 다섯 달도 지나지 않아 정몽헌 현대아산 이사회 회장이 "나의 유분을 금강산에 뿌려주기 바란다"라는 유언을 남기고 스스로 목숨을 끊었다(2003년 8월 4일).

남북경협의 유전자에 새긴
'사용자 편의성'과 '경제성'

난파 위기의 금강산관광사업을 살릴 특단의 대책이 시급했다. 현대와 아태평화위는 2003년 9월 1일부터 버스로 군사분계선을 가로지르는 육로관광 상품을 내놨다. '중무장한 군사분계선을 버스를 타고 통과해 금강산에 간다'는 육로관광의 개념은, '지루하고 단조로운 해로관광'이라는 악평으로 시들해진 시민의 관심을 일거에 되살렸다. 관광요금도 30만 원대로 크게 낮췄다. 2004년엔 '당일 관광'과 '1박 2일 관광'이 새 상품으로 출시됐다. 특히 1인 12만 원(학생은 9만 원)짜리 당일관광은 금강산관광의 문턱을 크게 낮췄다.

시민들의 주머니 사정과 시간 여유에 맞춘 다양한 상품의 출시는 관광객 폭증으로 이어졌다. 수년째 10만 명 아래에서 맴돌던 금강산관광객은 2004년 26만8420명 →2005년 29만8247명 →2006년 23만4446명 →2007년 34만5006명으로 상승곡선을 그렸다. 2007년 10월엔 6만3000명이 금강산을 다녀가 '월 최고기록'을 갈아치웠다. 2008년 3월 17일부터는 자가용을 몰고 금강산에 다녀올 수 있는 '승용차관광 상품'도 출시됐다.

관광상품만 다양해진 게 아니었다. 관광 초기 관광로 양편에서 집총 자세로 눈을 부라리던 인민군이 사라지고 온정각~금강산호텔 사이 솔숲길을 자유롭게 산책할 수 있게 '자유'가 늘었다. 10달러만 더 내면 '조선의 4대 온천'으로 유명한 금강산온천에 몸을 담글 수 있게 됐다. 여름엔 항아리 모양의 장전항 바다에서 해수욕하고 모래 사장에서 야영할 수 있게 됐다. 2006년부터는 금강원·목란관·단풍관 등 북쪽이 운영하는 식당에서 평양냉면과 꿩고기 등 북쪽의 고급 요리를 사먹을 수 있게 됐고, 야간엔 숙소 주변의 '온정리포장마차'에서 금강산의 밤하늘과 별무리를 보며 이야기꽃을 피울 수 있게 됐다. 만성적자에 시달리던 현대아산의 금강산관광사업은 2005년 흑자로 돌아섰다.

'민족사업'이란 대의를 앞세워 시작된 금강산관광은 '비싸고 불편한 관광'에 대한 사람들의 외면으로 한때 파산의 벼랑에 몰렸다. 그러나 남과 북은 군사분계선을 열어 육로관광·당일관광·승용차관광을 성사시키며 남북경협의 유전자에 '사용자 편의성'과 '경제성'을 새겨넣었다. '금강산관광 10년'은 지속가능한 남북교류협력사업의 산증인이자 나침반이다. 2008년 7월 11일 이른 새벽 일반인 출입이 금지된 장전항 해변을 산책하던 관광객이 인민군 초병의 총격으로 목숨을 잃은 비극적 사건으로 중단된 금강산관광이 긴 겨울잠에서 깨어나기를 바라는 까닭이다.

김정일의 죽음,
관계회복 기회를 걷어찬 한국

2011. 12

1994년 7월 김일성의 갑작스러운 죽음으로 김영삼이 놓쳐버린 사상 첫 남북정상회담의 기회는 '인간 김영삼'이 영혼을 팔아서라도 이기고 싶어 한 숙적 김대중에 의해 2000년 6월에야 현실이 됐다. 1994년 7월~2000년 6월, 그 여섯 해의 세월 동안 날려버린 화해와 협력과 평화의 기회가 어떤 것일지, 그게 얼마만큼 소중했을지, 우리는 아직도 가늠하지 못한다.

1994년 한반도를 적대와 광기의 수렁에 밀어 넣은 '조문 파동'은 피할 수 없는 운명이었을까? 그럴 리가. 예상치 못한 '김일성의 죽음'을 남과 북의 오랜 적의를 녹이고 화해의 정화수로 쓸 길은 열려 있었다. 김영삼이 애써 그 길을 가지 않았을 뿐이다.

당시 미국 대통령 클린턴의 선택은 김영삼과 전혀 달랐다. 북한한테 미국이 어떤 나라인가? 북한은 오랜 세월 대한민국 정부를 "식민지 괴뢰"라고 멸칭했는데, 이는 자기네 '주적'이 "승냥이 미제"라는 인식에 뿌리를 둔다. 미국 또한 한국전쟁 때부터 지금껏 북한을 '봉쇄' 수준으로 고립시키며 공식 외교관계를 맺지 않아왔다. 그런 미국의 대통령이 '김일성의 죽음'에 '조문 성명'을 발표하고, 북미고위급회담 대표단의 조문을 승인했다. 이를 두고 클린턴 행정부 내부 논의에 참여한 한 인사는 "미국 정부가 사소한 것으로 (북한에) 크게 생색을 낼 수 있는 기회"라고 짚었다고 당시 북미고위급회담 미국 쪽 수석대표였던 갈루치는 회고했다.[10]

《노동신문》은 1994년 7월 11일 3면에 클린턴의 '조문 성명' 전문을 실었다. 내용은 이렇다.

> 나는 미국 인민들의 이름으로 김일성 주석의 서거에 즈음하여 북조선 인민들에게 진심으로 되는 조의를 표시합니다. 우리는 두 정부 사이의 회담 재개를 위한 김일성 주석의 영도력을 평가합니다. 우리는 회담이 적절하게 계속되기를 희망합니다.[11]

조전보다 격이 낮은 '성명' 형식을 취하고, '조의'의 대상을 북한 당국이 아닌 "북조선 인민"으로 한정해 정치·외교적 논란을 최대한 피하면서도 '김일성의 죽음' 탓에 '1차 북핵위기' 해소를 목표로 한 북미고위급회담이 중단되지 않기를 바란다는 '정책 의제'를 밝힌 것이다.

갈루치는 스위스 제네바 주재 북한대사관을 찾아가 조문했다. 클린턴 정부의 바람대로 1994년 8월 5~12일 '북미 3단계 고위급회담'이 열려 '4개 항 합의문'이라는 결실을 거뒀다. '김일성의 죽음'이라는 돌발 악재를 '1차 북핵위기'를 봉인할 제네바 기본합의로 가는 디딤돌로 삼은 것이다.

클린턴의 외교, 김영삼의 정치

클린턴이라고 국내의 반발에 시달리지 않았을 리 없다. 당시 야당인 공화당은 클린턴이 한국전 참전용사와 그 가족의 심정을 헤아리지 않았다며 맹비난했다. 그러나《뉴욕타임스》는 〈상원의원, 그것이 외교요It's called diplomacy, Senator〉라는 제목의 사설로 공화당 원내 대표의 '조문 반대'를 비판했다.

조문은 개인에겐 '도리'(인륜)의 문제이지만, 국가에는 '외교'다. 국제사회에 '조문 외교'라는 개념이 있고, '적한테도 미소를 보낼 수 있는 외교적 행위'라 불리는 까닭이다. 갑작스러운 '김일성의 죽음'에 미국 대통령 클린턴은 '외교'를 했고, 대한민국 대통령 김영삼은 '정치'를 했다. 그 차이가 이후 남북관계와 북미관계의 행로를 갈랐다.

'김일성의 죽음'을 외교의 기회로 삼은 국가가 클린턴의 미국만은 아니다. 북한이 지금도 "철천지원수"라고 비난하는 일본 정부도 '조문 외교'에 적극 나섰다. 당시 일본 총리인 무라야마 도미이치는 내각 수반이 아닌 사회당 위원장 자격으로 조전을 보냈고, 연립정부의 세 축인 사회당과 자민당, 신당 사키가케는 모두 당대표 이름으로 조전을 보냈다.[12] 일본은 3당 공동 조문단을 평양에 보내겠다고 했으나, 북한이 "외국의 조의대표단은 받지 않기로 한다"는 공식 방침을 내세워 거절했다.

외국인 미국·일본과 '동족상잔'의 비극을 겪은 대한민국은 대응이 다를 수밖에 없다고? 과연 그럴까? 바로 옆 중화인민공화국과 중화민국(대만)은 한반도와 마찬가지로 오랜 세월 내전과 분단을 겪었지만 1975년 장제스 총통, 1976년 마오쩌둥 주석의 죽음 때 서로 조의를 표했다. 전쟁 중에도 '외교'는 멈추지 않는 법이다. 그래야 평화와 공존의 길이 막히지 않는다.

그래서 대한민국과 조선민주주의인민공화국은 1994년의 '조문 파동'에서 교훈을 얻었는가? 그렇기도 하고 아니기도 하다. "김정일 동지께서 주체100(2011)년 12월 17일 8시 30분에 현지지도의 길에서 급병으로 서거하시었다." 2011년 12월 19일 정오 《조선중앙텔레비전》 등 북한 매체의 '중대보도'로 일제히 최고지도자 김정일의 죽음을 전했다. 구체적 사인에 대해선 "17일 달리는 야전열차 안에서 중증 급성 심근경색이 발생되고 심한 심장성 쇼크가 합병됐다"고 밝혔다. 공교롭게도, 북의 두 "영원한 수령"이자 부자 사이인 김일성과 김정일의 사인은 같다.

김영삼의 실패를 답습한 이명박

이명박 정부는 북한의 '김정일 사망' 발표 다음 날 대응 방침을 밝혔다. 첫째 "북한 주민들에게 위로의 뜻을 전한다", 둘째 "북한에 정부 차원의 조문단은 보내지 않기로 했다", 셋째 "고 김대중 전 대통령과 고 정몽헌 현대그룹 회장의 유족에 대하여 북측의 조문에 대한 답례로 방북 조문을 허용할 방침이다", 넷째 "북한이 조속히 안정을 되찾아 남북이 한반도 평화와 번영을 위해 협력할 수 있게 되기를 기대한다". 대통령 주재로 청와대에서 외교안보장관 회의를 한 뒤 류우익 통일부장관이 청와대 춘추관에서 발표한 '정부 담화문'의 뼈대다.

북한 주민에게 위로를 전하고 '특수관계인'의 방북 조문을 허용했다는 점에서 17년 전 '김일성 사망' 뒤 김영삼 정부의 대응에 비춰 진일보했다. '김정일 사망'을 '반북 선동'의 불쏘시개로 악용하지도 않았다. 류우익 장관이 밝힌 대로 "12월 23일로 예정했던 전방 지역에서의 성탄트리 점등을 금년에는 유보하도록 교계에 권유"한 게 대표적이다. 하지만 이명박 정부는 정부 차원의 조전 발표나 조문단 파견은 거부했다. 따라서 김영삼 정부의 대응과 본질적으로 다르다 하기 어렵다.

이명박 정부의 이런 '절충적 선택'은, 17년 전 클린턴 행정부가 '김일성 사망' 직후 '대통령 조문 성명'을 발표하고 북미 고위급 대표단의 북한대사관 조문이라는 '조문 외교'를 펼친 선례에도 미치지 못한다. 2009년 8월 김대중 전 대통령 서거 때 북쪽이 김기남 조선노동당 중앙위 비서와 김양건 통일전선부장 등으로 이뤄진 고위급 공식 조문단을 남쪽에 파견한 사실과도 비교된다. 김기남과 김양건은 방남 기간 이명박과 현인택 통일부장관을 만났다. 김대중의 죽음을 계기로 남북 고위급 대화의 물꼬가 트인 것이다.

이명박 정부는 '김정일의 죽음'을 남과 북의 화해와 당국 관계 개선의 마중물로 활용하지 못했다. 북한 당국은 2011년 12월 25일 조국평화통일위원회를 통해 "온 겨레는 이번에 남조선 당국의 도덕적 한계뿐 아니라 북남관계 개선에 대한 진정성을 최종적으로 검토하게 될 것"이라며, 남쪽 정부 차원의 조전·조문단 등 전향적 조처를 에둘러 요청했다. 하지만 이명박 정부는 이희호 여사와 현정은의 방북 조문을 허용하면서도 정부 명의의 조전 발표나 조문단 파견은 끝내 거부했다. 결국 이명박 정부 임기 마지막까지 남북 당국 간 회담은 단 한 차례도 열리지 않았다.

'김정일 사망' 발표 당일(2011년 12월 19일) 리얼미터 조사에선 정부의 공식 애도 표명에 찬성하는 의견이 49.6%(반대는 31.4%)였고, 하루 뒤인 12월 20일 《중앙일보》 조사에선 '정부가 북한 당국에 조의를 표하는 것'에 65.4%가 찬성했다. 1994년 7월 '김일성 사망' 뒤 격심한 '조문 파동'에서 더 크고 깊은 교훈을 얻은 쪽은 "국민 정서 고려"를 입에 달고 살던 이명박 정부보다 '2011년 12월 대한민국 국민들'이었다고 해도 과언이 아니다.

서해 북방한계선NLL
한반도의 화약고

2012. 10

2002년 6월 29일 오전 서해 연평도 근처 해역에서 북한 해군경비정 684호의 "기습적인 함포사격"으로 남쪽 고속정 참수리 357호(156톤급)가 침몰했다. 정장 윤영하 대위를 포함해 승조원 6명이 목숨을 잃었고, 18명이 크게 다쳤다. 북쪽 경비정 684호도 남쪽의 사후 반격으로 전투능력을 상실하고 북쪽 경비정 388호에 예인돼 북으로 돌아갔다. 북쪽 인명 피해는 확인되지 않았다. '2차 연평해전'이다. 한반도 남과 북의 청년들이 서로한테 총부리를 겨눈 그날 저녁 대구에선 2002 한일 월드컵 3·4위전 한국과 터키(튀르키예)의 경기가 열릴 참이었다. 군사정전체제에 포획된 한반도의 평화는 늘 위태롭다.

남쪽 군당국은 "3년 전 연평해전에서의 참패에 대한 복수를 노려온 해당 현지 부대(제8전대)에서 계획적으로 도발했을 가능성이 높다"는 분석을 내놨다.[13] 1999년 6월 15일 꽃게잡이 어선을 보호하던 북쪽 경비정이 서해 북방한계선NLL을 넘자 이를 밀어내려던 남쪽 해군 고속정과 북쪽 경비정의 '14분 포격전'이 벌어졌다. 북쪽 어뢰정이 침몰하고 경비정이 대파되며 북쪽 승조원 130여 명이 죽거나 다쳤다. '1차 연평해전'이다. 요컨대 2차 연평해전은 3년 전의 '대패'에 대한 북쪽의 복수극이라는 것이다.

2차 연평해전 다음 날, 북쪽은 핫라인(긴급 직통전화)을 통해 "이 사건은 계획적이거나 고의성을 띤 것이 아니라 순전히 현지 아랫사람들끼리 우발적으로 발생시킨 사고였음이 확인됐다. 매우 유감스럽게 생각한다. 다시는 이러한 사고가 재발되지 않도록 노력하자"는 내용의 긴급 통지문을 보내왔다.[14] 2000년 6월 사상 첫 남북정상회담을 계기로 설치된 핫라인이 우발적 군사충돌이 확전으로 번질 위험을 차단하는 안전판으로 작동한 셈이다. 사건 며칠 뒤 한미연합사령부도 "(북쪽) 제8전대 이상의 상급부대에서 도발을 지시했다는 징후는 전혀 발견할 수 없었다"는 정보판단을 김대중 정부에 알려왔다.[15]

김대중 정부는 북쪽의 긴급 통지를 핫라인으로 접수한 뒤 "공개적으로 사과하고, 책임자 처벌, 재발방지를 보장하라"는 회신을 보냈다. 북쪽은 "서해 해상에서 우발적으로 발생한 무력충돌 사건에 대해 유감스럽게 생각한다"는 전화통지문을 통일부장관 앞으로 보내왔다.[16]

'합의 없는 분계선'에 얽힌
원한의 사슬

그렇게 사태는 일단락됐다. 하지만 3년 사이 인명 피해를 동반한 두 차례의 무력충돌은 남과 북에서 서로 다른 이유로 적개심을 지피는 불쏘시개로 작용했고, 서해 평화에 깊은 내상을 남겼다.

남쪽의 인명 피해가 컸던 2차 연평해전을 두곤, "2000년 정상회담 이후 한반도 문제에서 주도권을 잡지 못하고 수세에 몰려 있던 보수진영이 재기하고 뭉치는 발판이 되었다"는 평가가 나왔다.[17] "서해교전(2차 연평해전)을 빌미로 일부 언론과 야당이 연일 햇볕정책을 공격했다. '패전의 원인은 다름 아닌 햇볕정책에 있다.' 야당 대통령 후보는 금강산관광을 중단하라고 촉구했다"고 김대중은 회고했다.[18] 실제 2차 연평해전 뒤 보수 쪽의 공세가 격화하자 김동신 국방부 장관이 결국 '작전실패'의 책임을 지고 사퇴했다. 북쪽의 인명 피해가 컸던 1차 연평해전을 두곤, "북한군 130명이 사상된 것으로 추정되는 이날의 교전은 서해에서 남북한이 원한의 사슬로 얽히게 된 결정적 계기"라는 평가가 있다.[19]

이렇게 서해 북방한계선 인근의 남북 군사충돌로 어렵사리 쌓아온 한반도 평화가 흔들리는 사태가 되풀이되는 건 정전협정에 해상분계선이 설정돼 있지 않은 사정과 무관하지 않다.

정전협정은 155마일(약 250km)에 이르는 육상 군사분계선MDL과 한강하구 공동이용 원칙은 명시했지만, 해상분계선 합의엔 실패했다. "황해도와 경기도의 도계선 북쪽과 서쪽에 있는 모든 섬" 가운데

'서해5도'(백령도·대청도·소청도·연평도·우도)는 유엔사 관할로, 이를 제외한 "기타 모든 섬"은 북쪽의 관할로 합의했을 뿐이다(정전협정 제2조 13항 ㄴ목). 서해 북방한계선은 정전협정에 근거를 두지 않은, 유엔군 사령관 마크 클라크Mark W. Clark 대장이 북쪽과 무력충돌을 방지하려고 일방적으로 설정한 "한미 양국 군 활동의 북쪽 한계" 선이다.

북쪽은 뒷날 "당신 측이 멋대로 그어놓은 분계선은 우리가 인정한 적도 없고, 당신 측이 우리에게 통보한 적도 없고, 쌍방이 합의한 적도 없다"(1999년 6월 15일 제6차 장성급회담, 조선인민군 판문점 대표부 이찬복 준장)고 하는 등 북방한계선을 해상경계선으로 인정할 뜻이 없음을 거듭 밝혀왔다.[20] 북쪽은 1차 연평해전 직후 '조선서해 해상군사분계선'(1999년 9월 2일)과 그 후속 조처로 '5개섬 통항질서'(2000년 3월 23일)를 일방적으로 선포하기도 했다.[21]

이런 '합의 없음' 탓에 남과 북 사이에 냉전적 적대가 한창이던 1973~1975년 서해 북방한계선 인근 해역에서 남과 북이 서로를 공격해 어선과 군함을 침몰시키는 무력충돌이 빈발했다.

'서해 평화'를 위한 남북의 합의들

남과 북이 서해 북방한계선 인근의 무력충돌을 막을 방책을 궁리하지 않았던 것은 아니다. 남북기본합의서가 그 첫 성과물이다. "남과 북의 불가침 경계선과 구역은 1953년 7월 27일자 군사정전에 관한 협정에 규정된 군사분계선과 지금까지 쌍방이 관할하여 온 구역으로 한다"(남북기본합의서 2장 11조)와 "남과 북의 해상불가침 경계선은 앞으로 계속 협의한다. 해상불가침구역은 해상불가침경계선이 확정될 때까지 쌍방이 지금까지 관할하여 온 구역으로 한다"(남북기본합의서 '불가침' 부속합의서 3장 10조)가 그것이다. 요컨대 남과 북 사이 합의된 해상경계선이 없으니 이는 "앞으로 계속 협의"하되, 그전에는 "쌍방이 관할해 온 구역"을 존중한다는 합의다. '해상경계선이 없다'는 북쪽 주장과, "쌍방이 (실효적으로) 관할해 온 구역"을 존중해야 한다는 남쪽 주장의 절충이다. '합의 없는 합의'인 셈인데, 상호 상황 인식을 점검하고 논의의 공통 토대와 지향을 도출했다는 점에 의미가 있다.

그러나 우리가 이미 알고 있듯이 이 '합의'는 2000년 남북정상회담 앞뒤로 벌어진 두 차례의 연평해전으로 서해 평화의 믿음직한 향도 노릇을 하는 데 한계를 드러냈다.

김대중 정부의 화해·협력정책을 계승한 노무현 정부는 서해의 평화를 이루려 무진 애를 썼고 의미 있는 성과도 거뒀다. 우선 2차 연평해전 2년 뒤인 2004년 6월 4일 제2차 남북장성급군사회담에서 '서해해상에서 우발적 충돌 방지와 군사분계선 지역에서의 선전활동 중지 및 선전수단 제거에 관한 합의서'를 만들어냈다. 북쪽이 바란 '군사분계선 지역 선전 중지'와 남쪽이 바란 '서해해상 우발충돌 방지'를 아우른 합의다.

무엇보다 2007년 '남북관계 발전과 평화번영을 위한 선언'(10·4 정상선언)의 '서해평화협력특별지대 설치 구상'은 남북 분단사에서 '서해 평화'를 이루려는 가장 창의적이고 미래지향적인 합의다. 노무현과 김정일은 10·4 정상선언 5조에서 이렇게 합의했다. "남과 북은 해주지역과 주변지역을 포괄하는 '서해평화협력특별지대'를 설치하고 공동어로구역과 평화수역 설정, 경제특구건설과 해주항 활용, 민간선박의 해주직항로 통과, 한강하구 공동이용 등을 적극 추진해나가기로 하였다." 한반도의 화약고인 북방한계선 인근 서해 를 '평화와 번영의 바다'로 만들자는 구상으로, 2007년 남북정상회 담의 최대 성과로 꼽혔다.

　그러나 서해평화협력특별지대 구상은 세상에 나오자마자 '살해'됐다. 이명박 정부가 10·4 정상선언의 계승·이행을 거부하며 대북강경책을 택한 탓이다.

　북방한계선 인근 바다는 다시 남북 청년의 핏빛으로 물들었다. 2009년 11월 10일 서해 북방한계선 인근에서 남과 북의 교전이 벌어졌다. 7년 전의 일을 잊지 않고 있던 남쪽은 3분간 4960발을 북쪽 경비정에 쐈고, 북쪽 승무원 8명이 목숨을 잃었다. 2010년 3월 26일 엔 백령도 서남방 2.5km 해상에서 경계 임무를 수행하던 해군 제2함대사 소속 천안함(PCC-772)이 두 동강이 나 침몰했다. 승조원 104명 중 46명이 숨지는 "국가 안보 차원의 중대한 사태"가 발생했다.²² '천암함 위령탑' 비문엔 이런 문구가 있다. "천암함의 침몰이 '북한제 감응어뢰'의 강력한 수중 폭발에 의해 일어난 것이었음을 확인하였다. 이로써 천인공노할 북한의 잔악하고 호전적인 도발작태는 만천하에 드러났다. (…) 46용사들의 숭고한 희생이 있었기에 오히려 '전우가 목숨 바쳐 지킨 바다, 우리가 사수한다'는 해군 장병들의 해양 수호 의지는 자손만대에 계승될 것이다. 2011년 3월 26일 해군참모총장."

'노무현 NLL 포기 논란'과
포기할 수 없는 서해 평화

그리고 2012년 10월 8일 국회 외교통상위원회 국정감사장에서 정문헌 새누리당(현 국민의힘) 의원은 '노무현이 서해 북방한계선을 포기했다'는 주장을 제기했다. 대통령 선거를 일주일도 남기지 않은 12월 14일엔 김무성 새누리당 총괄선대본부장이 부산 서면 유세장에서 노무현이 북방한계선을 포기했다며 정상회담 발언록을 읽었다. 승부를 예측할 수 없던 대선 막판 '북방한계선 포기 논란'으로 '북풍'을 일으키려는 정치 기획이었다. 2012년 대선은 새누리당 박근혜 후보의 신승으로 끝났다. 2013년 6월 24일 박근혜 정부의 남재준 원장이 이끄는 국가정보원은 2007월 10월 노무현-김정일의 246분 분량의 회담 녹취록 전문을 공개했다.[23] 세계 정상회담사에 유례가 없는 전무후무할 '자폭 공개'다.

박근혜 정부는 내처 천안함이 백령도 앞바다에 가라앉은 '3월 넷째 금요일'을 47번째 법정기념일인 '서해수호의 날'로 지정했다. 박근혜는 2016년 3월 25일 1회 서해수호의 날 기념식에 참석해 "용사들 희생을 절대 헛되게 하지 않겠다"며 (2016년 2월 10일) 개성공단 중단은 단호한 의지의 시작일 뿐"이라고 선언했다. 그렇게 천안함 이후 서해 북방한계선은 한국에서 절대로 물러설 수 없는 '사수死守'의 대상으로 호명됐다.

이제 우리는 안다. 노무현은 북방한계선 포기 발언을 한 적이 없다는 사실을.[24] 그리고 '노무현의 친구' 문재인은 2018년 김정은과 정상회담에서 '서해 평화'라는 포기할 수 없는 꿈을 다시 '문서 합의'로 끌어올렸다. "남과 북은 서해 북방한계선 일대를 평화수역으로 만들어…"(4·27 판문점선언, 2018년), "우발적인 군사적 충돌을 방지하고 안전한 어로활동을 보장하기 위한 군사적 대책을 취해나가기로 하였다"(9·19 군사분야합의서, 2018년), 아울러 "(…) 조건이 마련되는 데 따라 (…) 서해경제공동특구를 조성하는 문제를 협의해나가기로 하였다"(9월 평양공동선언, 2018년 9월 19일). 그러나 2019년 2월 2차 북미정상회담 결렬 이후 한반도 정세는 얼어붙었고, 2018년 남북 정상의 '서해 평화' 합의도 결실을 보지 못했다.

웃을 수도 울 수도 없는 '북방한계선 포기 논란' 이후에도 남과 북의 청년들은 서해 북방한계선을 사이에 두고 대치하며 아슬아슬한 평화를 이어가고 있다. 언제 다시 남과 북 청년의 목숨을 앗아갈지 모를 '한반도의 화약고'를 평화와 번영의 바다로 일구려면 어찌해야 할까? 길이 보이지 않으면 지나온 길을 되돌아보라 했던가? 그 길 위에 1991년 남북기본합의서, 2004년 서해해상 충돌방지 합의서, 2007년 서해평화협력특별지대 구상, 2018년 4·27 판문점선언과 9월 평양공동선언과 9·19 군사합의라는 '서해 평화번영'의 지도가 있다. 남은 건 담대한 실천이다.

개성공단의 성민과 숙희들

2016. 2

2019년 5월 29일 서울 용산역의 한 극장에서 《기사선생Mr. Driver》
이라는 24분짜리 단편영화를 봤다. 개성공단을 무대로 남과 북의
청춘이 자기도 모르게 끌려들어간 봄볕처럼 아뜩하고 설레는 사랑
비스무리한 감정이 공단 폐쇄로 더는 깊어지지 못하고 멈추게 되는
이야기다. 개성공단으로 식자재를 납품하러 가는 '온달청과'의 성민
(배유람)은 통일대교를 지날 때 쿵쾅거리는 심장을 주체하기 어렵다.
난생처음 발을 딛는 북녘이 어색하고 두려워서다. 누구한테든 미지
의 세계는 설레거나 두려운 대상이다. 그런데 공단 식당의 영양사인
듯한 북녘 처자 숙희(윤혜리)의 해사한 웃음은 성민의 두려움과 어색
함을 설렘으로 물들인다.

숙희의 고장 난 자전거를 고쳐주는 성민, "기사선생, 고맙습니
다"라고 답례하는 숙희. 그렇게 남남북녀의 두 마음 사이에 다리가
놓인다. '남조선 노래가 듣고 싶다'던 숙희의 혼잣말을 놓치지 않은

성민은 MP3에 노래를 잔뜩 담아 통일대교를 건너고, 공단 식자재 창고에서 이어폰을 나눠 끼고 〈사랑 이야기 1〉 따위의 노래를 듣는다. 말로는 결코 설명할 수 없는, 공기의 미세한 떨림처럼 섬세한 감정의 파도를 '개성공단 전면 중단'(2016년 2월 10일) 조치가 완벽하게 가로막는다. 감독 김서윤은 "만날 수도 사랑할 수도 없는 남남북녀의 안타까운 상황으로 우리가 당연하게 여기는 분단 현실이 사실은 어디서도 찾아보기 힘든 비정상적인 상황이라는 것을 깨닫게 하고 싶었다"고 연출의 변을 밝혔다.

성민과 숙희는 영화 속에나 존재하는 사이일까? 그럴 리가. 수만 명의 남남북녀가 개성공단에서 10년 넘게 종일 부대끼며 함께 일을 했는데, '사랑'이 꽃피지 않을 수 있겠나? 법적으로 결혼한 부부가 탄생하지는 못했지만, 숱한 '사랑 사건'이 꼬리를 물었다. 외부에 알려지지 않았을 뿐.

개성공단의 123개 남쪽 기업과 5만5000여 북녘 노동자들은 그곳에서 물건만 만들지 않았다. 두 세기에 걸친 분단의 세월 동안 굳어진 차이와 오해를 이해와 공감으로 풀어냈다. 영화 속 성민과 숙희처럼. '성민'과 '숙희'는 남과 북 8000만 시민·인민의 다른 이름이다. 북한학자 김연철이 적절히 묘사했듯이, 개성공단은 "접촉의 공간"이었고, 무엇보다 "통일을 만드는 공장"이었다.[25]

양변기와 초코파이의 추억

'차이/오해'와 '이해/공감'의 경계는 철벽처럼 완강할 수도, 실개천

처럼 쉽사리 넘나들 수도 있다. '철벽'을 '실개천'으로 바꾸는 힘은 서로의 마음을 보듬는, 필요를 충족시키는 끈기 있는 배려다.

예컨대 이런 식. 개성공단 화장실은 처음부터 양변기였다. 남쪽에선 당연한 시설이지만, 개성공단 북쪽 노동자들의 대다수는 양변기를 사용해본 경험이 없었다. 가만히 보니, 재래식처럼 양변기에 올라타서 사용한 흔적이 많았다. 불러모아 지적하지 않았다. 화장실 문 안쪽에 양변기 사용법을 그림으로 그려 붙였다. '지적질'은 공감과 이해의 적이자 오해의 친구다.

개성공단과 직접 관련된 일을 하거나 관심이 많은 이들은 개성공단 하면 '초코파이'를 가장 먼저 떠올리기 일쑤다. '초코파이'는 공식적으론 '더 열심히, 효과적으로' 일을 하는 노동자한테 따로 혜택을 줄 수 없는 개성공단에서 성과급의 다른 얼굴이었다. "개성공단 박 사장"은 2016년 2월 공단 폐쇄 직후 《한겨레》와 한 인터뷰에서 "북한 노동자 임금에도 인센티브 개념이 있습니까?"라는 질문에 이렇게 답했다.

우리는 자꾸 차등 임금을 하자고 요구하죠. (인센티브와 비슷한) 상금제도라는 게 개성공단에도 생겼습니다. 전에는 무조건 공평하게 나눴는데, 지금은 기본급에 상금을 더해 준다는 것이지요. 그걸 관리할 수 있었던 게 초코파이예요. 임금을 북쪽 총국에 주기 때문에 우리 공장 근로자가 당국에서 실제 얼마를 받는지를 정확히 알기는 어려워요. 하지만 우리가 지급하는 초코파이는 본인이 직접 가질 수 있죠. 초코파이의 진짜 효용은 사람들에게 근로 동기를 주는 것입니다.

기본적으로 오전, 점심, 오후 휴식 시간에 하나씩 초코파이를 지급합니다. 통상 하루 세 개 지급합니다. 어려운 일, 쉬운 일 하는 일이 다 다르잖아요. 우리 공장에선 먼지 나고 어려운 일 하는 사람은 초코파이를 하루에 세 개 더 줍니다. 연장근무 수당도 있습니다. 그것도 기업이 북쪽 당국에 지급하는 것이죠. 연장노동을 하는 직원에게는 라면이나 초코파이를 한 시간에 하나 지급합니다.

포장된 남쪽 초코파이, 라면이 북한 전역 장마당(사설 시장)으로 퍼져갔습니다. 그 사람(개성공단 북쪽 노동자와 그 가족)들이 먹는 게 아닙니다. 모아서 팔고 생활이 나아지는 것이지요. 초코파이 때문에 오죽 장마당이 활성화됐으면 북한 당국에서 2015년부터 한국산 초코파이, 라면 못 주게 하겠어요? 한국 걸 사서 줬는데 그 돈도 적지 않거든. 북쪽이 자기네들 걸 사서 주라는 거야. 그래서 요즘은 80% 이상 북한 초코파이를 사서 줘요. 그건 뭐 (장마당) 유통이 안 되니까. 한국산 라면은 포장을 뜯고 비닐봉지에 주는 것은 허용하겠대요. 그렇게 나간 라면은 반값이라고 합니다. 초코파이와 라면 대신 요즘은 기름과 조미료로 대체가 됐어요.[26]

하여 '초코파이'는 '박 사장'과 북쪽 노동자를 한배에 태운 '시장경제'이자, 가족한테 더 좋은 것을 챙겨주고 싶은 북쪽 노동자의 '가족 사랑'이다.

개성공단이 이은
남북의 물길과 연락길

그렇게 남과 북의 시민·인민은 개성공단에서 양변기와 초코파이 따위, 어찌 보면 보잘것없는 물건을 매개로 서로를 도우며 이해와 공감의 폭과 깊이를 더해갔다.

사람은 물이 없이는 하루도 살 수 없다. 개성공단 사람들도 마찬가지다. 개성공단 사업은 남과 북의 수자원 공동 개발·활용으로 이어졌다. 잇단 태풍·집중호우 피해로 망가진 황해북도 장풍군 월고 저수지를 남쪽의 자재·장비·재원으로 재정비해 개성공단과 개성시에 깨끗한 물을 공급했다. 2007년 9월 13일은 북쪽 월고저수지의 물을 남쪽의 기술로 정수 처리한 수돗물을 개성공단과 개성시의 40만 남짓한 시민한테 처음으로 공급한 역사적인 날이다. 생명의 어머니인 물은 월고저수지와 개성공단과 개성시를 이어주었고, 그렇게 남과 북은 깨끗한 물을 함께 나눠 마시는 사이로 거듭났다. 월고저수지 물을 정수해 쓰기 전, 개성공단에선 우물을 파서 지하수를 끌어다 썼다.

개성공단엔 남과 북을 잇는 광케이블 통신 회선도 1300회선 깔렸다. 남북 합의에 따라 2005년 7월 민간 차원으로는 처음으로 남과 북 사이 광케이블을 연결해 그해 12월 303회선을 개통한 뒤 공단 규모 확대에 따른 남북 사이 연락 수요 증가로 1300회선까지 늘렸다. 1988년 노태우 대통령의 '7·7 선언'으로 물꼬를 튼 30년 남북교류협력사에 개성공단에 비견할 만큼 대량의 통신 수요를 창출한 사업은 없다.

남북 공동 소방대

개성공단에선 '불'도 많이 났다. 공장 123곳이 가동되고 남북의 수만 명이 어우러져 일하는 곳이니 어찌 화재가 없었겠나. 공식 확인된 것만 추려도 100건이 넘는다. 한 해 10건 남짓한 화재가 발생한 셈이다. 과반은 입주기업 공장에서 났다. 건설 현장에서도 전체 화재의 20%를 넘길 정도로 불이 자주 났다.

　개성공단에선 초기부터 자체 소방대를 설치·운영했다. 공단 가동 초기인 2005년 2월 남쪽 2명, 북쪽 12명으로 첫 소방대가 꾸려졌고, 입주기업의 증가와 함께 소방대 규모도 커졌다. 2012년 9월엔 종합상황실을 갖춘 '개성공업지구 소방서'가 준공됐다. 남쪽의 119안전센터 한 곳 크기다. 남쪽 사람들은 소방서의 전반적인 운영·관리와 소방기술 교육 따위를 맡았고, 화재 진압은 북쪽 소방대원들이 전담했다. 북쪽 소방대원들은 15명씩 2개 조로 나눠 24시간 비상대응체계를 꾸렸다.

　100건이 넘는 크고 작은 화재가 일어났지만, 다행히도 사망자는 단 한 명도 나오지 않았다. 개성공단 소방서에서 남과 북은 함께 불을 끄며 재난에 공동대처하는 마음과 기술과 태도도 배우고 축적했다. 남과 북은 2016년 2월 중순부터 2017년 여름에 걸쳐 개성공단 소방서를 기존의 3배 규모로 증축하려는 계획을 세워뒀으나, 2016년 2월 공단 전면 폐쇄로 실행에 옮기지 못했다.

개성공업지구 사업을 배양기 삼아 남과 북이 10년 넘게 어렵사리 키워온 상호 이해와 공존의 디딤돌들이 2016년 2월 11일 개성공단 문이 느닷없이 닫힌 뒤로 방치돼 있다. 개성공단의 성민과 숙희들이 다시 만날 날도 기약 없이 뒤로 미뤄지고 있다.

누가 통일을 만드는 공장을 살해했나?
개성공단 폐쇄

2016. 12

사람 사는 세상의 일상은 복잡하고 미묘하다. 필요한 게 정말 많다. 갈등과 혼란을 줄이려면 서로 지켜야 할 규칙도 부지기수다. 반세기 넘게 서로 다른 체제와 제도를 구축하며 따로 살아온 남과 북이 한데 어울려 부대끼며 일을 해야 하는 개성공단에선 오죽했을까. 2003년 6월 개성공단 1단계(100만 평) 개발 착공 뒤 2016년 2월 11일 전면 폐쇄 때까지 개성공단의 하루하루는 그 필요를 확인하고 규칙을 만들어가는 전인미답의 여정이었다.

개성공단의 자동차 운행을 보자. 2006년 7월 12일 개성공단 지역 안에서 처음으로 교통사고가 났다. 관리위원회 소속 (노동자) 출퇴근 버스와 남쪽 LH(당시 한국토지공사) 업무용 승용차가 충돌했다. 어떻게 처리됐을까.

관리위 버스는 북쪽 보험사에, LH 승용차는 남쪽 보험사에 가입돼 있었다. 버스에 들이받힌 승용차의 소유주인 LH는 북쪽 보험사에 보험금 지급을 요구했다. 북쪽 보험사는 현장 확인 등 절차를 거쳐 버스 과실을 80%로 인정했다. 이에 따라 LH가 요구한 보험금의 80%를 지급 결정했다. 개성공단 차량 운행 및 보험 등의 관련 규정에 따른 사고 처리다.

남북 당국은 개성공단에서만 운행하는 자동차엔 별도 번호를 부여했다. 관리위 소유 승용차에 "개성공업 100" 번호판을 단 게 개성공단 최초의 자동차 등록이다. 2006년 5월의 일이다.

개성공단에 등록된 자동차는 소유 주체가 아닌 운전자 국적에 따라 번호판을 구분했다. 남쪽 사람이 운전하는 차량은 노란색 바탕에 검은색 번호와 검정 테두리를 두른 번호판을 달았다. 북쪽 사람이 운전하는 차량은 테두리가 없는 노란색 바탕에 검은색으로 번호를 적은 번호판을 달았다. 이 때문에 공단 입주기업들은 남쪽 사람과 북쪽 사람이 운전할 차량을 따로 둬야 하는 이중 부담을 졌다.

북쪽의 체제 경직성 때문이라 지레짐작하지는 마시라. 교통사고가 났을 때 운전자 국적을 바로 알아보기 어려워 남쪽 사람이 북쪽 형법에 따라 처벌될 위험을 피하고자 공단 운영 초기 남북 사이 별도 번호판 체계가 고안됐기 때문이다.

개성공단 첫 자동차 번호판 "개성공업 100"

남쪽과 개성공단을 오가는 차량은 또 어찌했을까? 공단 운영 초기엔 아무것도 적히지 않은 빈 번호판으로 애초 번호판을 가리고 운행했다. 2008년 7월 31일 개성공업지구 자동차 관리 규정 시행세

칙이 마련돼 임시표식판(임시표지판)이 도입됐다. 개성공단 사업을 목적으로 남과 북을 15일 이상 왕래하는 자동차에 임시표식판 부착이 의무화됐다. 2008년 11월 처음 발급된 이래 2016년 2월까지 7000건 가까운 임시표식판이 발급됐다.

남쪽 운전면허증은 개성공단에서도 통용될까? 그렇기도 하고 아니기도 하다. 남쪽 또는 국제면허 소지자가 개성공단에서 자동차를 운행하려면 북쪽 면허증으로 교환발급을 받아야 했다. 남쪽 사람이 북쪽 행정관청을 개별적으로 드나들 수 없는 사정 탓에, 관리위원회가 신청서를 모아 북쪽 개성시 자동차감독사업소에 제출해 발급받았다. 남쪽의 1·2종 면허나 특수면허 등은 북쪽 면허증 4급으로 교환·발급되고 뒷면에 남쪽 면허 종류가 기재됐다. 북쪽 교환면허증은 2006년 10월부터 2016년 2월까지 4000건 넘게 발급됐다. 북쪽은 교환면허증에 '615'로 시작하는 일곱 자리 발급번호를 매겼다. 개성공단 사업의 씨앗을 뿌린 김대중 대통령과 김정일 국방위원장의 6·15 공동선언 정신을 이어간다는 뜻이 담긴 번호체계다. 다만 회의·관광·물자수송 따위 목적으로 개성공업지구에 임시 출입해야 하는 운전자는 남쪽 면허증을 그냥 이용했다. 개성공단의 도로에는 166개의 신호등이 있다.

개성공단에서 자동차 운행은 복잡하고 미묘했지만, 남북 사람들은 드잡이질을 극구 피했다. 반세기 넘게 서로 다르게 발전시켜온 교통규칙을 쪼개고 덧대고 꿰매 남북의 사람과 자동차가 뒤섞일 수밖에 없는 개성공단만의 새 규칙을 창조했다. 남북 양측 보험사가 모두 참여하는 사고 처리, 운전자 국적에 따른 자동차 번호판 구분,

남쪽과 공단을 오가는 차량에 '임시표식판' 부착 등은 모두 불필요한 오해와 갈등을 피하려는 궁리의 산물이었다. 개성공단에서의 고단한 공존 연습은 그렇게 통일의 씨앗을 뿌렸다.

개성공단 10년이 벼려온 '개성공단산 규칙·제도'는 남북 시민·인민 사이에만 다리를 놓은 건 아니다. 남과 북이 하나의 경제공동체를 가꾸려 애쓰고 있음을 국제법적으로 인정받는 디딤돌이었다.

개성공단 제품의 한국산 인정에 담긴 의미

2005년 개성공단 가동 이후 대한민국 정부가 맺은 자유무역협정 FTA엔 개성공단산 제품이 협정 상대국에 수출되도록 특혜를 주는 원산지 규정이 마련돼 있다. 크게 세 범주로 나뉜다. 첫째, 역외가공 방식(유럽자유무역연합EFTA, 동남아시아국가연합ASEAN, 인도, 페루, 콜롬비아, 베트남, 중국 등), 둘째, 통합인정 방식(싱가포르), 셋째, 위원회 방식(미국, 유럽연합EU, 오스트레일리아, 뉴질랜드, 튀르키예 등)이 그것이다. 국제법상 조선민주주의인민공화국의 영토인 개성에서 생산된 제품을 대한민국의 지구적 자유무역협정망을 통해 수출할 수 있도록 고안된 '국제법적 초석'이다. 이는 원칙적으로 세계무역기구WTO의 최혜국 대우 원칙에 어긋나는 남북거래(민족 내부거래)의 특수성과 남북경제통합의 국제법적 승인으로 이어질 터 닦기다. 개성공단은 북이 지구적 시장경제와 국제무역규범을 익히는 체험학습장이었다.

이렇듯 남북의 8000만 시민·인민의 희망찬 미래를 가꾸는 '접촉의 공간'이자 '통일을 만드는 공장'을 박근혜 정부가 2016년 2월

10일 일방적으로 '살해'했다.

"개성공단을 통해 북한에 총 6160억 원의 현금이 유입되었고, 정부와 민간에서 총 1조190억 원의 투자가 이루어졌는데, 그것이 결국 핵무기와 장거리미사일을 고도화하는 데 쓰인 것으로 보입니다." 2016년 2월 10일 당시 홍용표 통일부장관이 발표한 '개성공단 전면 중단 관련 정부 성명'의 한 대목이다. 2016년 북의 4차 핵실험 (1월 6일)과 장거리미사일 발사(2월 7일)에 대응해 국제사회의 고강도 대북제재를 견인하겠다는 박근혜 대통령의 의지에 따른 선택이었다.

그러나 박근혜가 탄핵당한 뒤 구성된 통일부 정책혁신위원회 (위원장 김종수)는 2017년 12월 28일 기자회견을 열어 개성공단 전면 중단 조처가 정부의 공식 의사결정 체계를 거치지 않은 채 "개성공단을 철수하라는 박근혜 대통령의 구두 지시"에 따른 것이었고, '개성공단 임금의 핵·미사일 전용' 발표도 "구체적인 정보나 충분한 근거, 관계기관의 협의 없이 청와대의 의견으로 삽입됐다"고 발표했다.[27]

박근혜-이명박 정부의 개성공단 죽이기

명확한 물증이 없는 심증뿐인 '임금의 핵·미사일 개발 전용'을 이유로 국제사회에 개성공단 전면 중단을 공표한 박근혜 정부의 선택은 '자해'가 되고 말았다. 문재인과 김정은은 2018년 9월 19일 평양 정상회담에서 "조건이 마련되는 데 따라 개성공단과 금강산관광사업을 우선 정상화"하기로 약속했지만, 박근혜 정부의 '개성공단 임금의 핵·미사일 개발 전용' 주장을 빌미로 촘촘해진 미국·UN의 대북제재의 벽을 뛰어넘지 못했다.

개성공단을 없애 2016년이 끝나기 전에 통일을 이루겠다는 '박근혜의 몽상'(그는 2016년 1월 1일 국립현충원을 찾아 "한반도 평화통일을 이루어 세계평화에 기여하는 2016년이 되기를 기원합니다"라고 '2016년 통일'을 특정했다)은 '통일을 만드는 공장'만 부수고 말았다.

개성공단을 사지로 몰아넣은 이는 박근혜만은 아니다. 이명박은 참여정부 때 약속한 개성공단 북쪽 노동자들을 위한 기숙사 건립을 거부했고, 2010년 천안함 폭침 사건에 대응한 5·24 조치를 통해 개성공단에 대한 신규 투자를 금지했다. 이명박의 이 두 조치로 노무현 정부 시기 수직상승하던 개성공단 입주기업 수는 2009년 117개 이후 의미 있는 증가세를 보이지 못했다. 개성 지역 밖의 더 많은 북쪽 노동자를 수용할 대규모 기숙사 건립과 신규 투자 덕분에 "개성공단의 노동력이 부족해지면 인민군대 군복을 벗겨서 한 30만 명을 공장에 넣겠다"던 김정일 위원장의 호언이 현실이 됐다면, 박근혜가 그리 쉽게 개성공단 전면 중단을 선택하지 못했을 터.

개성공단 폐쇄 당시 123개 입주기업과 연결된 남쪽 협력업체만 5000개, 일자리는 12만 5000개에 이르렀다. 개성공단 폐쇄는 제재가 아니라 자해라는 비판이 끊이지 않는 까닭이다.

김정은의 병진노선, 핵실험과 제재의 악순환

2013. 3

2011년 12월 19일 정오《조선중앙텔레비전》은 '중대보도'로 조선민주주의인민공화국의 최고지도자 김정일이 숨을 멈췄음을 세계에 알렸다. 열하루가 지난 2011년 12월 28일 눈발이 휘날리는 금수산기념궁전 광장에서 김정은 조선노동당 중앙군사위 부위원장은 장성택 국방위 부위원장 등 권력 핵심들과 함께 김정일의 주검을 직접 운구했다. '20대 후반의 3세대 최고지도자' 김정은의 등장은 "한반도 정세 전반에 불확실성을 드리우고" 있었다.[28]

그러나 외부의 걱정스러운 시선과 달리, 김정은의 출발은 나쁘지 않았다. 아버지의 장례를 치른 날 노동당 고위 간부들한테 "세상에 제일 좋은 것이라고 소문을 내고 있는 경제관리방법들을 다 참고해 우리식의 경제관리방법을 창조해야 한다"고 주문했다.[29] '김정은식 경제개혁'에 나서겠다는 선언이었다.

김정일 사망 두 달여 뒤인 2012년 2월 북미 간 '2·29 합의'가 발표됐다. 김계관과 글린 데이비스Glyn Davies 미국 국무부 대북정책 특별대표가 2월 23~24일 베이징에서 3차 고위급 회담을 한 결과다. 미국은 북을 적대시하지 않고 양자관계 개선에 나서고 영양식품 (24만 톤) 등을 제공하며, 북은 회담이 진행되는 동안 "핵실험과 장거리미사일 발사, 영변 우라늄농축 활동 임시 중지에 관한 국제원자력기구의 감시를 허용"하기로 했다. 2009년 1월 오바마 행정부 출범 뒤 첫 북미 합의다. 안으론 경제개혁, 밖으론 대미관계 개선, '20대 영도자'의 초기 행보는 외부 예상보다 안정적·전향적이었다.

그런데 합의 발표 16일 만인 2012년 3월 16일 평양에서 이상 신호가 발신됐다. 조선우주공간기술위원회가 '지구관측위성 광명성 3호' 발사계획을 발표한 것이다. 북은 미국 등의 반대에도 두 달 뒤인 4월 13일 오전 7시38분 평안북도 철산군 서해위성발사장에서 '광명성 3호'를 발사했다.

미국의 대북협상파를 궤멸시킨
'광명성 3호'

합의 위반 여부를 두고 논란이 일었다. 북은 주권국의 권리인 "평화적 목적의 위성 발사"로 2·29 합의와 무관한 일이라고 주장했다. 미국은 "도발"(백악관 대변인 성명)로 규정하고, 북이 2·29 합의를 파기했으니 식량지원도 중단한다고 발표했다. UN 안전보장이사회가 북의 2차 핵실험에 대응해 발표한 결의 1874호(2009년 6월 12일)의 "탄도미사일 기술을 이용한 어떠한 발사도 금지"라는 규정엔 장거리로켓 발사도 포함되므로, 미국 반응을 과하다 할 수 없다. 글린 데이비스가 항의하자 김계관은 "내가 약속한 건 장거리미사일 발사 중단이지 로켓이 아니다"라고 둘러댔다.

북은 왜 2·29 합의 직후 장거리로켓 발사라는 불신을 자초하는 행위를 했을까? '김정은 3세 승계'의 기반을 다질 국내 정치적 필요가 컸던 듯하다. 어쩌면 대외정책을 둘러싼 권력 내부의 서로 다른 생각이 원만히 조율되지 않았을 수도 있다. 북은 로켓 발사 이틀 전 노동당 4차 대표자회를 열어 김정일을 '영원한 총비서'로, 김정은을 '노동당 제1비서'로 추대했다. 로켓 발사 당일엔 최고인민회의를 열어 김정일을 '영원한 국방위원장'으로, 김정은을 국방위 제1위원장으로 추대했다.

북의 사정이 어떻든 이런 일방적 행보는 워싱턴의 대북협상파를 궤멸시키는 결과를 가져왔다. 김계관한테 뒤통수를 맞은 데이비스는 협상 창구로서 권위와 신뢰를 잃었고, 그 뒤로 누구도 북과 협상해야 한다고 나서지 않았다. '북은 믿을 수 없다'는 생각이 워싱턴을 오래도록 뒤덮었다. 오바마가 8년 임기를 마친 2017년 1월 20일까지 북미 사이에 추가 합의는 없었다.

북은 광명성 3호의 궤도진입 실패를 만회하려는 듯 2012년 12월 12일 장거리로켓 '은하 3호'를 쏘아올렸다. UN 안보리가 제재 결의 2087호(2013년 1월 22일)로 대응하자, 북은 두시간도 안 돼 "핵 억제력을 포함한 자위적인 군사력을 질량적으로 확대·강화하는 임의의 물리적 대응조치"(외무성 성명)를 예고하곤 21일 만인 2월 12일 3차 핵실험을 강행했다. UN 안보리는 제재 결의 2094호(2013년 3월

7일)로 대응했다. 북의 핵실험·미사일(로켓) 발사와 UN 등 국제사회의 제재가 맞물리는 악순환의 시작이다.

김정은의 폭주,
경제 핵 병진노선

그리고 '김정은의 폭주'가 본격화했다. 김정은은 2013년 3월 31일 노동당 중앙위 전원회의에서 한 보고(연설)를 통해 "경제건설과 핵무력건설을 병진시킬 데 대한 새로운 전략적 노선을 제시"했다.[30] 저 악명 높은 '경제·핵 병진노선'의 시작이다. 말이 병진이지 실제론 북의 부족한 자원을 '핵능력 강화'에 쏟아붓겠다는 공개 선언이다. 김정은은 "미국의 공화국 압살 야망"을 거론하곤 "핵무기 보유국들만은 군사적 침략을 당하지 않았다"고 짚었다. 이는 김일성의 "내가 살아 있는 한 우리나라에는 핵무기가 존재하지 않을 것"이라던 호언 (1991년 12월 18일 스티븐 솔라즈 미 하원 외교위 아태소위 위원장 면담)[31], 핵실험을 하고도 "비핵화는 수령님의 유훈"이라고 거듭 다짐한 김정일의 모호한 태도와 전혀 다른 노골적인 '핵무장 선언'이었다.

2016년 1월 6일 북은 4차 핵실험을 했다. UN 안보리는 제재 결의 2270호(2016년 3월 2일)로 대응했다. 미국과 중국의 밀당 끝에 '민생 목적 석탄 수출 예외 인정'이라는 단서가 달리긴 했으나 북의 독보적 1순위 외화소득원인 석탄 수출이 금지됐다. UN 대북제재가 북 경제를 실질적으로 옥죄는 수준으로 강화된 것이다. 두 달 뒤인 5월 6~9일 김정은은 36년 만의 노동당 대회인 7차 당대회에서 병진노선을 "항구적 전략노선"이라 선언했다.[32] 그러곤 넉 달 뒤인 9월 9일 5차 핵실험을 했다. 2016년 한 해에만 두 차례, 8개월 만의 핵실험이다. 북의 핵실험 주기가 굉장히 빨라진 것이다. UN 안보리의 제재 결의 2321호(2016년 11월 30일)는 5차 핵실험으로부터 83일이 지나서야 발표됐다. 그러나 제재 수위는 높았다. '연간 750만 톤 또는 4억87만 달러 상당'을 넘어서는 석탄 수출은 무조건 금지됐다. '민생 목적'을 앞세워 제재를 회피할 수 없도록 한 것이다.

김정은-트럼프의 겁쟁이 게임

2017년 1월 20일 도널드 트럼프 미 행정부 출범(2017~2021) 이후 한반도는 빠르게 전쟁 위기의 수렁으로 빨려들어갔다. 북은 미국 독립기념일인 7월 4일 대륙간탄도로켓 '화성-14형'을 쏘아올리고는 "세계 그 어느 지역도 타격할 수 있는 최강의 대륙간탄도로케트를 보유한 당당한 핵강국"(《조선중앙텔레비전》 특별중대발표)이라 주장했다. 김정은은 화성-14형 시험발사를 현지지도하며 "미제와의 기나긴 대결이 드디어 마지막 최후계선에 들어섰다"고 했다. 같은 달 28일에도 화성-14형 시험발사가 이어졌다. UN 안보리는 북의 석탄 수출 전면금지와 국외 파견노동자 확대 금지 등을 담은 결의 2371호(2017년 8월 5일)로 대응했다.

북은 "미국이 경거망동한다면 그 어떤 최후수단도 서슴지 않고 불사할 것"(조선민주주의인민공화국 정부 성명, 8월 7일)이라며 추가 군사행동을 예고했다. 바로 다음 날 트럼프는 백악관 회견에서 "세계가 보지 못했던 화염과 분노에 북한이 직면할 것"이라고 엄포를 놨다. 이 번엔 조선인민군 전략군 대변인이 나서 "괌 주변 포위사격 검토"를 입에 올렸다. 그러곤 9월 3일 6차 핵실험을 했다. UN 안보리가 이 례적으로 빠르게 8일 만인 9월 11일 결의 2375호로 대응하자, 북은 대륙간탄도미사일 '화성-12형'을 일본 홋카이도 상공을 지나 북태 평양 바다에 떨어뜨리며 맞섰다. 결의 2375호는 북의 1위 수출품인 석탄에 이어 2위 수출품인 섬유·의류제품 수출을 전면 금지하고 원 유·정제유 대북 수출 총량제한제를 도입해 대북 압박의 강도를 한 껏 끌어올렸다.

한반도가 전쟁의 수렁으로 빨려들어간다는 위기의식이 감염병 처럼 빠르게 번졌다. 2017년 5월 10일 취임한 문재인 대통령은 전 쟁의 공포에 맞서 "우리가 추구하는 것은 오직 평화"(독일 쾨르버재단 초청 연설, 7월 6일)라며 "대한민국 정부는 모든 것을 걸고 전쟁만은 막 을 것"(광복절 경축사)이라고 절규해야 했다.

김정은의 '평양시간'과
우리 국가제일주의

2015. 8

광복·해방 70돌인 2015년 8월 15일 북한은 표준시간을 30분 늦추며 이를 "평양시간"이라 명명했다. 두 세기에 걸친 분단에도 '같은 시간'을 살던 남과 북의 시공간이 갈라졌다. '아닌 밤중의 홍두깨'였다. 북한 당국의 공식 설명은 이랬다.[33]

> 간악한 일본제국주의자들은 (…) 우리나라의 표준시간까지 빼앗는 천추에 용서 못할 범죄행위를 감행했다. 피로 얼룩진 일제의 백년 죄악을 결산하고 민족의 자주권을 굳건히 수호하며 위대한 김일성 동지와 김정일 동지의 불멸의 존함으로 빛나는 백두산대국의 존엄과 위용을 영원토록 세계만방에 떨쳐나가려는 것은 우리 군대와 인민의 철석같은 신념이며 의지이다.
>
> 최고인민회의 상임위 정령599호, 2015년 8월 7일 발표.

평양시간 제정은 '일제 잔재 청산' 조치라는 발표다. 이전까지 남북이 함께 써온 표준시가 표준자오선 135°를 기준으로 삼아 일본 표준시와 같았는데, 30분 시차를 두겠다는 것이다. 말이 전혀 안 되는 건 아니지만 역사와 국제관계에 비춰 논리가 아주 옹색하다. 북이 "사회주의 조선의 시조"(김일성)와 "만고절세의 애국자"(김정일)라고 떠받드는 이가 통치하던 시대에도 북은 일본과 같은 표준시를 썼다. 두 "영원한 수령"의 항일 의지에 대한 의심은 원천적으로 불가능한 북한 체제의 특성을 고려할 때, 평양시간 제정에 "일제 백년 죄악 결산" 운운은 설득력이 떨어진다.

평양시간 제정의 실질적 파장은 별다른 교류가 없는 북한과 일본 사이가 아니라, 남과 북 사이에 나타났다. 당장 남과 북이 한데 어우러져 일하던 개성공단에선 평양시간 제정 뒤 첫 근무일인 2015년 8월 17일 남쪽 인력의 입출경 시간, 근무 시간 조정 등과 관련해 크고 작은 혼란이 끊이지 않았다. 당시 박근혜 정부는 "북한이 일방적으로 표준시 변경을 발표한 것은 유감"이며 "남북 간 이질성이 더욱 심화될 것이 우려된다"는 통일부 대변인 논평으로 공식 비판했다. 한동안 "오후 3시 남북회담, 왜 3시 30분에 열렸나?" 따위의 얄궂은 기사가 쏟아졌다.

3년 만에 사라진 '평양시간'

평양시간은 993일 만에 역사 속으로 사라졌다. 2018년 4월 27일 판문점에서 문재인 대통령과 정상회담을 하며 김정은 국무위원장이 평양시간을 애초 표준시로 돌려놓겠다고 약속한 데 따라 "평양시간을 현재의 시간보다 30분 앞선 시간"으로 고쳐 "주체107(2018)년 5월 5일부터 적용"하기로 했기 때문이다.

"평양시간을 고침에 대하여"라는 '최고인민회의 상임위 정령 2232호'(2018년 4월 30일)는 2015년 '평양시간' 제정 때와 달리 변경의 사유를 밝히지 않았다. 다만 북쪽에서 가장 권위 있는 매체인《노동신문》은 같은 날 1면 기사에서 애초 표준시로 돌아간 사연을 이렇게 전했다.[34]

경애하는 최고영도자 (김정은) 동지께서는 북남 수뇌(정상)회담 장소에 평양시간과 서울시간을 가리키는 시계가 각각 걸려 있는 것을 보니 매우 가슴이 아팠다고 하시며 북과 남의 시간부터 먼저 통일하자고 언급하셨다. 경애하는 최고영도자 동지께서는 북과 남이 하나로 된다는 것은 그 어떤 추상적 의미가 아니라 바로 이렇게 서로 다르고 갈라져 있는 것을 하나로 합치고 맞춰나가는 과정이라고 하시며 민족의 화해단합의 첫 실행조치로 현재 조선반도에 존재하는 두 개의 시간을 통일하는 것부터 해나가실 결심을 피력하셨다.

표준시 복원 조치는 "민족의 화해단합"과 "통일" 의지의 표현이라는 것이다. 그러나 "조선반도에 두 개의 시간"을 만들어 "서로 다르고 갈라져 있는 것"이 되게 한 이는 다름 아닌 김정은 자신이다. 2018년 4월의 김정은과 2015년 8월의 김정은 사이엔 간과할 수 없는 균열이 있다.

그러므로 남쪽과 30분 차이가 나는 평양시간이 역사 속으로 사라졌다고 한때의 소동으로 치부할 일이 아니다. 2015년 김정은은 왜 북한의 표준시를 30분 늦췄을까? 이 물음의 '답'을 찾는 과정은, 김정은이 구상하는 한반도의 미래를 가늠하는 일의 실마리가 될 것이다.

2015년은 광복·해방 70돌이자, "조선민주주의인민공화국의 모든 활동"을 "영도"하는 "조선노동당"(사회주의헌법 11조) 창건 70돌이다. 어쩌면 평양시간 제정의 진짜 이유는 "일제 백년 죄악 결산"보다 "위대한 김일성 동지와 김정일 동지의 불멸의 존함으로 빛나는 백두산 대국의 존엄과 위용을 영원토록"이라는 문구에 담겨 있을지 모른다. 남과 북의 현격한 종합 국력 차이 탓에 북한 주도 통일의 현실성이 거의 없다는 안팎의 평가를 전제할 때, "백두산 대국 영원토록"은 통일보다 북한이 오랜 세월 극구 비난해온 "두 개의 조선"의 병립 쪽을 바라보고 있는 듯하다.

민족을 국가로 대체하는
우리 국가제일주의

김정은은 2021년 1월 5일 노동당 8차 대회 연설에서 "우리 국가제일주의 시대"를 공식 선포했다. 김정은에 따르면 '우리 국가제일주의 시대'란 "국가의 존엄과 지위를 높이기 위한 결사적인 투쟁의 결과로써 탄생한 자존과 번영의 새시대"이자 "새로운 발전의 시대"이다.[35]

김정은의 '우리 국가제일주의'는 김정일의 '우리 민족제일주의'와 극적으로 대비된다. '민족'을 '국가'로 대체한 게 핵심이다. 민족지상주의에 가까운 북한의 역사에서 국가를 전면에 내세운 조어법은 김일성·김정일 시대엔 없던 김정은 시대의 도드라진 특징이다.

'우리 국가제일주의'는 2017년 11월《노동신문》사설과 정론에 처음 등장했다. "자력갱생은 조선혁명의 본성"이라며 "주체철"과 "탄소하나화학공업"을 강조한《노동신문》정론(2017년 11월 20일)이 처음이고, "국가핵무력 완성 선언"의 근거인 대륙간탄도미사일 '화성-15형' 시험발사를 "조선인민의 대승리"라 자평한《노동신문》1면 사설(2017년 11월 30일)이 두 번째다. '주체철'은 역청탄(코크스) 대신 무연탄·갈탄을 활용한 제철 방식을, '탄소하나화학공업'은 원유가 아닌 석탄을 원료로 한 화학공업을 뜻한다. 주체철·탄소하나화학공업은 UN 등의 고강도 제재로 원유·코크스 등의 수입이 어려운 상황에 자력갱생으로 대처하겠다는 것인데, "고비용의 과도한 국산화 추진으로 경제적 비효율이 높고 남북경협 표준화에 장애 요인"이라는 우려 섞인 분석이 많다.[36]

어떻든 김정은한테 '자존'과 '번영'은 '우리 국가제일주의 시대'의 양대 축인데, '핵무력'은 자존의 기반이고 주체철·탄소하나화학공업은 주체형·자력갱생식 번영의 동력으로 호명된 것이다.

이후 별다른 공개 언급이 없다가, '우리 국가제일주의'의 신념화를 강조한 김정은의 2019년 신년사를 계기로 "우리 국가제일주의를 높이 들고 사회주의강국 건설을 힘있게 다그쳐나가자" 따위의 글(《노동신문》 2019년 1월 21일)들이 쏟아졌다. 김정은이 트럼프와 2차 정상회담을 앞두고 '제재 완화'와 대외관계 개선의 꿈에 들떠 있던 때다.

김정은의 '투 코리아' 지향

김정은의 '우리 국가제일주의'는 김정일의 '우리 민족제일주의'와 비교해 연속과 단절의 측면을 모두 품고 있다. '민족'을 '국가'로 대체한 건 명백한 단절이다. '민족'엔 남쪽이 포함되지만, '국가'엔 남쪽의 자리가 없다. 김정은의 '우리 국가제일주의'는 남과 북의 분리 정립을 공공연히 주장하는 셈이다.《노동신문》이 "사회주의강국 건설의 높이에 맞는 국풍 확립"을 강조하며 "국기와 국장, 애국가를 신성하게 대해야 한다"고 반복 주문하는 것도 이런 맥락으로 읽힌다. 2020년 10월 10일 노동당 창건 75돌 열병식 땐 당 공식 행사에선 처음으로 '람홍색 공화국기' 게양식이 평양 김일성광장에서 있었다. 당(노동당)이 국가(조선민주주의인민공화국)를 세워 국가의 모든 활동을 영도하는 '당·국가 체제'라는 자기 인식에 비춰, 당 창건일의 국기 게양식은 분명 '의미심장한 이벤트'다.

993일간의 '평양시간'과 2017년 11월 이후 가속도가 붙어온 '우리 국가제일주의' 담론의 위상 강화 추세를 겹쳐 보면 김정은이 꿈꾸는 미래 한반도의 밑그림이 어슴푸레하게 드러난다. 김일성이 오랜 세월 적대시해온 '투 코리아two Korea' 지향이다. 이는 남북 공존의 국제적 기반인 UN 가입 취지를 따른 긍정적 변화이자, "통일 지향 특수관계"를 다짐한 남북기본합의서 정신에 비춰 '분단 영구화'를 가리키는 위태로운 방향등이다.

다만 북녘의 '투 코리아' 지향은 김정은 시대만의 돌출 현상은 아니다. 2015년 '평양시간'에 앞서, 김일성의 생년인 1912년을 기점으로 삼은 "주체 연호"가 1997년에 제정됐다. 김정일의 "우리 민족"이란 "김일성민족"(《김정일선집18》)이며 "위대한 수령을 모시고 위대한 당의 영도를 받으며 위대한 주체사상을 지도사상으로 삼고 가장 우월한 사회주의 제도에서 사는" 사람들이다(《김정일선집13》). 그 "우리 민족"에 남쪽 5400만 시민이 "나도"라고 손을 흔들 까닭이 없다. "우리 수령제일주의"(《노동신문》 2021년 4월 1일)이자 "김일성·김정일조선제일주의"(《노동신문》 2019년 1월 21일)라 자임한 김정은의 '우리 국가제일주의'와 김정일의 '우리 민족제일주의'는 남과 북의 분리 병립, 곧 '투 코리아' 지향이라는 점에서 근본적으로 연속적이다.

전쟁위기에서 피어난 평화의 꽃, 평창올림픽

2018. 2

"김정은 동지는 새형의 대륙간탄도로케트 '화성-15'형의 성공적 발사를 지켜보시면서 오늘 비로소 국가핵무력 완성의 역사적 대업, 로케트강국 위업이 실현되었다고 긍지높이 선포하시었다."

2017년 11월 29일 '조선민주주의인민공화국 정부 성명'의 한 대목이다. 그날 새벽 2시48분 평양 교외에서 발사된 '화성-15'형은 "정점고도 $4475km$, 사거리 $950km$를 53분간 비행"했다. 고각 발사가 아닌 정상 각도 발사라면 추정 사거리 9000~1만3000km로 미국 전역에 이를 수 있다는 분석이 나왔다. UN은 원유(연 400만 배럴)와 정유제품(연 50만 배럴)의 대북 공급상한 강화 등의 추가 제재를 담은 안보리 결의 2397호(2017년 12월 22일)로 대응했다. 한반도 위기지수가 또다시 치솟았다.

김정은의 '행간'을 읽은 문재인

'화성-15'형 시험 발사가 나쁜 소식만 몰고 온 건 아니다. 전쟁위기의 깊은 어둠에 빛을 품은 '전환의 씨앗'이 던져졌다. 김정은의 "국가핵무력 완성" 공개 선언이 그것이다. 핵은 지속적인 유지·보수·개발 대상이라 '완성'이란 개념이 존재하지 않는다. 당연하게도 공인 핵국가인 미국 등 5개 나라는 '핵무력 완성' 선언 따위는 한 적이 없다. 그런데 김정은은 "완성"을 입에 담았다. 2013년 3월 '경제·핵 병진노선' 채택 이후 반복된 '핵실험-제재 강화' 악순환을 끝내고 싶다는 '정치적 신호' 발신이다. 논리상 '완성'은 추가 핵실험과 대륙간 탄도미사일 발사의 필요성을 배제하기 때문이다.

행간을 읽어내기 까다로운 북 특유의 어법이다. 문재인이 그 행간을 읽었다. 그리고 승부수를 던졌다. 문재인은 2017년 12월 19일 제23회 동계올림픽 개최지인 강원도 평창으로 가는 대통령 전용열차 안에서 미국《NBC》 방송과 인터뷰를 통해 "한미연합훈련의 연기 가능성을 검토하는 것이 가능하다. 나는 미국에 이를 제안했고, 미국은 검토하고 있다"고 밝혔다. 한미연합훈련을 '북침전쟁 책동'이라 두려워하며 "대북적대시 정책의 가장 집중적인 표현"이라 비난해온 북의 올림픽 참가를 끌어내려는, '평창'을 평화를 불러올 다각적 정상외교의 지렛대로 삼으려는 포석이었다. 사실 문재인의 발언은 미국과 사전 합의 없이 '지른' 것이다.* 위험천만한 모험은 모

---

* 당시 한미 협의에 깊이 관여한 문재인 정부 외교안보 분야 고위 인사는 뒷날 문재인 대

든 것을 바꿔놓은 '신의 한 수'가 되어 '평창 임시 평화체제'의 문을 활짝 열었다. "흘러가는 정세에 운명을 맡기지 않고 우리가 주도적으로 원하는 상황을 만들어내려는 의지와 노력이 상황을 반전시켰다"는 문재인의 자평(2018년 4월 19일 언론사 사장단 초청 청와대 오찬)은 허언이 아니다.

김정은은 2018년 1월 1일 신년사에서 "남조선에서 머지않아 열리는 겨울철올림픽경기대회에 대해 말한다면 그것은 민족의 위상을 과시하는 좋은 계기로 될 것이며 우리는 대회가 성과적으로 개최되기를 진심으로 바란다"며 "우리는 대표단 파견을 포함해 필요한 조치를 취할 용의가 있으며 이를 위해 북남 당국이 시급히 만날 수도 있을 것"이라고 밝혔다. 평창올림픽 참가는 물론 고위급 남북 당국회담까지 제안한 것이다. 2017년 내내 전쟁의 화약고로 빨려들던 한반도에 드디어 평화로 갈 대화의 문이 열렸다.

2018년 1월 한반도에 때이른 평화의 봄바람이 불었다. 남과 북은 1월 9일 판문점에서 고위급회담을 열어 북의 평창올림픽 참가에 공식 합의했다. 문재인은 1월 10일 트럼프와 전화통화에서 "남북대화가 진행되는 동안에는 어떤 군사적 행동도 없을 것"이라는 확언을 끌어냈다. 1월 20일 국제올림픽위원회는 북의 평창 참가와 여자 아이스하키 남북단일팀(엔트리 12명 증원) 구성을 승인했다. 남북의 평화 노력에 대한 국제올림픽위원회 차원의 지지 선언인 셈이다.

통령의 이 발언은 "미국 쪽과 사전에 조율하지 않은 것"이라며 "최고지도자의 전략적 결단에 따른 일종의 모험이었다"고 회고했다.

평창올림픽 개막일인 2018년 2월 9일 북의 고위급 특사 대표단이 인천공항으로 들어왔다. 명목상 단장인 김영남 최고인민회의 상임위원장보다 김정은의 동생인 김여정 조선노동당 중앙위 제1부부장한테 눈길이 쏠렸다. 김여정은 2월 10일 청와대를 방문해 문재인한테 조선민주주의인민공화국 국무위원장의 친서를 전하며 '편하신 시간에 북을 방문해주시기를 요청한다'는 김정은의 초청 의사를 구두로 함께 전했다. 문재인은 "여건을 만들어 성사시키자"고 답했다.

따지고 보면 김정은의 평창 참가와 제3차 남북정상회담 제안은 모두 문재인의 제안에 대한 답변의 성격을 띤 것이다. 앞서 문재인은 취임 두 달이 되지 않은 2017년 7월 6일 독일 베를린에서 "한반도에 평화체제를 구축하려는 담대한 여정을 시작하려 한다"며 '대한민국 새 정부의 한반도 평화구상'을 발표했다. 그땐 문재인의 '신베를린선언'에 주목하는 이가 거의 없었다. 김정은은 미사일을 계속 쏘아 올렸고, 이런 김정은을 향해 트럼프는 "세계가 보지 못했던 화염과 분노에 북한이 직면할 것"(2017년 8월 8일)이라 엄포를 놨다. 북은 "괌도 주변 포위사격 검토"(2017년 8월 9일 조선인민군 전략군 대변인 성명) 운운하더니 얼마 뒤 6차 핵실험을 했다.

남과 북의 특사대표단 상호 방문

그 와중에도 문재인은 평화를 호소하며 평창으로 가는 길을 닦았다. 문재인은 2017년 9월 21일(현지시각) UN총회 기조연설을 통해

"평화의 위기 앞에서 평창이 평화의 빛을 밝히는 촛불이 될 것이라 믿고 있다"며 "UN이 촛불이 돼 주시기를, 평화와 동행하기 위해 마음을 모아 주시길 바란다"고 호소했다. 2017년 11월 13일 UN총회는 '평창올림픽 휴전 결의'를 만장일치로 채택했다. 평창올림픽 개막 1주일 전인 2018년 2월 2일부터 패럴림픽 폐막 1주일 뒤인 3월 25일까지 52일간 '적대행위'를 멈춰야 하는 '정치적 의무'를 모든 UN 회원국에 부과한 것이다. 한반도 정세 대전환의 마중물이자 평화올림픽인 평창 동계올림픽은 그렇게 치러졌다.

평창올림픽을 무사히 치르고 열흘쯤 지난 2018년 3월 5일 '대북특별사절단'이 서해 직항로를 거쳐 방북했다. 정의용 청와대 국가안보실장과 서훈 국가정보원장 등 5명의 특사단은 평양 노동당 중앙위 본부청사에서 김정은을 만났다. 평창 개막식에 참석한 김여정, 평창 폐막식에 참석한 김영철 통일전선부장이 배석했다. "최고 영도자(김정은) 동지께서는 남측 특사로부터 수뇌 상봉과 관련한 문재인 대통령의 뜻을 전해 들으시고 의견을 교환하셨으며 만족한 합의를 보셨다"고 다음 날 《노동신문》은 보도했다.[37]

정의용은 3월 6일 판문점 '평화의 집'에서 기자회견을 열어 "남과 북은 4월 말 판문점 평화의 집에서 제3차 남북정상회담을 개최하기로 했다"고 공식 발표했다. 이날 정의용은 김정은의 주목할 만한 몇몇 발언을 언론에 공개했다. "대화가 지속되는 동안 북은 추가 핵실험 및 탄도미사일 시험발사 등 전략 도발을 재개하는 일이 없을 것임을 명확히 했다"는 전언이 대표적이다. 김정은이 2022년 3월 24일 '화성-17형' 시험발사를 현지지도할 때까지 4년간 유지된

'핵실험·대륙간탄도미사일 발사 일시유예'(모라토리엄)의 시발이다. 아울러 정의용은 "비핵화는 선대의 유훈이며 선대의 유훈에 변함이 없다"거나 "북에 대한 군사적 위협이 해소되고 북의 체제안전이 보장된다면 핵을 보유할 이유가 없다"는 김정은의 발언도 언론에 공개했다. 당연히 북과 사전조율된 발표다.

트럼프의 맞장구

이어 정의용은 "미북 대화를 시작할 충분한 여건이 조성돼 있다 판단한다"며 "저는 서훈 국정원장과 함께 미국을 방문한다"고 발표했다. 정의용은 2018년 3월 9일(현지시각) 백악관에서 트럼프를 만난 뒤 백악관 출입기자들 앞에서 이렇게 발표했다. "김정은 위원장은 트럼프 대통령을 가능한 조기에 만나고 싶다는 뜻을 표명했고, 트럼프 대통령은 항구적인 비핵화 달성을 위해 김정은 위원장과 5월 말까지 만나겠다고 말했다." 백악관 안보보좌관이나 대변인이 아닌 정의용이 직접 발표한 것도 파격이지만, 무엇보다 세계를 놀라게 한 발표는 5월 말 이전에 김정은을 만나겠다는 트럼프의 발언이었다. 1948년 한반도의 38선 이북에 조선민주주의인민공화국이라는 '분단정부'가 세워진 이래 70년간 줄곧 적대해온 북한과 미국이 정상회담을 하기로 원칙적 합의를 봤다는 발표와 다름없어서다.

2018년 3월, 평창 동계올림픽을 계기로 불어온 평화의 봄바람을 타고 세 번째 남북정상회담과 사상 첫 북미정상회담이 느닷없이 8000만 남북 시민·인민의 눈앞으로 다가왔다.

남북 화해·협력의 마중물,
TEAM KOREA

2018년 2월 20일 강원도 관동하키센터. 2018 평창 동계올림픽 여자아이스하키 남북단일팀의 마지막 경기가 끝났다. 스웨덴과 7~8위 순위 결정전 1-6패. 5경기 모두 패배(2득점 28실점), 꼴찌다. 하지만 남과 북, 그리고 재외동포 35명을 그러모은 여자아이스하키 단일팀 선수들은 고개를 떨구지 않았다.

선수들은 경기를 마친 뒤 링크 한가운데 모였다. 그리고 함께 외쳤다. "하나, 둘, 셋, 팀 코리아!" 눈물겨운 역사에 함께한 시민들은 뜨거운 박수를 보냈고, 세라 머리Sarah Murray 총감독은 눈물을 훔쳤다. 그리고 말했다. "슬픈 굿바이가 될 것이다. 다시 기회가 된다면 또 단일팀을 맡고 싶다."[38]

반전을 거듭한 '단일팀 여론'

여자아이스하키 단일팀은 평창올림픽의 꽃이자 뜨거운 감자였다. 2018년 1월 김정은이 신년사에서 "민족의 위상을 과시하는 좋은 계기"라며 평창 동계올림픽 참가 방침을 사실상 밝히자, 남과 북 당국은 1월 17일 남북고위급회담 차관급 실무회담을 판문점 '평화의 집'에서 열어 "개회식에 한반도기를 앞세워 공동입장하며 여자아이스하키 종목에서 남북단일팀을 구성"한다고 합의했다. 사흘 뒤인 1월 20일 국제올림픽위원회IOC는 북의 평창 참가와 여자아이스하키 남북단일팀 구성을 승인하는 '올림픽 한반도 선언'을 채택했다. 남과 북의 화해·협력 노력이 급물살을 탈 때, 국제사회가 그에 지지와 응원을 할 때, 으레 보던 장면이다.

그런데 2018년 한국사회에선 청년층을 중심으로 단일팀 반대 여론이 들끓었다. 남북 공동입장과 단일팀을 모두가 환영하리라 기대한 남북 당국과 국제올림픽위원회를 당혹스럽게 한 사태 전개였다. 오랜 세월 올림픽 출전의 꿈을 이루려 노력한 선수들의 '기회'를 박탈하는 '공정하지 못한 폭력적 처사'라는 반발 여론이 들불처럼 번졌다. 대학팀과 실업팀이 하나도 없는 황무지와 같은 한국 여자아이스하키 현실은 그러한 반발 여론에 기름을 부었다. 남과 북 당국과 국제올림픽위원회는 단일팀의 엔트리를 다른 팀(23명)보다 12명 늘려 모두 35명(남 23, 북 12)으로 조정해 한국 청년층의 '기회 박탈' 비판을 받아안았다. 남쪽 기존 대표팀 23명이 모두 올림픽에 참가하게 된 것이다. 그러자 이번엔 '경기 출전 기회 감소'를 문제로 삼는 여론이 일었다.

한번 타오른 '공정 논란'의 불길은 쉽게 잡히지 않았다. 여자아이스하키 단일팀이 실제 경기장에 나서기 전 한국갤럽이 발표한 여론조사 결과(2018년 1월 30~2월 1일 조사)는 그 반발 강도를 보여준다.[39] 단일팀 구성을 두고 20대는 28%만이 '잘된 일'이라고 답했다. '잘못된 일'이라는 응답은 그 두 배가 넘는 62%. 모든 연령대를 대상으로 해도 '잘된 일' 40%, '잘못된 일' 50%로 부정적 응답이 높았다.

논란 속에 경기를 치른 단일팀의 성적은 보잘것없었다. 0-8(2월 10일 스위스전), 0-8(2월 12일 스웨덴전), 1-4(2월 14일 일본전), 0-2(2월 18일 스위스전), 1-6(2월 20일 스웨덴전). 예선과 순위 결정전을 포함해 5경기 모두 졌다.

그런데 놀라운 일이 벌어졌다. 청년층의 단일팀 반대 여론이 찬성으로 급변한 것이다. 한국갤럽이 2월 20~22일 조사해보니 단일팀 구성을 두고 20대는 '잘된 일'이라는 반응이 51%, '잘못된 일'은 34%였다.[40] 모든 연령대를 대상으로 하면 '잘된 일' 50%, '잘못된 일' 36%였다. 3주 사이에 단일팀 구성 반대에서 찬성으로 여론의 무게중심이 옮아갔다.

이를 두고 한 연구자는 "분단의 역사 속에서 한반도 문제에 대한 부정적 태도를 한 달 만에 긍정적 태도로 변화시킨 사례가 있었나"라고 물으며, "단일팀에 대한 국민의 태도 변화를 통해 우리는 국민들의 인식 변화를 이끄는 매커니즘에 대한 이해가 가능했다"고 짚었다.[41]

평창올림픽 여자아이스하키 단일팀은 분단 사상 세 번째 남북단일팀이자 국제 종합대회 첫 남북단일팀이다. 그리고 "하나 더하기 하나는 둘이 아니라 더 큰 하나"(2018년 자카르타·팔렘방 아시안게임 여자농구 남북단일팀 장미경 선수)라는 '체험'을 한국의 젊은이들한테 선물했다. 평창 이후 국내 유일의 여자 아이스하키 실업팀(수원시청)이 꾸려졌고, 그들은 미래의 '단일팀'을 꿈꾼다. "단일팀은 노벨평화상감"이라는 미국 여자아이스하키 대표 출신 앤절라 루제로Angela Ruggiero 국제올림픽위원회 위원의 평가가 과장만은 아니다.[42]

남북단일팀, 공동입장, 공동응원의 역사

올림픽과 월드컵이 상징하는 바, 스포츠는 힘이 세다. 하여 적대하는 두 정치공동체 사이의 스포츠 교류는 화해·협력의 강력한 마중물이다. 미국과 중국의 역사적 화해의 마중물 구실을 한 1971년 '핑퐁 외교'가 그랬고, 탈냉전기 남북단일팀이 그러했다.

남과 북이 국제 스포츠대회에서 경쟁이 아닌 협력의 길을 걸은 첫 무대는 1990년 베이징 아시안게임(1990년 9월 22일~10월 7일)다. 응원단이 먼저 협력했다. 남과 북의 응원단은 9월 24일 사상 처음으로 '한반도기'를 흔들며 공동응원을 했다. 공동입장과 단일팀은 남북 당국 사이 합의가 이뤄지지 않아 뒷날을 기약해야 했다.

첫 남북단일팀은 1991년 일본 지바에서 열린 제41회 세계탁구선수권대회(1991년 3월 25일~5월 8일)에서 이뤄졌다. 그 대회에서 현정화·홍차옥·리분희·유순복으로 구성된 여자단일팀은 덩야핑이 이끄는 중국의 9연패를 저지하고 금메달을 거머쥐었다. 남과 북을 대표하는 선수인 현정화와 리분희는 '하늘색 한반도'가 새겨진 같은 선수복을 입고 경기를 뛰었고, 재일동포들은 민단과 총련을 불문하고 어깨를 걸고 〈아리랑〉(단일팀 국가)을 목이 터져라 불렀다. 1991년 4월 29일 일본 지바의 니혼컨벤션센터 여자 단체전 시상식에선 태극기도 인공기도 아닌 '한반도기'가, 남과 북의 애국가가 아닌 〈아리랑〉이 울려 퍼지는 가운데 우승팀의 국기로 내걸렸다. 남북 스포츠 교류사와 단일팀 역사에 결코 잊혀지지 않을 불멸의 순간이다.

남과 북 선수단의 첫 공동입장은 2000년 남북정상회담 직후 시드니올림픽(2000년 9월 15일~10월 1일)에서 성취됐다. 남쪽 정은순과 북쪽 박정철이 한반도기를 앞세우고 개막식에 등장했고 남북선수단 180명이 같은 유니폼을 입고 〈아리랑〉 가락에 맞춰 행진했다. 사우스South나 노스North가 붙지 않은 그냥 코리아Korea팀이 96번째로 입장한 것이다. 하지만 그때도 합의가 이뤄지지 않아 단일팀은 꾸려지지 않았고, 남과 북의 선수들은 개막식 이후엔 다시 헤어졌다. 정은순은 개막식 직후 볼멘소리로 이렇게 물었다. "한 깃발을 들고 같이 입장했는데, 왜 운동장을 나서면 다른 국기를 달고 갈라져야 하나요?"[43]

TEAM KOREA, 한반도 정세의 바로미터

분단사에서 남북단일팀-공동입장은 생각보다 희귀하다. 2018년 평창 동계올림픽은 남과 북의 긴 올림픽 참가 역사에서 공동입장-단일팀-공동응원이 모두 이뤄진 유일한 대회다. 그보다 앞서 노무

현과 김정일이 2007년 10월 정상회담에서 "2008년 북경 올림픽경
기대회에 남북응원단이 경의선 열차를 처음으로 이용해 참가"하기
로 합의했으나, 이듬해 집권한 이명박 정부가 대북 강경 기조로 돌
아서며 남북관계가 악화하자 '경의선 열차 타고 베이징올림픽 공동
응원'의 부푼 꿈은 물거품이 되고 말았다.

남북 스포츠 교류사에 이렇게 우여곡절이 심한 건, 스포츠 또한
남북 당국관계와 한반도 정세의 풍향을 피해가기 어렵기 때문이다.
2018년 남과 북이 평창 동계올림픽(2월 9~25일)과 자카르타·팔렘
방 아시안게임(8월 18일~9월 2일), 자카르타 장애인 아시안게임(10월
6~13일)에서 공동입장-단일팀-공동응원을 실행한 건 그해 문재인
과 김정은의 정상회담이 세 차례나 이뤄진 사실을 빼고는 설명하기
어렵다.

남북단일팀 신화의 상징인 탁구단일팀도 1991년으로부터
27년이 흐른 2018년 스웨덴 할름스타드 세계탁구선수권대회(4월
29~5월 6일)에서야 두 번째 결실을 봤다. 그나마도 여자 단체전에
서 남과 북이 8강전에서 맞붙게 되자 승패를 겨루는 대신 단일팀으
로 4강전에 올라 일본에 맞서기로 급히 합의한 덕분이다. 탁구계는
2024년 2월 부산에서 열릴 세계탁구선수권대회에서 단일팀의 꿈
을 다시 이루기를 기대한다.

남북단일팀은 성취하기 어렵고, 여론도 전처럼 환영 일색은 아
니다. 그럼에도 분단 적대의 세월에 평화번영의 길을 열자면 결코
포기할 수 없는 화해·협력의 불씨다. 분단 독일을 겪은 토마스 바흐
Thomas Bach 국제올림픽위원회 위원장은 2018년 평창올림픽 때 '여

자아이스하키 단일팀'을 둘러싸고 논란이 일자 이렇게 호소했다.

(독일 통일 이전) 동·서독이 함께 무언가를 하려고 했을 때 모든 이들이 기뻐한 것은 아니었다. 동·서독은 특정 기간 올림픽에 단일연합팀으로 참가하기도 했으나 양쪽 선수 모두 행복한 것 역시 아니었다.… 분단만 경험하고 통일국가를 경험하지 못한 세대도 있다. 이들에게 우리는 설명하고 미래를 바라봐야 한다. 출발부터 100% 지지를 기대할 순 없다.[44]

문재인·김정은의 외침, "이제 전쟁은 없다" 2018 남북정상회담 ①

2018. 4

2018년 이른 봄, 세 번째 남북정상회담과 사상 첫 북미정상회담이 가시권에 들어서자 문재인과 김정은은 전쟁 위기의 벼랑 끝에서 얻어낸 기회를 놓치지 않으려 무진 애를 썼다. 11년 만의 남북정상회담을 성공적으로 치르려면 "잃어버린 11년"(김정은)간 켜켜이 쌓인 남북 사이 오해와 적대감을 눅여야 했다. 다른 한편으론 3차 남북정상회담으로 첫 북미정상회담을 현실화하는 디딤돌도 놓아야 했다. 한국전쟁 정전 이래 가장 난해한, 그러나 희망에 찬 묘수풀이가 절실했다.

문재인이 트럼프한테서 "5월 말 이전에 김정은 위원장을 만나겠다"는 약속을 받아내자, 김정은이 가속 페달을 밟았다. 남북·북미 정상회담 합의 뒤 김정은의 첫 전략적 선택은 시진핑 중국공산당 총서기 겸 국가주석과의 회담(2018년 3월 25~28일 베이징)이었다. 2012년 집권 이후 첫 나라 밖 나들이이자 탈냉전기 고립무원 처지에 빠진 북한의 유일한 후견국 노릇을 해온 중국과 관계를 재확인 하는 뒷배 다지기다. 2000년 사상 첫 남북정상회담과 북미정상회담 추진에 앞서 한중수교(1992년 8월 24일) 이후 처음으로 베이징으로 찾 아가 북중정상회담(2000년 5월 3~7일)을 한 아버지 김정일을 빼닮은 행보이기도 했다.

김정은-시진핑 회담이 중요하지만 새롭지 않다면, 2018년 4 월 20일 조선노동당 중앙위 7기 3차 전원회의에서 김정은이 내놓 은 메시지는 세계를 놀라게 하기에 충분했다. 이 회의에서 김정 은은 "우리 당의 (경제·핵) 병진노선이 위대한 승리로 결속"됐다며 "사 회주의경제건설에 총력을 집중하는 것이 우리 당의 (새로운) 전략적 노선"이라고 선언했다.[45] 이어 빈말이 아님을 강조하듯 "(2018년) 4 월 21일부터 핵시험과 대륙간탄도로케트 시험발사 중지"와 "(함경북 도 길주군 풍계리) 북부핵시험장 폐기"를 약속했다. UN·미국의 고강도 대북제재와 함께 김 위원장의 비핵화 의지를 의심하는 시선이 국제 사회 일부에서 여전한데, 아무런 조건도 달지 않고 내놓은 선제적 신뢰구축 조처다. '트럼프의 약속'을 현실로 바꿔 북미관계 정상화 를 이루려는 김정은의 간절함이 밴 승부수였다. 한주 앞으로 다가온 3차 남북정상회담에도 청신호가 켜진 셈이었다. 나라 안팎의 많은 전문가가 이 회의를 덩샤오핑의 개혁개방 노선을 공식화해 현대 중 국의 분수령을 이룬 중국공산당 '11기 3중전회'(1978년 11월 18~22일) 에 비유했다.

손을 맞잡고 군사분계선을 넘나든 남북 정상

김정은이 '핵'에서 '경제'로 국가발전전략 중심축을 바꾸겠다고 공개 선언한 2018년 4월 20일, 청와대 대통령 집무실과 국무위원장실 사이에 설치된 남북 정상 핫라인 통화가 처음으로 이뤄졌다. 정상회담을 나흘 앞둔 4월 23일 국방부는 "2018 남북정상회담을 계기로 남북 간 군사적 긴장완화 및 평화로운 회담 분위기 조성을 위해 오늘 0시를 기해 군사분계선 일대에서의 대북 확성기 방송을 중단했다"고 발표했다.

2018년 4월 27일 오전 9시 30분 대한민국 대통령 문재인과 조선민주주의인민공화국 국무위원장 김정은이 판문점 공동경비구역의 폭 50㎝, 높이 5㎝ 군사분계선을 사이에 두고 마주 섰다. 두 정상이 반갑게 악수했다. 김정은이 군사분계선을 가볍게 넘었다. "저는 언제쯤 넘어갈 수 있겠습니까?" 문재인이 짐짓 농담처럼 부러움을 드러내자, 김정은이 기다렸다는 듯 "그럼, 지금 넘어가볼까요"라고 선뜻 화답했다. 남북 정상은 서로 손을 맞잡고 군사분계선을 가볍게 넘나들었다. 1948년 남과 북에 두 '분단정부'가 세워진 이래 70년간 단 한 번도 없던 동반 월경·왕복이다. 그날 판문점에서 펼쳐진 12시간짜리 평화 드라마의 시작이다.

문재인과 김정은은 오전 10시 15분부터 판문점 남쪽 구역 '평화의 집'에서 회담했다. 남쪽에서 서훈과 임종석 대통령 비서실장이, 북쪽에서 김여정과 김영철이 배석했다. 회담에 앞서 김정은은 김여정이 건네준 펜으로 "새로운 역사는 이제부터. 평화의 시대, 력사의 출발점에서. 김정은 2018. 4. 27"이라고 방명록에 적었다. "평화의 시대"라는 구절에 정상회담에 임하는 김정은의 바람과 전략이 담겨 있다고 봐도 무방하다. 김정은은 회담 머리발언 계기에 "너무나 쉽게 넘어온 역사적인 이 자리까지 11년이 넘었는데, 잃어버린 11년이 아깝지 않게"라고 다짐하듯 말했다.

김정은은 오전 회담을 마치고 군사분계선을 넘어 북쪽으로 돌아갔다. 두 정상은 따로 점심을 먹고 오후 4시 27분 기념식수를 하려고 남쪽 군사분계선 근처 '소떼길'에서 다시 만났다. 정주영이 1998년 6월 16일 500마리 '통일의 소'와 함께 방북할 때 지난 길이라 소떼길이다.

문재인은 백두산 흙을, 김정은은 한라산 흙을 삽에 퍼서 미리 심어놓은 1953년생 반송에 세 차례 뿌렸다. 문재인은 대동강 물을, 김정은은 한강 물을 나무에 뿌렸다. 합토합수合土合水로 남과 북의 평화·공동번영의 바람을 담았다. '대결과 긴장'의 땅 군사분계선에 '평화와 번영'의 염원을 담은 소나무를 함께 심어, 군사분계선이 갈라놓은 백두대간의 식생을 복원하는 등 "끊어진 민족의 혈맥을 다시 잇"는 새 시작을 알리고자 마련한 행사다. 정전협정이 체결된 1953년생 반송은 "(전후 분단) 65년간 아픔을 같이 해왔다는 의미와 함께 과거의 상처를 치유하고 평화와 번영으로 가는 첫걸음을 상징한다"고 청와대는 설명했다. 문재인과 김정은은 반송 앞에 서서 잠시 대화를 나누고 "평화와 번영을 심다"라는 문구가 두 정상의 서명과 함께 새겨진 표지석 앞에서 기념사진을 찍었다.

'도보다리 회담'과
4·27 판문점선언

기념식수 뒤 문재인과 김정은은 아무도 예상하지 못한 '공개 밀담'을 세계인이 지켜보는 가운데 40분 가까이 나눴다. 두 정상은 판문점 '자유의 집' 오른쪽으로 난 길을 따라 걸어 연한 청색을 입힌 '도보다리'에 다다랐고, 오후 4시 42분부터 고동색 나무의자에 앉아 30분 남짓 회담했다.

그 나무의자 바로 뒤로 1953년 7월 27일 정전 이후 온갖 풍상을 견디느라 녹이 슨 101번째 군사분계선 표지물이 무심히 서 있었다. 문재인이 손가락을 하나씩 접어가며 뭔가를 설명했고, 김정은이 이따금 고개를 끄덕였다. 두 정상은 자주 함께 웃었다. 이 모든 모습이 텔레비전 생중계로 한국은 물론 세계에 송신됐다. 두 정상의 말소리는 전혀 들리지 않는데 새소리가 유독 크게 들렸다. 혹시 모를 관련국의 도청을 차단하려는 '계산된 잡음'이다. 그날 이후 고유명사로 굳은 '도보다리 산책' '도보다리 회담'이다. 도보다리는 정전협정 직후 중립국감독위원회가 습지 위에 만들었고, 유엔사는 '풋 브리지Foot Bridge'라 불렀다. 4·27 판문점 남북정상회담 이후 도보다리는 판문점 공동경비구역 관광객이 가장 좋아하는 기념촬영 장소로 자리를 잡았다.

두 정상은 도보다리 공개 밀담 뒤 20분 남짓 오후 회담을 하고는 '한반도의 평화와 번영, 통일을 위한 판문점선언'(4·27 판문점선언)에 서명했다. 6·15 공동선언과 10·4 정상선언에 이은 세 번째 남북

정상선언이다. 두 정상은 평화의 집 광장에서 "한반도에 더이상 전쟁은 없을 것이며 새로운 평화의 시대가 열렸음을 8000만 우리 겨레와 전 세계에 엄숙히 천명"한다는 가슴 벅찬 선언과 함께 '평화→번영→통일'의 경로를 분명히 한 '4·27 판문점선언'을 공동 발표했다. 1·2차 정상회담 때보다 진화한 발표 형식이다.

남북 정상은 '4·27 판문점선언' 1조에서 "남북관계의 전면적이며 획기적인 개선과 발전"(개성 남북공동연락사무소 설치, 경의·동해선 철도·도로 연결과 현대화 등)을 이룩하겠다고 약속했다. 2조에서 "한반도에서 첨예한 군사적 긴장 상태를 완화하고 전쟁 위험을 실질적으로 해소하기 위해 공동으로 노력"(적대행위 전면 중지, 비무장지대 평화지대화, 서해 북방한계선 일대 평화수역화 등)을 다짐했다. 3조에선 "한반도의 항구적이며 공고한 평화체제 구축을 위해 적극 협력"(단계적 군축 실현, 종전선언과 3~4자 (정상)회담 추진, 완전한 비핵화와 핵 없는 한반도 실현 등)을 약속했다.

공동 회견에서 문재인은 "이제 우리는 결코 뒤돌아 가지 않을 것"이라고 결연하게 외쳤고, 김정은은 "이 합의가 역대 합의서처럼 시작만 뗀 불미스러운 역사가 되풀이되지 않도록 우리 두 사람이 무릎을 마주하고 긴밀히 협력해 반드시 좋은 결실이 맺어지도록 노력해나갈 것"이라고 확언했다.

해 질 무렵 김정은의 동반자인 리설주 여사가 평화의 집에 모습을 드러냈다. 오후 6시 30분부터 3시간 동안 4·27 판문점 회담의 성과를 자축하는 공연과 만찬이 이어졌다. 문재인의 권유로 평양냉면을 준비해온 김정은이 "대통령께서 멀리 온, 아…멀다고 하면 안되

갔구나. 맛있게 드시면 좋겠다"고 해 만찬장을 웃음바다로 만들었다. 그날 이후 평양냉면과 "아…멀다고 하면 안되갔구나"는 남쪽 젊은이들 사이에 '힙함'을 상징하는 징표로 한동안 인기를 끌었다. 서훈 등 몇몇은 눈물을 훔쳤고, 어떤 이들은 남북을 오간 평양소주잔을 거푸 들이붓고 대취했다. 밤 9시 28분 김정숙 여사와 리설주가 작별 포옹을 마치자 김정은을 태운 차가 군사분계선을 넘어 북쪽으로 돌아갔다. 지금은 쓰린 마음으로 되돌아볼 수밖에 없는 2018년 4월 27일 12시간에 걸친 평화 드라마, "하나의 봄"(환송 공연 제목)이 그렇게 저물었다.

6·12 북미공동성명,
김정은·트럼프+문재인의 탈냉전 설계도

2018. 6

2018년 4월 27일 판문점 남북정상회담 뒤 김정은은 임박한 트럼프와 정상회담을 성공적으로 이끌려 동분서주했다. 김정은은 5월 7~8일 중국 다롄에서 시진핑과 2차 정상회담을 했다. 시진핑과 베이징에서 처음 만난 지 40일 만이다.

5월 9일엔 평양을 두 번째 찾은 마이크 폼페이오Mike Pompeo 미 국무장관을 노동당 중앙위 본부청사에서 만나 "조미 수뇌 상봉과 회담은 조선반도의 훌륭한 미래를 건설하기 위한 훌륭한 첫걸음을 떼는 역사적인 만남으로 될 것"(《조선중앙통신》 2018년 5월 10일)이라며, 김동철·김상덕·김학송 씨 등 북에 억류돼 있던 (한국계) 미국인 3명을 귀국길에 데려가라고 했다. 북미정상회담에 부정적인 국내 여론을 이겨내라고 트럼프의 손에 쥐어준 선물이다. 트럼프는 5월 10일 새벽 2시 40분(현지시각)께부터 메릴랜드주 앤드루스 공군기지에서 치러진 귀환행사에 직접 나왔고, "매우 기대되는 김정은과 나의 회담이 싱가포르에서 6월 12일 개최될 것"이라는 트윗을 올렸다. 마침내 사상 첫 북미정상회담의 시간과 장소가 확정됐다.

김정은의 선제 비핵화 조치

북은 축포를 쏘아 올리듯 5월 12일 '외무성 공보'로 "23~25일 사이 (함경북도 길주군 풍계리) 북부핵시험장 폐기"를 공식화했고, 5월 24일 한국·미국·중국·영국·러시아 5개국 취재진이 현장에서 지켜보는 가운데 "공화국 북부핵시험장을 완전히 폐기하는 의식"을 진행했다.[46] 조건을 달지 않은 '선제 비핵화 조치'다. 북미정상회담 성공을 바라는 마중물이다.

　다롄 북중정상회담 직후 조선노동당의 시·도 당위원장 모두가 참여한 '친선참관단'이 중국을 찾았다. 박태성 단장은 5월 16일 시진핑을 만나 "중국의 경제 건설과 개혁·개방의 경험을 배우러왔다"고 밝혔다고 중국《중앙텔레비전》이 보도했다. 이즈음 김정은은 노동당중앙군사위 7기 1차 확대회의를 열어 "인민군대가 조국보위도 사회주의 건설도 다 맡자"는 구호를 채택했다. 4월 20일 노동당 중앙위 7기 3차 전원회의에서 채택한 "사회주의 경제건설 총력 집중"이라는 새 전략노선에 따라 인민군을 건설 등 경제현장에 투입하겠다는 선언이다. 김정은의 이런 조건 없는 선제 비핵화 조처와 (개혁개방을 염두에 둔) '경제 집중' 노선 천명은 한반도 정세의 긍정적 진전과 주변의 기대를 낳기에 충분했다.

　좋은 일에는 나쁜 일이 함께 찾는다고 했던가. 5월 16일 "트럼프 행정부가 우리를 구석으로 몰고가 일방적인 핵포기만을 강요하려 든다면 그러한 대화에 더는 흥미를 가지지 않을 것이며 다가오는 조미수뇌회담에 응하겠는가를 재고려할 수밖에 없을 것"이라는 '외무성 제1부상 김계관 담화'가 《조선중앙통신》에 공표됐다. 5월 24일엔 "백악관 국가안보좌관 볼튼"과 "부통령 (마이크) 펜스"를 실명 비난하며 "미국이 우리의 선의를 모독하고 계속 불법무도하게 나오는 경우 조미수뇌회담을 재고려할 데 대한 문제를 최고지도부에 제기할 것"이라는 '외무성 최선희 부상 담화'가 발표됐다. 북미사이 물밑 협상이 뜻대로 풀리지 않는 데 따른 공개 불만 표출이자 북한 특유의 판 흔들기다.

자칭 '거래의 달인'인 트럼프는 북보다 더한 벼랑 끝 전술로 응답했다. '최선희 담화' 직후 트럼프는 "친애하는 (김정은)위원장"한테 보내는 편지를 통해 "슬프게도, 당신들의 최근 담화가 보여준 엄청난 분노와 공개적 적대감을 볼 때, 나는 오랫동안 계획된 이 만남이 이번에는 부적절하다고 느낀다. 싱가포르 정상회담은 열리지 않을 것"이라고 밝혔다. 회담 취소 선언이다. 그러곤 "언젠가 당신을 만나기를 고대한다"며 뒷문을 열어뒀다.

위기의 북미정상회담을 되살린
5·26 남북정상회담

북은 '공감 외교'를 바로 포기했다. 5월 25일 "(김정은 위원장의) 위임에 따라" 김계관이 "우리는 아무때나 어떤 방식으로든 마주앉아 문제를 풀어나갈 용의가 있음을 미국 측에 다시금 밝힌다"는 담화를 《조선중앙통신》으로 발표했다. 김정은은 '김계관 담화'만으로는 트럼프의 마음을 돌리기에 부족하다고 여겼는지 "일체의 형식 없이 만나고 싶다"며 문재인한테 도움을 요청했다. 남북 분단사에 전무후무할 '하루짜리, 사후 발표' 정상회담(2018년 5월 26일 판문점 통일각)이 그렇게 열렸다.

문재인은 5월 27일 청와대 춘추관에서 한 '정상회담 결과 발표' 기자회견에서 "김정은 위원장은 한반도의 완전한 비핵화 의지를 분명히 했으며 북미정상회담의 성공을 통해 전쟁과 대립의 역사를 청산하고 평화와 번영을 위해 협력하겠다는 의사를 피력했다"고 전했다. 5월 27일 《노동신문》은 김정은이 "조미수뇌회담을 위하여 많은 노력을 기울여온 문재인 대통령의 노고에 사의를 표"했다고 보도했다.[47] '남조선은 끼지 말라'를 입에 달고 사는 북이 북한과 미국 사이에 한국의 자리와 몫이 있음을, 요컨대 '남북미 3각관계'의 존재를 공개 인정한 역사적 증거 문헌이다.

다음 날인 5월 27일 판문점 통일각에서 최선희와 성김Sung Yong Kim 주필리핀 미국대사가 실무협상을 다시 시작했다. 트럼프는 6월 1일(현지시각) 백악관에서 김영철을 만나 "우리는 6월 12일 싱가포르에서 만날 것"이라고 밝혔다. 북미의 기싸움 속에 한때 '죽었던' 북미정상회담이 5·26 남북정상회담을 디딤돌로 다시 살아난 것이다.

2018년 6월 12일 오전 9시 4분(현지시각) 싱가포르 센토사섬 카펠라호텔 회담장 로비에서 '조선민주주의인민공화국 국무위원장 김정은'과 '아메리카합중국 대통령 도널드 트럼프'가 서로 마주 보며 걸어와 12초간 악수를 했다. '3년 전쟁'을 포함한 70년 적대를 뒤로 하고 평화·공존·번영을 찾아 "한번도 가보지 않은 길"(트럼프)에 함께 나선 것이다. '냉전의 외딴 섬'에 갇힌 '분단된 두 코리아'를 탈냉전의 너른 바다로 이끌 결정적 도약대가 되리라는 기대를 안은 세기의 만남은 12초 악수→단독 정상회담(36분)→확대 정상회담(100분)→업무오찬(50분)→1분 산책→공동성명 서명식(6분)→트럼프 단독기자회견(65분) 순으로 5시간 가까이 숨 가쁘게 이어졌다.

"함께 거대한 사업을 시작해볼 결심은 서 있다"

김정은은 이날 가슴에 담아둔 속내를 쏟아냈다. 단독회담 머리발언에선 "우리 발목을 잡는 과거가 있고 그릇된 편견과 관행이 때로는 우리 눈과 귀를 가리기도 했는데 우린 모든 것을 이겨내고 이 자리까지 왔다"고 말했다. 확대회담 머리발언에선 "훌륭한 출발을 한 오늘을 기회로 해서 함께 거대한 사업을 시작해볼 결심은 서 있다"고 밝혔다. 미국이 상응조처만 취한다면 비핵화에 적극 나서겠다는 확언이다. 공동성명 서명식에선 "우리는 오늘 과거를 덮고 새 출발을 알리는 역사적인 문건에 서명을 하게 됩니다. 세상은 아마 중대한 변화를 보게 될 것입니다"라고 외쳤다. 미국과 세계를 향한 약속이자 기대의 표현이다.

김정은과 트럼프가 서명한 사상 첫 북미 정상 합의문인 '6·12 북미공동성명'은 전문과 4개 조로 이뤄져 있다. "새로운 조미 관계 수립"(1조), "한반도에서 항구적·공고한 평화체제 구축 공동 노력"(2조), "판문점선언 재확인과 한반도의 완전한 비핵화 노력 확약"(3조), "한국전 미군 유골 발굴·송환 확약"(4조)이 그것이다. 4조는 남북 간 이산가족상봉 사업처럼 북미 간 신뢰 쌓기의 마중물이다. 1·2·3조와 역사적 무게와 차원이 다른 북한의 '대미 서비스'다.

6·12 공동성명의 북미관계 정상화(1조)+한반도 비핵화(2조)+한반도평화체제(3조)에, 4·27판문점선언의 "일체의 적대행위 전면 중지"(2조 1항)와 "단계적 군축 실현"(3조 2항)을 더하면 '화해·협력의 탈냉전 한반도·동북아'로 나아갈 '완벽한 설계도'가 된다. '한반도 냉전구조'의 4대 기둥인 △남북 불신·적대 △북미 적대관계 △핵 등 대량살상무기를 포함한 군비 경쟁 △군사정전체제를 해소할 열쇠이기 때문이다. 한반도 냉전구조의 4대 기둥은 서로 얽혀 상호의존적이라 하나씩 따로 풀 수 없고 포괄적·단계적 접근이 불가피한데, 무엇보다 북미 적대관계 해소가 핵심이다.

역사가 가르쳐준 바, 북미 적대관계의 완화·해소가 동반되지 않은 남북관계 개선과 한반도 평화 노력은 아무리 애써도 정상에 이르지 못하는 '시시포스의 운명'을 피하지 못했다. 하여 6·12 공동성명 전문의 "상호 신뢰 구축이 조선반도 비핵화를 추동할 수 있다"는 문구는 "한 번도 가보지 않은 길"을 밝히는 나침반이자 등불이다. 북을 의심해 '비핵화 먼저(선 비핵화)' 노선을 고수해온 역대 미국 행정부와 달리 트럼프가 "상호 신뢰 쌓기"로 비핵화와 관계 정상화를 이루자고 확약했다는 뜻이어서다. 4·27 판문점선언과 6·12 공동성명으로 탈냉전·평화번영의 한반도·동북아를 이룰 설계도는 완성됐다. 남은 과제는 약속을 이행하는 실천이다.

트럼프의 변심, 하노이의 저주

2019. 2

사상 첫 북미정상회담의 여운이 가시지 않은 2018년 7월 6일 폼페이오가 세 번째로 평양을 찾았다. 김정은과 트럼프가 합의한 6·12 북미공동성명 이행을 협의하려는 방북이다. 그런데 그 결과가 뜻밖이다. 폼페이오는 평양에 머문 이틀 동안 김정은을 만나지 못했다. 대신 미국이 "일방적이고 강도적인 비핵화 요구만 들고 나왔다"고 맹비난한 북 외무성 대변인 담화가 7월 7일 폼페이오의 전용기가 평양 순안공항을 벗어나자마자 발표됐다.[48]

북은 "공동성명의 모든 조항들의 균형적인 리행을 위한 건설적인 방도들", 곧 △조미관계 개선을 위한 다방면적인 교류 실현 문제(공동성명 1항 '새로운 조미관계 수립') △조선정전협정 65돌을 계기로 종전선언 발표 문제(성명 2항 '항구적이고 공고한 평화체제 구축 노력') △ICBM 생산 중단, 물리적 확증 위한 대출력발동기(엔진) 시험장 폐기 문제(성명 3항 '완전한 비핵화 노력') △미군 유골 발굴 실무협상 조속 시작 문제(성명 4항 '유골 발굴 진행과 송환')를 제안했다고 담화는 밝혔다.

그런데 폼페이오는 "싱가포르 수뇌 상봉과 회담의 정신에 배치되게 CVID(완전하고 검증 가능하며 불가역적인 비핵화)요, 신고요, 검증이요 하며 일방적이고 강도적인 비핵화 요구만을 들고나왔"거나 "이미 합의된 종전선언 문제까지 조건과 구실을 대면서 멀리 뒤로 미루어놓으려는 입장을 취했다"는 것이다. 하여 "확고부동했던 비핵화 의지가 흔들릴 수 있는 위험한 국면에 직면"했다는 게 북 외무성의 주장이었다.

폼페이오의 '빈손 방북'은, 1차 북미정상회담 직후 워싱턴 외교가를 휩쓴 부정적 여론과 무관하지 않았다. 24시간 워싱턴만 들여다보는 북이 이런 사정을 모를 리 없다. 북은 특유의 '강 대 강' 맞서기가 아닌 '먼저 약속 지키기'로 길을 열려 했다. 북은 한국전쟁 정전기념일인 7월 27일 전쟁 때 숨진 미군 유해 55구를 미국에 넘겨줬다. 미군 글로브마스터 수송기(C-17)가 원산까지 와서 오산으로 옮겼다. 김정은은 북미 공동성명 4조를 먼저 실천함으로써 트럼프의 합의 이행을 에둘러 요구한 셈이다.

'영변 핵시설 영구 폐기' 카드

그런데도 트럼프가 움직이지 않자, 김정은은 더 센 카드를 꺼내 들었다. 2018년 9월 19일 평양에서 열린 문재인과 남북정상회담에서 "미국이 6·12 북미공동성명의 정신에 따라 상응조치를 취하면 영변 핵시설의 영구적 폐기와 같은 추가적인 조치를 계속 취해나갈 용의가 있다"(9월 평양공동선언 5조 2항)고 밝혔다. 2018년 봄에 그런 것처럼 문재인의 도움을 받아 '남북정상회담→2차 북미정상회담'의 경로를 뚫으려 한 것이다.

기대대로 워싱턴의 반응이 나왔다. 9월 평양공동선언 발표 닷새 뒤인 9월 24일 트럼프는 워싱턴에서 문재인을 만나 "2차 미북 정상회담을 멀지 않은 장래에 하게 될 것"이라고 밝혔다. 문재인은 이틀 뒤 UN총회 연설에서 "김정은 위원장의 비핵화 결단이 올바른 판단임을 확인해줘야 한다"며 미국의 '상응조치'를 촉구했다. 10월 7일 폼페이오가 네 번째로 평양을 찾았을 때, 지난 7월과 달리 김정은은 폼페이오가 평양에 머문 시간 내내 함께하며 "매우 생산적이고 훌륭한 담화"를 진행해 "조만간 2차 조미 수뇌(정상) 회담과 관련한 훌륭한 계획이 마련될 것이라 확신"했다고 《노동신문》이 전했다.[19]

2018년 12월 30일 김정은은 문재인한테 보낸 친서에서 "서울을 방문하겠다는 강한 의지"를 나타내며 "내년(2019년)에도 남북 두 정상이 한반도 평화번영을 위해 함께 나가자"고 밝혔다. 세 차례 남북 및 북중 정상회담과 사상 첫 북미정상회담을 치르며 평화·번영으로 가는 길을 닦은 2018년처럼 새해도 희망에 찬 나날이길 바란다는 기대이자 다짐이다.

2019년 1월 19일 트럼프가 백악관에서 김정은의 특사 자격으로 워싱턴을 찾은 김영철을 만나곤 '2월 말 2차 미북정상회담' 계획을 기자들한테 밝혔다. 김정은이 고대하던 트럼프와의 두 번째 담판 기회를 잡은 것이다.

베트남처럼, 북도 미국의 친구가 될 수 있을까

2차 북미정상회담은 2019년 2월 27~28일 베트남 '소피텔 레전 드 메트로폴 하노이 호텔'(메트로폴호텔)에서 열렸다. 메트로폴호텔 은 1972년 크리스마스이브에 존 바에즈가 미군의 폭격을 피해 숨 어든 지하 방공호에서 미국의 베트남전쟁에 반대하는 이들의 성가 인 〈우리 승리하리라We shall overcome〉를 부르고 또 부른 곳이다. 1961~1968년 미 국방장관으로 베트남전쟁을 설계·집행한 로버 트 맥나마라와 '반미 전사'이던 응우옌꼬탁 전 베트남 외무장관이 1997년 6월 20~23일 처음 만나 왜 전쟁에 빠졌고, 빨리 끝내지 못 했는지를 되짚어 또다른 과오를 막고자 '적과의 대화'를 한 장소다. 맥나마라는 뒷날 "적을 이해하라" "상대가 적이라도 최고지도자끼 리 대화를 계속해야 한다"를 이 대화의 교훈으로 꼽았다.[50]

하여 메트로폴호텔은 북미 정상이 두 번째 담판을 짓기에 맞춤 한 장소다. 처절한 전쟁을 치르고도 친구로 거듭난 미국-베트남처 럼 북한과 미국도 친구가 될 수 있다는 희망의 거처이기에 더욱 그 랬다.

김 위원장은 회담 나흘 전인 2019년 2월 23일 평양역에서 전 용열차에 올라 66시간, 3800km에 걸친 열차여행에 나섰다. 《노동신 문》은 "당과 정부, 무력기관의 간부들은 경애하는 (김정은) 최고영도 자 동지께서 제2차 조미 수뇌(정상) 상봉과 회담에서 훌륭한 성과를 거두고 안녕히 돌아오시기를 충심으로 축원하였다"는 보도를 시작 으로 연일 '하노이 회담' 띄우기에 열을 올렸다.[51]

2월 27일자에는 김정은의 베트남 도착 소식과 함께 〈경제발전에 힘을 넣고 있는 웰남(베트남)〉이라는 제목의 기사도 실었다.《노동신문》역사에서 찾아보기 어려운 회담 사전 홍보다. 베트남처럼, 이제 북한도 국제사회의 일원으로 경제발전의 과실을 누릴 날이 눈앞에 다가왔다는 기대감이 역력하다. 이때만 해도 김정은을 포함해 북의 그 누구도 '트럼프의 변심'을 예상하지 못한 듯하다.

첫날 회담 분위기는 나쁘지 않았다. 김정은은 "미국이 UN 제재의 일부, 즉 민수경제와 인민생활에 지장을 주는 항목의 제재를 해제하면 우리는 영변 핵의 플루토늄과 우라늄을 포함한 모든 핵물질 생산시설을 미국 전문가들의 입회하에 두 나라 기술자들의 공동의 작업으로 영구적으로 완전히 폐기하겠다"고 제안했다.(2019년 3월 1일 리용호·최선희 하노이 기자회견).

트럼프도 "합의문에 '제재를 해제했다가도 조선이 핵활동을 재개하는 경우 제재는 가역적이다'는 내용을 포함시킨다면 합의가 가능할 수도 있다는 신축성 있는 입장"을 보였다.(2019년 3월 15일 최선희, 평양 주재 공관장 대상 설명회) 요컨대 하노이 회담 첫날 김정은과 트럼프는 '영변 핵시설 영구 폐기'와 '제제 일부 해제'를 맞바꾸되 북이 비핵화 약속을 어기면 제재를 되살리는 '스냅백'을 안전장치로 두는 데 어느 정도 공감을 이뤘다는 뜻이다.

그런데 밤사이 트럼프가 '변심'했다. 그 시각 하노이에서 1만 3400㎞ 떨어진 워싱턴선 트럼프의 개인 변호사이자 '해결사'로 불린 마이클 코언이 의회 하원 감독개혁위원회의 공개 청문회에 나서 트럼프를 "사기꾼, 인종주의자, 범죄자"라 비난하며 폭로전에 나섰다.《CNN》은 코언 청문회를 생중계하며 하노이 회담은 자막으로만 처리했다. 당시 미국인의 주된 관심사를 짐작케 한다.

트럼프의 변심과
'하노이의 저주'

2019년 2월 28일 단독 정상회담에 앞서 김정은이 "나의 직감으로 보면 좋은 결과가 생길 거라고 믿는다"고 기대를 숨기지 않은 반면, 트럼프는 "속도는 중요하지 않다. 중요한 것은 우리가 올바른 합의를 하는 것"이라고 짐짓 냉정한 태도를 강조했다. 그러곤 회담을 깼다.《CNN》은 '하노이 회담 결렬'을 생중계 화면에 올리고 코언 청문회 소식은 자막으로 내렸다. 트럼프가 바란 반응이다. 트럼프는 많이 미안했는지 "평양까지 내 전용기로 함께 돌아가자"고 제안했지만, 김정은 정중하게 사양했다고 당시 사정에 밝은 고위 외교소식통이 전했다.

트럼프는 회담 뒤 혼자 한 기자회견에서 "영변 해체만으론 미국이 원하는 모든 비핵화가 아니라고 판단했다"며 "언론 비판과 달리 미국은 어떤 것도 북한에 양보하거나 포기하지 않았다"고 말했다. 트럼프 특유의 허세·변명만은 아니다. '한반도 평화 프로세스'의 핵심 설계자인 임동원은 "트럼프 대통령이 한반도에서 변화보다는 현상 유지를 원하는 군산복합체 등 보수 강경파들의 제동에 걸려 앞으로 나가지 못하고 주저앉았다"고 한탄했다.[52]

김정은은 하노이 회담 결렬로 '무오류의 수령'도 실패할 수 있음을 북녘 인민들한테 들킴으로써 지도력에 심대한 타격을 입었다. 그럼에도 바로 태도를 바꾸지는 않았다. 회담 결렬 42일 만인 2019년 4월 11일 최고인민회의 시정연설을 통해 "어쨌든 올해 말까지는 인내심을 갖고 미국의 용단을 지켜볼 것"이라고 여지를 뒀다. 그러나 "미국의 용단"은 트럼프에서 조 바이든으로 대통령이 바뀐 뒤에도 모습을 드러내지 않고 있다. 탈냉전과 평화번영의 꿈에 부풀었던 남과 북의 8000만 시민·인민은 아직껏 '하노이의 저주'를 풀지 못해 다시 커지는 전쟁 위기의 공포에 안절부절이다.

북한에도
강경파-온건파 갈등이 있을까?

이번에 미국은 천재일우의 기회를 놓쳤다고 생각한다. 우리 (김정은) 국무위원장 동지께서는 트럼프 대통령을 만나신 자리에서 싱가포르 회담 이후 260일간은 그 어느 때보다도 인내와 노력이 필요한 시기였다는 데 대하여 말씀하시였는데 이런 기회를 만드시기 위해 국내의 많은 반대와 도전과도 맞서오시였다. 사실 우리 인민들 특히 우리 군대와 군수공업부문은 우리가 절대로 핵을 포기하면 안 된다고 하면서 우리 국무위원회 위원장 동지께 수천 통의 청원 편지들을 올리고 있다.

2019년 3월 15일 최선희 북한 외무성 부상이 평양에 상주하는 외국공관 대표들과 외신 기자들을 상대로 한 기자회견의 머리발언 가운데 한 대목이다. 2019년 2월 27~28일 베트남 하노이에서 열린 김정은과 트럼프의 제2차 북미정상회담 결렬의 책임이 미국 쪽에 있음을 설명하는 자리였다. 공식 기자회견의 선전적 측면을 고려하더라도, 최선희의 이 발언은 주목할만하다. 트럼프와 담판으로 핵 포기와 북미관계 정상화를 맞바꾸려는 김정은의 협상 전략에 '내부 반대'가 있었다는 공개·공식 발언이어서다. 김정은이 "국내의 많은 반대와 도전과도 맞서오시었다"라거나 "군대와 군수공업부문은 우리가 절대로 핵을 포기하면 안 된다고 하면서"라는 언급이 그렇다.

김일성·김정일·김정은 3대 세습체제를 이어오며 '수령' 중심의 "유일적 영도"를 내세우는 북에도 내부 의사결정 과정에 의견 대립, 이를테면 '강경파–온건파 갈등' 따위가 있을까? 북을 오래 관찰·상대해온 이들의 오랜 관심사인데 모두가 동의하는 딱 부러진 정답은 아직 없다.

하여 2019년 3월 15일 최선희의 기자회견 발언은 '북한에도 강경–온건(파) 대립이 있나'라는 질문의 답을 찾아가는 여정에서 만나기 쉽지 않은 귀한 실마리다.

정치적 희생양과
정책적 갈지자 행보

그즈음 북의 권력 중심에서 벌어진 일을 보면, 최선희의 '내부 반대' 발언은 김정은의 '결단'을 과장하려는 정치적 수사만은 아닌 듯하다. 하노이 회담 결렬 뒤 무대에서 사라진 이들이 여럿 있다. 리수용·리용호·김혁철이 대표적이다. 리수용은 김정은의 스위스 유학 시절에 후견인 구실을 한 인물로, 김정은 집권 초기부터 김정은의 '외교 선생'으로 불렸다. 그러나 그는 하노이 회담이 결렬된 뒤인

2019년 12월 조선노동당 국제 담당 비서에서 해임됐다.[53] 리용호도 외무상에서 해임됐다. 리용호는 세 차례 남북정상회담과 사상 첫 북미정상회담 직후인 2018년 9월 29일 UN총회에서 조선민주주의인민공화국을 대표해 "경제적 발전을 위해서는 평화적 환경을 필요로 한다"며, 남북 화해·협력과 북미 관계 정상화 노력에 국제사회가 힘을 실어달라고 호소한 이다.

김혁철은 2019년 1월 백악관에서 트럼프를 만난 '김정은 특사단'(단장 김영철)의 일원으로 참여한 뒤 '국무위원회 대미특별대표'라는 전례 없는 직함으로 하노이 회담 사전 협상에 나선 인물인데, 하노이 회담 결렬 뒤 소리없이 사라졌다.[54] 리수용·리용호·김혁철 셋 모두 북한의 전문 외교관이다. 리수용은 스위스·네덜란드, 리용호는 영국·아일랜드, 김혁철은 스페인 대사 경력이 있다. 리수용·리용호·김혁철의 퇴장은, 하노이 협상을 주도한 외교라인이 회담 결렬의 책임을 짊어질 정치적 희생양으로 지목됐음을 뜻한다.*

김정은 집권 첫해인 2012년 미국 오바마 행정부와 맺은 '2·29 합의' 이후의 엇갈린 행보도 북의 '내부 이견'을 엿볼 틈을 제공한다. 2·29 합의는 북의 '핵·미사일 모라토리엄, 영변 핵시설 중지'와 미국의 대북 관계 개선 노력, 영양식품 지원 따위를 아우른 김정은·오바마의 첫 합의다. 그러나 북은 그해 4월 13일 '광명성 3호'를 쏘아 올

---

* 다만 하노이 회담을 앞두고 대미 협상의 전면에 나선 외교라인 가운데 리수용·리용호·김혁철이 무대에서 내려온 반면, 최선희는 이후 오히려 승진하는 다른 궤적을 보인 사실도 염두에 둘 필요가 있다.

려, UN 안전보장이사회의 추가 제재를 받았다. 합의 직후 로켓 발사
는 명백한 정책 혼선이다. 북 내부에 대미 정책을 둘러싸고 심각한
이견이 있었음을 방증한다.

북은 왜 한 달여 사이에 갈지자 행보를 보였을까? 아버지 김정
일의 죽음으로 20대에 최고지도자 자리에 오른 김정은의 경험 부족
과 취약한 권력 기반 탓에 '강한 리더십'을 앞세울 국내정치적 필요
성이 우선 고려된 게 아닌가 하는 추정이 있을 뿐이다. '협상'을 맡은
외교라인이, 김정은의 집권 초 '성과'로 '인공위성 발사'를 앞세운 이
들한테 밀렸으리라는 추정이다.

시간을 더 거슬러 올라가면 1990년대 초반에도 대미 핵협상을
둘러싼 강온 이견의 흔적을 발견할 수 있다. 1992년 1월 김용순의
특사 방미를 셀리그 해리슨은 북의 '강경파'와 '실용주의자' 사이의
"불안한 타협"이라 규정했고, 김용순 방미의 실패가 '평양의 실용주
의자들'한테 큰 타격을 줬다고 평가했다. 김용순 방미 직전 노동당
중앙위 전원회의(1991년 12월 24일)에서 "만약 미국과의 협의가 실질
적으로 진행된다면 핵프로그램은 유예될 수 있을 것이다. 그러나 미
국과의 협의가 반드시 이 프로그램을 중단시키는 것은 아니라는 데
합의가 이뤄졌다"는 것이다.[55] 김용순 방미 실패 뒤 북은 '1차 북핵위
기'라 불리는 '핵게임'을 본격화했다.

해리슨의 진단대로 북에도 '강경파'와 '실용주의자'(온건파)가 존
재한다고 할 수 있을까? 북을 오랜 세월 상대해온 원로들은 '그렇다'
는 답을 쉽사리 내놓지 않는다. 최선희·김계관·김용순의 사례가 보
여주듯 북에도 중요 정책 결정 과정에서 '다른 정책 지향'의 경쟁과

다툼은 발견된다. 하지만 그것이 세력으로서 강경파와 온건파의 병존·경쟁·쟁투를 당연한 전제로 하지는 않는다. '수령' 중심의 '유일영도체계'를 철의 원칙으로 삼는 북의 독특한 권력 구조와 작동방식 때문이다.

'장성택 숙청'으로 보는 강온 대립의 양상

이와 관련해 2013년 12월 '장성택 처형' 사건은 질문을 더 밀고 나갈 좋은 사례다. 김정은 집권 이태째 발생한 '장성택 처형' 사건은 최고지도자와 어깨를 견줄 '2인자'와 '이견 그룹'을 허용하지 않는 북의 권력 구조, '개혁·개방'을 둘러싼 내부 이견 여부라는 중대한 논점에 매우 강력한 시사점을 제공한다.

장성택은 김일성의 사위이자 김정일의 매제이며 김정은의 고모부다. 1972년 김일성의 딸이자 김정일의 유일한 여동생인 김경희와 결혼하며 권력 핵심에 진입한 이래 2013년 처형될 때까지 40여 년간 권력의 최상층에 머물렀다. 2008년 여름 김정일의 뇌졸중 발병 이후 군 고위간부들과 함께 김정은 후계체제를 견인하며 와병 중인 김정일과 후계자 김정은을 대신해 주요 인사와 정책을 총괄한 '김정은 정권 출범의 일등공신'이다.[56]

그러나 그는 2013년 12월 13일 '국가안전보위부 특별군사재판'에서 "국가전복음모"를 꾀한 "개만도 못한 추악한 인간쓰레기"로 규정돼 판결 당일 처형됐다.[57] 12월 8일 노동당 중앙위 정치국 확대회의에서 "반당 반혁명적 종파사건"의 주모자로 지목돼 "모든 직무

해임, 일체 칭호 박탈, 출당, 제명"된 지 닷새 만이다.[38]

전광석화와 같은 '장성택 처형'엔 권력, 그리고 정책 노선을 둘러싼 북한 내부의 갈등을 엿볼 풍부한 실마리가 있다. 국가안전보위부 특별군사재판은 장성택을 "윈새끼를 꼬면서 령도의 계승 문제를 음으로 양으로 방해하는 천추에 용납못할 대역죄"를 저지른 "반당반혁명종파분자이며 흉악한 정치적 야심가, 음모가"인 "현대판 종파의 두목"이라 규정했다. 김정은 3세 승계 체제의 안정화에 장성택이 걸림돌이라 처형했다는 공개 선언에 가깝다.

더 주목할 대목은 장성택의 출당·처형 관련 북한 보도에 담겨 있는 대외 개방 관련 내용이다. "라선경제무역지대의 토지를 50년 기한으로 외국에 팔아먹은 매국 행위" "나라의 귀중한 자원을 헐값으로 팔아버리는 매국 행위" "외부세계에 '개혁가'로 인식된 제 놈의 추악한 몰골" 따위가 대표적이다.

'나선(나진·선봉) 경제무역지대'는 1991년 12월 발표된 북한 최초의 경제특구다. "나라의 귀중한 자원을 헐값으로 팔아버리는"이라는 문구는 북한의 최대 수출품인 석탄을 중국에 수출한 일을 겨냥한 표현으로 읽힌다. 장성택은 북의 대표적인 중국통이자 '친중인사'다. '장성택 처형' 이후 북중관계는 오래도록 삐걱거렸다. 장성택은 북쪽 경제시찰단을 이끌고 2002년 10월 26일~11월 3일 남쪽을 방문해 삼성전자·현대차를 포함한 38개 산업시설·연구소 등을 방문했다. 요컨대 장성택은 탈냉전기 북의 대외 개방 움직임에 빠지지 않고 등장하던 이른바 '개방파'다. 국가정보원 해외·북한 담당 1차장을 지낸 라종일은 "장성택은 평생 중국식 개혁·개방을 추구했

지만 결국 성공하지 못했다"고 평가했다.[59]

'장성택 처형'의 진실이 무엇이든, 노동당 정치국의 출당 결정문과 처형 판결문에 장성택의 대외 개방 주도 행위가 주요 죄목으로 명시됐다는 사실 자체가 시사하는 바가 크다. 북에 대외 개방에 반대하는 이들이 폭넓게 포진하고 있다는 방증일 수 있어서다. 다른 한편으로 북에도 대외 개방을 선호하며 이를 추진하려는 이들이 있음 또한 드러낸다. 문제는 그들이 지속가능한 세력으로 존재하기 어려운 토양이다.

이견은 있어도 세력은 없다

그러므로 '장성택 처형' 사건은 북에 정책 노선을 둘러싼 '강온 이견'이 존재하더라도, 이를 세력으로서 강경파와 온건파의 경쟁·갈등의 존재와 등치해선 곤란하다는 점을 알려준다.

무엇보다 조선노동당은 역사적으로 중국·옛소련과 달리 '당내 이견 그룹'의 존재를 허용하지 않아 왔다. 한국전쟁을 거치며 박헌영을 축으로 한 남로당계가 소멸했고, 북한 역사에서 최대 정치파동으로 불리는 1956년 '8월 전원회의' 사건을 계기로 연안계와 소련계가 소멸했다. 이후 북에선 김일성을 축으로 한 '만주 빨치산파'을 제외한 노동당 내 이견그룹이 존재할 수 없었다. 시기를 늦춰 잡아도 1972년 국가주석제 도입과 함께 '수령'(김일성) 중심의 '유일영도체계'(유일독재체제)가 확립됐다. 김일성·김정일·김정은 3대 세습이라는, 현대 정치사에 유일무이한 '유사 왕조체제' 성립·지속의 역사적 배경이다. '백두혈통'(김일성 피붙이)이 아닌 이는 최고지도자가 될 수 없다. '장성택 처형' 보도문에서도 "세월은 흐르고 세대가 열백번 바뀌어도 변할 수도 바뀔 수도 없는 것이 백두의 혈통"이라며 "우리 당과 국가, 군대와 인민은 오직 김일성, 김정일, 김정은 동지밖에는 그 누구도 모른다"고 강조했다.

조선노동당이 수령 중심의 유일영도체계를 이유로 '당내 이견 그룹'의 존재를 허용하지 않는다는 건 무슨 뜻인가? 우선 다양성의 소멸을 뜻한다. 아울러 세력으로서 '강경파-온건파'의 병존이 원천 적으로 불가능하다는 뜻이기도 하다.

예컨대 2018년 4월 김정은의 '병진노선 종료' 및 '사회주의 경제 건설 총력 집중' 노선 채택[60]은, 중국 덩샤오핑의 개혁·개방 선언 (1978년 12월)에 비견됐다. 그러나 중국의 개혁·개방이 새로운 주도 세력의 부상을 동반하는 것이었던 반면, 북에선 '개방'이든 그 반대 든 모두 최고지도자의 결단에 의존하고 있다는 점이 결정적으로 다 르다. '경제 건설 총력 집중' 노선과 반대되는 전략 노선이라 할 '경 제·핵 건설 병진노선 채택'(2013년 3월 31일)이나 '핵무력정책법 제 정'(2022년 9월 8일)도 모두 김정은이 주도했다. 그 과정에서 새로운 세력은 눈에 띄지 않는다. 강온 대립과 관련해 세력으로서 '다른 의 견 그룹'의 존재를 상정하기 어려운 까닭이다. 북에서 드물게 발견 되는 '다른 정책 지향'의 경쟁은 대개는 서로 다른 임무를 띤 기관 사 이, 이를테면 외무성과 군부 사이 '이견'의 양상을 띤다. '세력' 간 갈 등이 아니라. 결정권은 언제나 '백두혈통'이라는 최고지도자한테 있 다.

희망은 절망보다 힘이 세다
2018 남북정상회담 ②

2018. 9

2018년 8월 31일 청와대 대변인은 "문재인 대통령은 9월 5일 특별사절단을 평양에 보내기로 했다. 대북 특사는 남북정상회담의 구체적인 개최 일정, 남북관계 발전, 한반도 비핵화 및 평화정착 등을 협의할 예정"이라고 발표했다. 정의용 특사단장은 방북 하루 전인 9월 4일 기자회견에서 "남북관계 발전을 통해 한반도 비핵화 협상 과정을 견인해나가야 한다"고 강조했다. 9월 14일 남과 북은 개성 남북공동연락사무소 개소식을 강행했다. 미국의 거센 물밑 반대를 뿌리치고, 남과 북이 손을 맞잡고 힘을 모아 "한반도를 핵무기와 핵위협이 없는 평화의 터전으로 만들어나가"(9월 평양공동선언 5조)겠다는 문재인과 김정은의 결연한 의지의 표현이었다.

그렇게 2018년 9월 평양 남북정상회담이 열렸다. 문재인은 9월 18일 오전 8시 55분 서울공항에서 공군1호기에 올라 서해 직항로를 따라 9시 50분 평양 순안공항에 도착했다. 김정은·리설주 부부는 순안공항부터 백화원영빈관까지 문재인·김정숙 부부와 함께 했다. 연못관에서부터는 무개차에 함께 올라 길가의 평양 시민들의 환영 인사에 답례했다. 김정은은 문재인을 숙소인 백화원영빈관으로 안내하며 "발전된 나라에 비해 우리 초라하죠. 수준은 좀 낮을 수 있어도 성의를 다해 한 숙소이고 일정이니 우리 마음을 받아주시면 좋겠습니다"라고 말했다.

9월 18일 오후 3시 45분 평양 조선노동당 중앙위 본부청사에서 문재인과 김정은의 세 번째 정상회담 1차 회담이 시작됐다. 평양에서 열린 세 차례 남북정상회담(2000년 6월, 2007년 10월, 2018년 9월) 가운데 노동당 청사에서 회담을 하기는 처음이다. 문재인은 "평화와 번영으로 겨레의 마음은 하나! 2018. 9. 18 대한민국 대통령 문재인"이라고 방명록에 적었다. 회담에 앞서 김정은 이렇게 말했다. "역사적인 조미대화 상봉의 불씨를 문 대통령께서 찾아줬습니다. 조미상봉의 역사적 만남은 문 대통령의 덕이라고 해도 과언이 아닙니다. 이로 인해 주변지역 정세가 안정되고, 더 진전된 결과가 예상됩니다. 문 대통령께서 기울인 노력에 다시 한번 사의를 표합니다."

김정은 "문 대통령의 노고에 거듭 사의"

2018년 6월 12일 사상 첫 북미정상회담의 물꼬를 튼 문재인이 2019년 2월 하노이 2차 북미정상회담에서 "더 진전된 결과"를 얻을 수 있도록 계속 도와달라는 감사 겸 당부다. 실제 문재인과 김정은 이 "노동당 청사 1차 회담에서 나눈 대화의 80~90%가 핵 관련이었다"는 게 남쪽 고위 인사의 전언이다.

사정은 이렇다. 한반도를 "핵무기와 핵위협이 없는 평화의 터 전"(9월 평양공동선언 5조)으로 만들자면 4대 핵심 과제(북미관계 정상화, 비핵화, 평화체제, 남북관계 개선·발전)를 이뤄야 한다. 달리 말하면 '한반 도 냉전구조'의 4대 기둥(남북 불신·적대, 북미 적대, 핵 등 대량살상무기를 포 함한 군비경쟁, 군사정전체제)을 해체해야 한다. 그런데 한반도 냉전구조 의 4대 기둥은 상호의존적인 데다가 서로 얽혀 있어 포괄적·단계적 접근이 불가피하다. 무엇보다 "북한 핵문제는 미북 적대관계의 산 물이라 미북관계가 정상화되지 않으면 해결될 수 없는 문제"다.[61] 요 컨대 '북핵 폐기와 북미관계 정상화(의 교환)'가 한반도 평화의 열쇠 다. 문재인과 김정은이 핵 관련 논의에 집중한 까닭이다.

'9월 평양공동선언'의 5조에 담긴 "북측은 미국이 6·12 북미 공 동성명의 정신에 따라 상응조처를 취하면 영변 핵시설의 영구적 폐 기와 추가적인 조치를 계속 취해나갈 용의를 표명했다"는 김정은의 의 비핵화 조치 약속은 9월 18일 저녁 평양 목란관에서 진행된 환영 만찬 와중에 사실상 최종 확정됐다. 김정은이 자신의 '결심'을 서훈 국가정보원장한테 구술했고, 서훈은 이를 문재인한테 보고해 두 정 상의 합의를 최종 확인했다고 당시 사정에 밝은 고위 인사가 전했 다.

9월 19일 오전 10시 5분부터 11시 10분까지 백화원영빈관에 서 문재인과 김정은의 2차 회담이 진행됐다. 1시간 남짓한 회담의 "70~80%를 김 위원장이 핵과 관련해 자신의 의견을 밝히거나 문 대통령한테 묻는 데 썼다".

'9·19 군사합의'라는 기적

문재인과 김정은이 평양 회담에서 핵문제만 논의한 건 아니다. "비무장지대를 비롯한 대치지역에서의 군사적 적대관계 종식을 한반도 전 지역에서의 실질적인 전쟁위험 제거와 근본적인 적대관계 해소로 이어나가기로 했다"(9월 평양공동선언 1조)며, '(4·27) 판문점선언 군사분야 이행합의서'(9·19 군사합의서)를 평양 정상회담 부속합의서로 채택했다.

9·19 군사합의에는 △서해 평화수역화 △비무장지대 평화지대화 △군사분계선 일대 군사연습 중지 등 5개 분야 20개 항목에 걸친 약속이 담겼다. 특히 군사분계선을 기준으로 남북 양쪽으로 지상(각 5km씩), 해상(각 40km씩), 공중(최대 각 25km씩)의 적대행위 중지 구역을 설정한 사실이 중요하다. 전후 70년 분단사에 가장 구체적이고 포괄적인 군사적 신뢰구축 약속이다. 협상에 참여한 최종건 청와대 평화군비통제비서관은 9월 19일 평양 기자회견에서 "남북관계의 제도화가 군사영역까지 확대된 사실상의 불가침 합의서"라고 자평했다. 정의용 국가안보실장은 "초보 단계의 운용적 군비 통제 개시"라고 평가했다.

문재인과 김정은은 9월 19일 오전 11시 24분 백화원영빈관에서 '9월 평양공동선언'에 서명하고, 송영무 국방장관과 노광철 인민무력부장의 9·19 군사합의서 서명식에 임석했다.

두 정상은 9월 19일 오선 11시 40분부터 10분간 '9월 평양공동선언'을 함께 발표했다. 김정은은 결연한 낯빛으로 이렇게 외쳤다.

"선언은 길지 않아도 여기에는 새로운 희망으로 높뛰는 민족의 숨결이 있고, 강렬한 통일의지로 불타는 겨레의 넋이 있으며 머지않아 현실로 펼쳐질 우리 모두의 꿈이 담겨져 있습니다. 우리의 앞길에는 탄탄대로만 있지 않을 것입니다. 우리는 그 어떤 역풍도 두렵지 않습니다. 평화와 번영으로 가는 성스러운 여정에 언제나 지금처럼 두 손을 굳게 잡고 앞장에 서서 함께해 나갈 것입니다."

문재인은 감회 어린 표정으로 이렇게 말했다. "전쟁 없는 한반도가 시작되었습니다. 한반도를 항구적 평화지대로 만들어감으로써 우리는 이제 우리의 삶을 정상으로 돌려놓을 수 있게 되었습니다. 그동안 전쟁의 위협과 이념의 대결이 만들어온 특권과 부패, 반인권으로부터 벗어나 우리 사회를 온전히 국민의 나라로 복원할 수 있게 되었습니다. 평화와 번영을 바라는 우리 겨레의 마음은 단 한순간도 멈춘 적이 없습니다. 남북관계는 흔들림 없이 이어져갈 것입니다." 두 정상은 다음 날 홀가분한 마음으로 '민족의 성산' 백두산에 올라 천지를 배경으로 두 손을 맞잡고 환한 표정으로 기념사진을 찍었다.

그러나 이제 우리는 안다. 2019년 2월 하노이 북미정상회담 결렬 뒤 '한반도 평화 프로세스'가 어떻게 망가져 갔는지. 윤석열 정부 출범 이후 남북관계가 어떻게 다시 '적대관계'로 돌변했는지. 한반도 평화와 남북관계의 마지막 안전핀인 9·19 군사합의가 어떻게 폐기의 벼랑 끝으로 내몰렸는지.

"5000년을 함께 살고, 70년을 헤어져 살았다"

그러나 또한 우리는 안다. 절망과 좌절은, 식민과 전쟁과 분단과 냉전의 잔혹한 세월을 뚫고 황무지에 평화·번영의 꽃을 피우려 애써온 한반도 남과 북 8000만 시민·인민의 선택지가 될 수 없음을. 2018년 9월 정상회담 때 문재인과 김정은을 대리인으로 내세워 평양 능라도 5·1경기장과 백두산 천지에 새겨놓은 "핵무기와 핵위협이 없는 평화의 터전"이라는 한반도 미래상을 포기할 수 없음을. 적대의 과거에 사로잡힌 오늘이 아닌 평화번영의 미래를 앞당기는 오늘을, 절망을 이기는 희망으로 성실하게 살아내야 한다는 것을.

한반도가 전쟁의 위기에 휩싸여 두려움이 싹틀 때, 한반도의 남과 북에서 벌어지는 이해할 수 없는 말과 행동과 사건으로 '적개심'이 스멀스멀 자랄 때, 2018년 9월 19일 밤 대한민국 대통령이 평양 능라도 5·1경기장에서 조선민주주의인민공화국 국무위원장이 지켜보는 가운데 10만 평양 시민을 상대로 한 '7분 연설'이 담긴 동영상을 다시 보자. 문재인 대통령이 "오늘 김정은 위원장과 나는 한반도에서 전쟁의 공포와 무력충돌의 위험을 완전히 제거하기 위한 조치들을 구체적으로 합의했습니다. 또한 백두에서 한라까지 아름다운 우리강산을 영구히 핵무기와 핵위협이 없는 평화의 터전으로 만들어 후손들에게 물려주자고 확약했습니다"라고 선언했을 때, 경기장을 휘감은 짧은 고요와 그에 뒤이은 평양 시민들의 열렬한 박수와 환호성을 기억하자. 그리고 또한 문재인의 입을 빌려 한반도 남과 북 8000만 시민·인민의 '꿈'을 지구촌에 선포한 이 외침을 잊지 말자.

"평양시민 여러분, 동포 여러분, 우리 민족은 우수합니다. 우리 민족은 강인합니다. 우리 민족은 평화를 사랑합니다. 그리고 우리 민족은 함께 살아야 합니다. 우리는 5000년을 함께 살고 70년을 헤어져 살았습니다. 나는 오늘 이 자리에서 지난 70년 적대를 완전히 청산하고 다시 하나가 되기 위한 평화의 큰 걸음을 내딛자고 제안합니다. 우리 함께 새로운 미래로 나아갑시다."

희망은 절망보다 힘이 세다.

남·북·미·중 4자회담으로 '평화체제'의 문을 열자

지금 우리가 사는 한반도의 질서는 1990년대 초반 동북아시아의 '비대칭 탈냉전', 곧 한중·한소 관계 정상화와 북미·북일 적대관계 지속 위에서 작동하고 있다. 1990년대 초반 이후 지난 30여 년은 한반도 냉전구조를 온전히 허물고 평화체제의 문을 열려는 이들과 현존 질서를 유지하려는 이들 사이의 길항이다. '비핵·평화·번영의 한반도'를 열려는 시시포스의 고투는 계속된다.

1990년대 초 동북아 비대칭 탈냉전이 초래한 '1차 북핵위기'는 1994년 북미 제네바 기본합의로 봉합됐다. "핵무기를 갖고 있는 상대와는 결코 악수할 수 없다"던 한국의 김영삼 정부는 협상에 참여하지 못했다.

1998년 김대중 정부는 미국의 빌 클린턴 정부와 협력해 2000년 사상 첫 남북정상회담과 북미정상회담 추진으로 한반도 냉전구조 해체 작업에 힘을 쏟았다. 그러나 북을 '악의 축'으로 규정하고

'레짐 체인지'(정권 교체)를 시도한 미국 조지 W. 부시 행정부의 대북 강경정책은 2002년 10월 '고농축우라늄 핵프로그램' 의혹과 뒤엉켜 한반도를 '2차 북핵위기'의 수렁에 빠뜨렸다. 이 위기에 '해결사'로 나선 건 북미 양자가 아닌 동북아 6개국이었다. 2차 북핵위기는 동북아의 남·북·미·중·일·러가 모두 참여한 6자회담의 2005년 9·19 공동성명, 2007년 2·13 합의와 10·3 합의로 가까스로 봉합됐다. 6자회담에서 한국은 중국과 협력해 합의를 이끌어내는 핵심 촉진자 구실을 했다. 2007년 남북은 2차 정상회담을 통해 한반도 냉전구조 해체에 다시 힘을 불어넣으려 했다.

그러나 2008년 대북 강경정책으로 돌아선 이명박 정부 출범과 김정일 국방위원장의 건강 악화 이후 '3세 승계'에 몰두한 북한, 그리고 2009년 출범한 미국의 버락 오바마 행정부가 '아시아 회귀 Pivot to Asia' 정책으로 탈냉전기 미중 협력 기조를 경쟁·견제 기조로 바꾼 흐름이 뒤엉키며 '3차 북핵위기'가 불거졌다. 2009~2017년 북의 5차례 핵실험과 미국이 주도한 UN 안전보장이사회의 고강도 대북제재가 맞물리며 2017년 또다시 전운이 한반도를 감쌌다.

2018년 평창 동계올림픽을 계기로 남북, 북미, 한미 3개의 양자관계의 선순환을 동력으로 한 남북미 정상의 협력외교로 한반도 냉전구조 해체 작업은 다시 동력을 얻었다. 그러나 2019년 2월 베트남 하노이 북미정상회담의 결렬, 미중 전략·패권 경쟁 격화 따위가 중첩되며 한반도는 다시 갈등과 적대의 수렁에 빠져들고 있다. 북미 양자, 6자 해법에 이어 남북미 3자 해법도 최종 목적지에 이르지 못한 탓이다.

갈 길이 멀고 험한 만큼, 잠시 숨을 고르며 깊고 멀리 살펴야 할 때다. 1990년대 초반 구축된 동북아의 비대칭 탈냉전질서는, 동북 아에 냉전 적대 질서를 정초한 샌프란시스코평화체제와 한반도임 시군사정전체제에 뿌리를 두고 있다. 한반도임시군사정전체제는 사실상 한반도 냉전구조의 다른 이름이다. 한반도임시군사정전체 제를 평화체제로 전환하는 데 성공한다면, 동북아 냉전질서의 최종 심급인 샌프란시스코평화체제도 결국은 수명을 다할 터.

한반도 냉전구조는 4개의 기둥에 의지해 연명하고 있다. △남 북 불신과 적대 △북미 적대 △핵 등 대량살상무기를 포함한 군비 경쟁 △군사정전체제가 그것이다. 달리 말하면, 이른바 '한반도 문 제' 해소의 4대 핵심 과제는 바로 △남북관계 개선·발전 △북미관 계 정상화 △한반도 비핵화 △정전상태의 평화체제로 전환이다. 이 러한 4대 핵심 과제는 서로 긴밀하게 얽혀 상호의존적이라 하나씩 따로 떼어내 풀 수 없다. 포괄적·단계적 해법이 불가피하다. 이 모든 문제를 하나의 협상 테이블에 올려놓고 얽힌 실타래를 풀 수 있는 협상 당사자는 남북미중 4자가 맞춤하다. 이들이 바로 한반도임시 군사정전체제의 실질 당사자이기 때문이다.

4자회담은 이미 열린 적이 있다. 1996년 4월 한미 정상의 4자 회담 개최 제안을 계기로 1997~1999년 모두 6차례 열렸으나 눈 에 띄는 성과를 거두지는 못했다. 2000년대 들어 북미(2000년 10월 북미 공동 코뮈니케), 남북(2007년 10·4 정상선언, 2018년 4·27 판문점선언)이 4자회담 개최 필요성에 합의했다. 동북아 6개국도 2005년 6자회담 9·19 공동성명에서 4자회담 개최 필요성을 명문화했다. 요컨대 남북미중이 4자회담에 이미 동의한 것이다.

이젠 그 합의를 실천해야 할 때다. 미중 전략·패권 경쟁이 갈수록 치열해지는데 4자회담이 가능하겠느냐는 회의론이 제기될 수 있다. 당연하다. 하지만 '한반도 문제'의 4대 핵심 과제를 풀려면 미중 협력이 필수조건이라는 점 또한 명백하다.

역사를 돌아보자. '1차 북핵위기' 땐 북미 양자협상, '2차 북핵위기' 때는 6자회담, '3차 북핵위기' 때는 남북미 3각 협상을 벌였으나 최종 목적지에 이르지 못하고 좌초했다. 무엇보다 2018~2019년 남북미 정상의 3각 협조를 동력으로 한 한반도 냉전구조 해체 작업의 실패는, 역설적으로 중국이 포함된 4자 평화회담이 절실함을 드러낸다.

아무리 많은 시간이 걸리더라도 '4자 평화회담'을 성사시켜 정전체제를 평화체제로 전환하는 과정을 다시 시작해야 한다. 그 과정에서 '한반도 문제'의 4대 핵심 과제를 포괄적·단계적으로 풀어나가야 한다. 지금은 '불가능하다'며 지레 포기할 이들이 많겠지만, 반드시 가야 할 길이다. 남과 북이 협력해 한반도 평화 프로세스의 재가동에 마중물을 부을 수 있다면 금상첨화.

온갖 어려움을 이겨내며 독일 통일의 길을 넓힌 빌리 브란트의 말처럼 평화가 전부는 아니지만 평화 없이는 아무것도 이루지 못한다. '비핵·평화·번영의 한반도'를 꿈꾸는 모든 이들의 지혜와 용기가 절실한 때다.

1부

1 〈조선의 통일에 방해되는 일〉,《민주조선》, 1990년 9월 19일 4면.

2 돈 오버도퍼, 이종길 역,《두 개의 한국》(길산, 2002), 328쪽.

3 외교통상부,《한국외교 60년 1948~2008》(외교통상부, 2009), 181쪽; 노태우,《노태우 회고록 上卷-국가, 민주화 나의 운명》(조선뉴스프레스, 2011), 389쪽.

4 조선민주주의인민공화국 외교부 성명,〈조선민주주의인민공화국 정부가 UN에 가입하는 길을 택하게 된 것은 남조선당국자들에 의하여 조성된 일시적 난국을 타개하기 위한 조치이다〉,《노동신문》, 1991년 5월 29일 3면.

5 첸치천 지음, 유상철 옮김,《열 가지 외교 이야기: 중국 외교의 대부 첸치천의 국제정치 비망록》(랜덤하우스중앙, 2004), 158쪽.

6 외교통상부,《한국외교 60년 1948-2008》(외교통상부, 2009), 180~181쪽.

7 統一院 南北對話事務局,《南北韓 統一·對話 提議比較 第1卷 1945~1987》(統一院 南北對話事務局, 1991), 159쪽.

8 임동원,《피스메이커: 남북관계와 북핵문제 25년》 개정증보판(창비, 2015), 146쪽.

9   《노태우 회고록 下卷-전환기의 大戰略》(조선뉴스프레스, 2011), 324쪽.

10   임동원,《피스메이커》개정증보판(창비, 2015), 73쪽.

11   통일원,《법률로 본 독일 통일 연구》(통일원 통일정책실, 1995), 3~4, 283~284쪽.

12   〈독일연방의회 제5차 회의 의정서〉(1969년 10월 28일). 통일원,《東·西獨 關係發展에 관한 報告 및 文書》(통일원, 1992), 77~78쪽. 이 책자는 서독 '독일 내부관계성'이 1973년에 발간한《Die Entwicklung der Beziehungen zwischen der Bundesrepublik Deutschland und der Deutschen Demokratischen Republik, Berichk und Dokumentation》을 통일원이 완역한 것이다.

13   이와 관련해선 제성호,《남북한 특수관계론: 법적 문제와 그 대책》(한울, 1995), 19~20쪽; 이장희 외,《남북 합의 문서의 법적 쟁점과 정책과제》(아시아사회과학연구원, 2007), 8~12쪽; 이효원,《판례로 보는 남북한관계》(서울대학교출판문화원, 2012), 517~518쪽 참조.

14   이와 관련해선 제성호,《남북한 특수관계론: 법적 문제와 그 대책》(한울, 1995), 19~20쪽; 이장희 외,《남북 합의 문서의 법적 쟁점과 정책과제》(아시아사회과학연구원, 2007), 8~12쪽; 이효원,《판례로 보는 남북한관계》(서울대학교출판문화원, 2012), 517~518쪽 참조.

15   〈위대한 수령 김일성 동지께서 제5차 북남고위급회담에 참가하였던 우리 측 대표단을 만나시였다〉,《노동신문》, 1991년 12월 14일 1면.

16   〈조선로동당 중앙위원회 제6기 제19차 전원회의에 관한 보도〉,《노동신문》, 1991년 12월 25일 1면. 이 회의에서 김정일이 조선인민군 최고사령관 자리에 올랐다.

17   정세현,《정세현의 통일토크: 남북 관계 현장 30년, 이론과 실제》(서해문집, 2013), 65쪽.

18   임동원 인터뷰, 2015년 9월 24일.

19   통일노력60년 발간위원회 편,《하늘길 땅길 바닷길 열어 통일로》(통일부, 2005), 161쪽.

20 이동복,《통일의 숲길을 열어가며 2》(삶과 꿈, 1999), 160쪽.

21 돈 오버도퍼,《두 개의 한국》(2002, 길산), 395쪽.

22 임동원,《피스메이커: 남북관계와 북핵문제 20년》(중앙북스, 2008), 246~247쪽 참조.

23 통일원,《1990 통일백서》(통일원 통일정책실, 1990), 184쪽.

24 박철언,《바른 역사를 위한 증언 2》(랜덤하우스중앙, 2005), 60쪽.

25 김천식, 〈노태우 정부의 남북교류협력법 제정 과정에 관한 연구〉, 북한대학원대학교 박사학위논문(2014), 158쪽.

26 〈문익환 목사 평양 도착 성명 전문〉,《한겨레신문》, 1989년 3월 28일 5면. 이 글에서 따로 주를 달지 않은 방북 당시 문익환의 발언은 문익환,《문익환 목사 전집 5권》(사계절, 1999)에서 인용했다.

27 〈위대한 수령 김일성 동지께서 남조선의 문익환 목사를 접견하시였다〉, 《노동신문》, 1989년 3월 28일 1면; 〈위대한 수령 김일성 동지께서 남조선의 문익환 목사의 숙소를 방문하시였다〉,《노동신문》, 1989년 4월 2일 1면.

28 〈조국평화통일위원회 관계일군들과 남조선의 '전민련' 고문인 문익환 목사 일행 사이의 회담에서 공동성명 채택〉,《노동신문》, 1989년 4월 3일 4면.

29 〈'문익환 목사 등 방북' 수사 안기부 발표문 요지〉,《한겨레신문》, 1989년 5월 3일 3면.

30 노태우, 〈질서속에 민주발전을 이룩하는 해, 1989년도 연두기자회견, 1989. 1. 17〉, 대통령비서실,《노태우 대통령 연설문집 제1권》(대통령비서실, 1990), 493쪽.

31 임수경,《어머니, 하나된 조국에 살고 싶어요》(돌베개, 1990), 309~310쪽.

32 〈전대협 평양축전 참가 불허〉,《한겨레신문》, 1989년 6월 7일 11면.

33 박철언,《바른역사를 위한 증언 2》(랜덤하우스중앙, 2005), 64쪽 참조.

34 박철언,《바른역사를 위한 증언 2》(랜덤하우스중앙, 2005), 77쪽.

35 〈위대한 수령 김일성동지께서 남조선의 문익환 목사를 접견하시였다〉,

《노동신문》, 1989년 3월 28일 1면.

36 황석영, 작가 황석영 석방대책위원회 엮음,《황석영 북한 방문기 사람이 살고 있었네》(시와사회사, 1993), 400쪽.

37 〈북과 남이 민족문학예술을 통일적으로 발전시킬 데 대한 합의서〉,《노동신문》, 1989년 4월 24일 4면.

38 황석영,《황석영 북한 방문기 사람이 살고 있었네》(시와사회사, 1993), 402~403쪽.

39 이와 관련해서는 김연철,《냉전의 추억: 선을 넘어 길을 만들다》(후마니타스, 2009), 65~66쪽 참조.

40 이와 관련해서는 김연철,《냉전의 추억》(후마니타스, 2009), 73~85쪽 참조.

41 임동원,《피스메이커》개정증보판(창비, 2015), 216~217쪽.

42 임동원,《피스메이커》개정증보판(창비, 2015), 206쪽.

43 한완상,《한반도는 아프다》(한울, 2013), 170~171쪽; 임동원,《피스메이커》개정증보판(창비, 2015), 223~224쪽.

44 한완상,《한반도는 아프다》(한울, 2013), 171쪽.

45 한완상,《한반도는 아프다》(한울, 2013), 172쪽.

46 〈이동복, "임동원 회고록《피스메이커》는 허구투성이"〉,《월간조선》, 2008년 10월호, 276쪽.

47 임동원 인터뷰, 신욱희·조동준 편,《구술사료선집 7: 고위관료들, '북핵위기'를 말하다》(국사편찬위원회, 2009), 178쪽; 임동원,《피스메이커》개정증보판, 199~204쪽 참조.

48 〈조선민주주의인민공화국 외교부 대변인 성명〉,《노동신문》, 1991년 9월 29일 2면.

49 임동원,《피스메이커》(중앙북스, 2008), 232쪽; 리언 시걸 지음, 구갑우·김갑식·윤여령 옮김,《미국은 협력하려 하지 않았다: 북한과 미국의 핵외교》(사회평론, 1999), 50~51쪽; 노태우,《노태우 회고록 下卷》(조선뉴스프레스, 2011), 372쪽 참조.

50 통일원 남북대화사무국,《남북대화 제53호》(통일원 남북대화사무국, 1991),

76~79쪽, 99쪽.

51 통일원 남북대화사무국,《남북대화 제53호》(통일원 남북대화사무국, 1991), 53쪽.

52 국토통일원 남북대화사무국,《남북대화 제51호》(국토통일원 남북대화사무국, 1990), 52~62, 103~121쪽; 통일원 남북대화사무국,《남북대화 제52호》(통일원 남북대화사무국, 1991), 24~37쪽 참조.

53 이상옥,《전환기의 한국외교: 이상옥 전 외무장관 외교회고록》(삶과 꿈, 2003), 420쪽.

54 노태우,《노태우 회고록 下卷》(조선뉴스프레스, 2011), 317쪽.

55 James Baker, 〈Dealing with the North Korean Nuclear Problem; Impressions from My Asia Trip〉(Department of State, Cable, Secretary of State James Baker to Secretary of Defense Richard Cheney, 1991. 11. 18.); http://nsarchive.gwu.edu/NSAEBB/NSAEBB87/

56 노태우,《노태우 회고록 下卷》(조선뉴스프레스, 2011), 371쪽.

57 이상옥,《전환기의 한국외교》(삶과 꿈, 2003), 494~495쪽.

58 이상옥,《전환기의 한국외교》(삶과 꿈, 2003), 513~514쪽.

59 커트 캠벨 지음, 이재현 옮김,《피벗-미국 아시아 전략의 미래》(아산정책연구원, 2020).

60 임동원,《피스메이커》개정증보판(창비, 2015), 92~93쪽.

61 James A. Baker Ⅲ,《THE POLITICS of DIPLOMACY》(Putnam Adult, 1995), 597쪽.

62 James Baker, 〈Dealing with the North Korean Nuclear Problem; Impressions from My Asia Trip〉(Department of State, Cable, Secretary of State James Baker to Secretary of Defense Richard·Cheney, 1991. 11. 18.); http://nsarchive.gwu.edu/NSAEBB/NSAEBB87/

63 〈조선민주주의인민공화국과 미합중국 사이의 고위급회담 뉴욕에서 진행〉, 1992년 1월 24일 3면; 황진식, 〈미국은 대조선정책을 고쳐야 한다〉, 《노동신문》, 1992년 1월 24일 6면 참조.

64 김일성, 〈일본《아사히신문》편집국장이 제기한 질문에 대한 대답. 1992
년 3월 31일〉,《김일성저작집(43)》(조선로동당출판사), 307쪽.

65 김일성, 〈미국《워싱톤타임스》기자단이 제기한 질문에 대한 대답. 1992
년 4월 12일〉,《김일성저작집(43)》(조선로동당출판사), 347쪽.

66 이상옥,《전환기의 한국외교》(삶과 꿈, 2003), 524~525, 548, 555~556쪽.

67 Wit·Poneman·Gallucci 지음, 김태현 옮김,《북핵위기의 전말》(모음북스,
2005), 16, 18, 21쪽; 리언 시걸,《미국은 협력하려 하지 않았다》, 59쪽 참
조.

68 와다 하루끼 지음, 남기정 옮김,《북한현대사》(창비, 2014), 214쪽.

69 와다 하루끼 지음, 남기정 옮김,《북한현대사》(창비, 2014), 218~219쪽.

70 〈조일관계에 관한 조선로동당, 일본의 자유민주당, 일본사회당의 공동선
언〉,《노동신문》, 1990년 9월 29일 4면.

71 이종석, 〈북에서 본 한일협정과 '조일회담'〉,《역사비평》, 28호(1995년 봄),
66쪽. 이종석은 이 공동선언을 언젠가 이뤄질 '조일협정'의 방향을 제시한
역사적 문헌으로 평가했다.

72 노태우,《노태우 회고록 下卷》(조선뉴스프레스, 2011), 282~284쪽.

73 〈조일관계 정상화에 훼방을 놓지 말아야 한다〉,《노동신문》, 1991년 1월
12일 5면.

74 〈조일국교 정상화를 위한 정부 간 제3차 본회담 우리측 대표단장이 기자
들과 회견〉,《노동신문》, 1991년 5월 21일 3~4면.

75 이종석, 〈북에서 본 한일협정과 '조일회담'〉,《역사비평》, 28호(1995년 봄),
67쪽.

76 〈조일국교 정상화를 위한 정부 간 제3차 본회담 우리측 대표단장이 기자
들과 회견〉,《노동신문》, 1991년 5월 21일 3~4면.

77 〈조일국교 정상화를 위한 정부 간 제3차 본회담이 끝났다〉,《노동신문》,
1991년 5월 23일 3~4면.

78 〈조일국교 정상화를 위한 정부 간 제4차 본회담 첫날 회담이 일본측의 방
해 책동으로 열리지 못하였다〉,《노동신문》, 1991년 8월 31일 4면.

79 James Baker, 〈Dealing with the North Korean Nuclear Problem; Impressions from My Asia Trip〉(Department of State, Cable, Secretary of State James Baker to Secretary of Defense Richard Cheney, 1991. 11. 18.); http://nsarchive.gwu.edu/NSAEBB/NSAEBB87/

80 후나바시 요이치, 오영환 등 역,《김정일 최후의 도박》(중앙일보시사미디어, 2007), 126쪽.

81 첸치천,《열가지 외교이야기》(랜덤하우스중앙, 2004), 156~157쪽.

82 Lo Ping and Lai Chi-king, 〈Secret Talks Between Chinese, Vietnamese Communist Parties and Between Chinese, Korean Communist Parties〉,《Cheng-Ming》(Hong Kong), 1991. 8. 1, 12~13쪽; Samuel S. Kim, 〈The Dialectics of China's North Korea Policy〉,《Asian Perspective》, VOL. 18, No. 2, 1994. Fall-Winter, 15쪽에서 재인용.

83 첸치천,《열가지 외교이야기》(랜덤하우스중앙, 2004), 154쪽.

84 첸치천,《열가지 외교이야기》(랜덤하우스중앙, 2004), 162쪽.

85 첸치천,《열가지 외교이야기》(랜덤하우스중앙, 2004), 158쪽.

86 이제훈,《노태우 정부의 북방정책과 비대칭적 탈냉전: 남북미 3각 관계와 3당 합당의 영향을 중심으로》(북한대학원대학교 박사학위 논문, 2016), 71쪽 '표3-5' 재인용.

87 노태우,《노태우 회고록 下卷》(조선뉴스프레스, 2011), 255쪽.

88 노태우,《노태우 회고록 下卷》(조선뉴스프레스, 2011), 253~254쪽.

89 돈 오버도퍼,《두 개의 한국》개정판(길산, 2014), 374쪽.

90 이상옥,《전환기의 한국외교》(삶과 꿈, 2003), 50쪽.

91 IAEA,《The DPRK's Violation of its NPT Safeguards Agreement with the IAEA》, 1997, 1쪽.

92 셀리그 해리슨 지음, 이홍동 외 옮김,《코리안 엔드게임》(삼인, 2003), 324~325쪽.

93 이상옥,《전환기의 한국외교》(삶과 꿈, 2003), 526쪽.

94 임동원,《피스메이커》개정증보판(창비, 2015), 188쪽.

95 Wit·Poneman·Gallucci 지음, 김태현 옮김, 《북핵위기의 전말》(모음북스, 2005), 14~15쪽; 이상옥, 《전환기의 한국외교》(삶과 꿈, 2003), 533쪽.

96 Wit·Poneman·Gallucci 지음, 김태현 옮김, 《북핵위기의 전말》(모음북스, 2005), 15쪽.

97 이와 관련해서는 서훈, 〈북한의 선군외교 연구: 약소국의 대미 강압외교 관점에서〉, 동국대학교 박사학위논문(2008); 임수호, 〈실존적 핵억지와 협상을 통한 확산: 북한의 핵정책과 위기조성외교(1989~2006)〉, 서울대학교 박사학위논문(2006); 백학순, 〈북·미 관계〉, 세종연구소 북한연구센터 엮음, 《북한의 대외관계》(세종연구소, 2007), 23~156쪽 참조.

98 임동원, 《피스메이커》(중앙북스, 2008), 205~206쪽.

99 셀리그 해리슨 지음, 이홍동 외 옮김, 《코리안 엔드게임》(삼인, 2003), 323쪽.

100 돈 오버도퍼, 《두 개의 한국》(2002, 길산), 402~403쪽.

101 케네스 퀴노네스 지음, 노순옥 옮김, 《2평 빵집에서 결정된 한반도 운명》(중앙M&B, 2000년), 135~136쪽.

102 케네스 퀴노네스 지음, 노순옥 옮김, 《2평 빵집에서 결정된 한반도 운명》(중앙M&B, 2000년), 172~173쪽.

103 〈조선민주주의인민공화국-미합중국 공동성명 발표〉, 《노동신문》, 1993년 6월 13일 1면.

104 돈 오버도퍼·로버트 칼린 지음, 이종길·양은미 옮김, 《두 개의 한국》 개정판(길산, 2014), 431~437쪽.

105 돈 오버도퍼·로버트 칼린 지음, 이종길·양은미 옮김, 《두 개의 한국》 개정판(길산, 2014), 443~444쪽.

106 김연철, 《70년의 대화-새로 읽는 남북관계사》(창비, 2018), 58쪽.

107 미치시다 나루시게 지음, 이원경 옮김, 《북한의 벼랑 끝 외교사-1966~2013년》(한울, 2014), 72쪽.

108 김연철, 《70년의 대화》(창비, 2018), 68~70쪽.

109 미치시다 나루시게 지음, 이원경 옮김, 《북한의 벼랑 끝 외교사》(한울,

2014), 67쪽.

110 미치시다 나루시게 지음, 이원경 옮김,《북한의 벼랑 끝 외교사》(한울, 2014), 76~83쪽; 김연철,《70년의 대화》(창비, 2018), 86~87쪽.

111 홍석률,《분단의 히스테리》(창비, 2012), 79쪽.

112 돈 오버도퍼·로버트 칼린 지음, 이종길·양은미 옮김,《두 개의 한국》개정 판(길산, 2014), 457쪽.

113 Wit·Poneman·Gallucci 지음, 김태현 옮김,《북핵위기의 전말》(모음북스, 2005), 221~222쪽; 돈 오버도퍼,《두 개의 한국》개정판(길산, 2014), 470 쪽.

114 돈 오버도퍼·로버트 칼린 지음, 이종길·양은미 옮김,《두 개의 한국》개정 판(길산, 2014), 461쪽.

115 돈 오버도퍼·로버트 칼린 지음, 이종길·양은미 옮김,《두 개의 한국》개정 판(길산, 2014), 463쪽.

116 Wit·Poneman·Gallucci 지음, 김태현 옮김,《북핵위기의 전말》(모음북스, 2005), 246쪽; 돈 오버도퍼·로버트 칼린 지음, 이종길·양은미 옮김,《두 개 의 한국》개정판(길산, 2014), 473~474쪽.

117 Wit·Poneman·Gallucci 지음, 김태현 옮김,《북핵위기의 전말》(모음북스, 2005), 248~249쪽; 돈 오버도퍼·로버트 칼린 지음, 이종길·양은미 옮김, 《두 개의 한국》개정판(길산, 2014), 473쪽.

118 Wit·Poneman·Gallucci 지음, 김태현 옮김,《북핵위기의 전말》(모음북스, 2005), 293쪽.

119 김연철,《70년의 대화》(창비, 2018), 175쪽.

120 돈 오버도퍼·로버트 칼린 지음, 이종길·양은미 옮김,《두 개의 한국》개정 판(길산, 2014), 485쪽.

121 Wit·Poneman·Gallucci 지음, 김태현 옮김,《북핵위기의 전말》(모음북스, 2005), 273쪽.

122 Wit·Poneman·Gallucci 지음, 김태현 옮김,《북핵위기의 전말》(모음북스, 2005), 279쪽.

123 〈조선민주주의인민공화국과 미합중국 사이의 기본합의문은 조선반도의 핵문제 해결을 위한 하나의 리정표로 되며 력사적 의의를 가지는 문건이다-조미회담 우리 나라 대표단 단장 제네바에서 기자회견 진행〉,《노동신문》, 1994년 10월 24일 3면.

124 정세현,《판문점의 협상가》(창비, 2020), 238쪽.

125 정세현,《판문점의 협상가》(창비, 2020), 238쪽.

126 〈조선노동당 중앙위원회 총비서이시며 조선민주주의인민공화국 주석이신 경애하는 수령 김일성 동지의 질병과 사망 원인에 대한 의학적 결론서〉,《노동신문》, 1994년 7월 9일 3면.

127 정세현,《판문점의 협상가》(창비, 2020), 236쪽.

128 이부영 기고 〈1994년 조문 논쟁의 교훈〉,《한겨레》, 2011년 10월 20일 29면.

129 김연철,《70년의 대화》(창비, 2018), 186쪽.

130 김연철,《70년의 대화》(창비, 2018), 183~184쪽.

131 〈위대한 수령 김일성 동지의 서거에 즈음하여 전체 당원들과 인민들에게 고함〉,《노동신문》, 1994년 7월 9일 2면.

132 한완상,《한반도는 아프다-적대적 공생의 비극》(한울, 2013), 35~36쪽 참조.

133 한완상,《한반도는 아프다》(한울, 2013), 50~51쪽 참조.

134 대통령비서실,《김영삼 대통령 연설문집: 제1권》(대통령비서실, 1994), 128쪽.

135 통일연구원,《남북관계연표》(통일연구원, 2013), 190쪽.

136 대통령비서실,《김영삼 대통령 연설문집: 제1권》(대통령비서실, 1994), 250쪽.

137 〈방송이 북핵 불안 더 키운다〉,《한겨레신문》, 1994년 6월 17일.

138 김연철,《70년의 대화》(창비, 2018), 178쪽.

139 〈'귀동냥 외교'의 악몽은 재현되나〉,《한겨레》, 2016년 7월 27일 9면.

140 1995년 8월 베이징 쌀 회담과 관련한 상세한 내용과 평가는 김연철,《냉

전의 추억》(후마니타스, 2009), 242~253쪽 참조.

141 김연철,《70년의 대화》(창비, 2018), 198쪽.

142 김연철,《냉전의 추억》(후마니타스, 2009), 245쪽.

143 김연철,《70년의 대화》(창비, 2018), 197쪽.

144 통일부 남북회담본부 누리집,〈남북회담 및 남북합의서 관련 통계 현황〉.

2부

1 통일부,《2000 통일백서》(통일부, 2000), 11쪽.

2 이제훈,〈북 해방 꿈꾼 '반공군인'서 남북회담 이끌며 '평화기획자'로〉,《한 겨레》, 2022년 10월 21일 19면 참조. 곡절 많은 한국 현대사를 헤쳐온 '인 간 임동원'의 삶과 관련해선 임동원이 구순을 맞아 펴낸 자서전《다시, 평 화》(메디치미디어, 2022) 참조.

3 〈금강산 개발과 정주영씨〉,《한겨레신문》, 1989년 2월 4일 6면 사설.

4 〈정부, 금강산 합동대책반 구성〉,《한겨레신문》, 1989년 2월 3일 2면.

5 민주언론운동협의회,〈양김씨에 대한 민통련 정책질의〉,《말》, 1987년 10 월호; 박원순,《국가보안법연구1》 증보판(역사비평사, 2004), 238~239쪽 재인용.

6 박철언,《바른역사를 위한 증언 2》(랜덤하우스중앙, 2005), 48~60쪽.

7 정주영,《새로운 시작에의 열망》(울산대학교출판부, 1997), 189쪽.

8 박철언,《바른역사를 위한 증언 2》(랜덤하우스중앙, 2005), 58~60쪽.

9 〈'소떼 방북' 광고효과 6조5천억〉,《한겨레신문》, 1998년 6월 18일 8면.

10 〈현대 금강산 8개 지구 독점 개발/정주영씨, 김정일 위원장 면담…관광선 18일 첫 출항〉,《한겨레신문》, 1998년 11월 2일 1면.

11 임동원,《피스메이커》 개정증보판(창비, 2015), 288쪽.

12 임동원,《피스메이커》 개정증보판(창비, 2015), 21~25쪽.

13 임동원,《피스메이커》 개정증보판(창비, 2015), 34쪽.

14 임동원,《피스메이커》 개정증보판(창비, 2015), 25~26쪽.

15 이 역사적 만남의 상세한 내용은 임동원,《피스메이커》 개정증보판(창비,

2015), 38~58쪽 참조.

16 박준영, 《평화의 길-6·15 남북정상회담과 그 앞뒤 이야기》(에쎈에스미디어, 2003), 71쪽.

17 김대중, 《김대중 자서전 2》(삼인, 2010), 270쪽; 임동원, 《피스메이커》 개정증보판(창비, 2015), 64~65쪽.

18 김대중, 《김대중 자서전 2》(삼인, 2010), 276쪽; 임동원, 《피스메이커》 개정증보판(창비, 2015), 71~72쪽.

19 임동원, 《피스메이커》 개정증보판(창비, 2015), 78쪽.

20 임동원, 《피스메이커》 개정증보판(창비, 2015), 76쪽.

21 임동원, 《피스메이커》 개정증보판(창비, 2015), 78~79쪽.

22 임동원, 《피스메이커》 개정증보판(창비, 2015), 90~91쪽.

23 박준영, 《평화의 길》(에쎈에스미디어, 2003), 177~178쪽.

24 김대중, 《김대중 자서전 2》(삼인, 2010), 284쪽; 임동원, 《피스메이커》 개정증보판(창비, 2015), 82~83쪽.

25 임동원, 〈6·15와 한반도 평화프로세스〉, 6·15 남북정상회담 19주년 기념 학술회의(2019년 6월 15일 김대중도서관).

26 김대중, 《김대중 자서전 2》(삼인, 2010), 284쪽.

27 김대중, 《김대중 자서전 2》(삼인, 2010), 284쪽.

28 통일부, 《2023 통일백서》(통일부, 2023), 267~268쪽.

29 임동원, 《피스메이커》 개정증보판(창비, 2015), 365쪽.

30 임동원, 《피스메이커》 개정증보판(창비, 2015), 357쪽.

31 임동원, 《피스메이커》 개정증보판(창비, 2015), 357쪽.

32 김연철, 〈개성공단 폐쇄, 12년 만에 무너진 공든 탑〉, 《한겨레21》, 1099호, 2016년 2월 22일.

33 통일부, 《2023 통일백서》(통일부, 2023), 267쪽.

34 〈김영남 방미 취소 전말〉, 《한겨레》, 2000년 9월 7일 3면.

35 임동원, 《피스메이커》 개정증보판(창비, 2015), 372~373쪽.

36 〈김영남 위원장 보안검색 중국대사관 오폭 버금가〉, 《한겨레》, 2000년 9

월 10일 2면.

37 〈북, 미 '과잉검색' 사과 수용〉,《한겨레》, 2000년 9월 10일 2면.

38 〈조명록 방미 이모저모〉,《한겨레》, 2000년 10월 12일 3면.

39 임동원,《피스메이커》개정증보판(창비, 2015), 380쪽.

40 〈올브라이트 김 주석 묘 참배-김 위원장 미 숙소 방문〉,《한겨레》, 2000년 10월 24일 4면.

41 임동원,《피스메이커》개정증보판(창비, 2015), 380~381쪽.

42 〈김대중 전 대통령 새해 인터뷰〉,《한겨레》, 2004년 1월 1일 5면.

43 〈방북 이모저모〉,《한겨레》, 2000년 10월 23일 3면.

44 김대중,《김대중 자서전 2》(삼인, 2010), 378쪽.

45 매들린 올브라이트,《매들린 올브라이트 2(마담 세크리터리)》(황금가지, 2003), 378쪽.

46 임동원,《피스메이커》개정증보판(창비, 2015), 387쪽.

47 임동원,《피스메이커》개정증보판(창비, 2015), 387쪽.

48 임동원,《피스메이커》개정증보판(창비, 2015), 405쪽.

49 Lawrence Wilkerson, 〈Weighing the Uniqueness of the Bush administration's national security decision-making process: boon or danger to American Democracy?〉, presentation at New America Foundation, Washington D.C., 2005. 10. 19.

50 임동원,《피스메이커》개정증보판(창비, 2015), 411쪽.

51 찰스 프리처드 지음, 김연철·서보혁 옮김,《실패한 외교》(사계절, 2008), 94쪽.

52 Colin L. Powell, Secretary of State, Press Availability with Her Excellency Anna Lindh, Minister of Foreign Affairs of Sweden, Mar 6, 2001; 찰스 프리처드 지음, 김연철·서보혁 옮김,《실패한 외교》(사계절, 2008), 119쪽; John R. Bolton, 《Surrender Is Not an Option: Defending America at the United Nations and abroad》(Threshold Editions, 2007), 102쪽.

53 〈Support from North Korea〉,《The New York Times》, 2001. 9. 25.

54 임동원,《피스메이커》개정증보판(창비, 2015), 506쪽.

55 Seymour M. Hersh, 〈The Cold Test: What the Administration knew about Pakistan and the North Korean nucear program〉,《The New Yorker》, 2013. 1. 27.

56 임동원,《피스메이커》개정증보판(창비, 2015), 450~453쪽.

57 후나바시 요이치 지음, 오영환 외 옮김,《김정일 최후의 도박》(중앙일보시사미디어, 2007), 176쪽.

58 James T. Laney and Jason T. Shaplen, 〈How to Deal With North Korea〉,《Foreign Affairs》, 2003. March/April.

59 임동원,《피스메이커》개정증보판(창비, 2015), 514~516쪽.

60 〈조미 사이의 불가침조약 체결이 핵문제 해결의 합리적이고 현실적인 방도〉, 조선민주주의인민공화국 외무성 대변인 담화, 2002년 10월 25일,《조선중앙통신》.

61 〈고농축우라늄 존재, 북핵문제 새 논란거리로〉,《한겨레》, 2004년 1월 25일, 4면 참조.

62 John R. Bolton,《Surrender Is Not an Option》(Threshold Editions, 2007), 117쪽.

63 〈핵무기전파방지조약에서 탈퇴〉, 조선민주주의인민공화국 정부 성명,《조선중앙통신》, 2003년 1월 10일.

64 Siegfried S. Hecker, 〈A Return Trip to North Korea's Yongbyon Nuclear Complex〉, 2010. 11. 20.

65 Siegfried S. Hecker, 〈Key decision points in DPRK's nuclear program〉, 2019. 9. 19.

66 Glenn Kessler, 〈Impact from the shadows: Cheney wields power with few fingerprints〉,《The Washington Post》, 2004. 10. 5.

67 김대중,《르몽드 디플로마티크 한국판》창간호 기자회견, 김대중도서관, 2006년 9월 14일.

68 후나바시 요이치 지음, 오영환 외 옮김,《김정일 최후의 도박》(중앙일보시
    사미디어, 2007), 126쪽.

69 임동원,《피스메이커》 개정증보판(창비, 2015), 498쪽.

70 James T. Laney and Jason T. Shaplen, 〈How to Deal With North Ko-
    rea〉,《Foreign Affairs》, 2003. March/April.

71 임동원,《피스메이커》 개정증보판(창비, 2015), 517쪽.

72 〈Hearing before the Committee on foreign relations United States
    Senate, WMD developments on the Korean peninsula〉, 2003. 2. 4.

73 콘돌리자 라이스, 정윤미 옮김,《최고의 영예》(진성북스, 2012), 228쪽.

74 Joseph Detrani, 〈Mission manager, North Korea, Office of the Di-
    rector of National Intelligence, Testimony at Hearing Of The Senate
    Armed Services Committee〉, 2007. 2. 27.

75 임동원,《피스메이커》 개정증보판(창비, 2015), 519쪽.

76 임동원,《피스메이커》 개정증보판(창비, 2015), 546쪽.

77 찰스 프리처드 지음, 김연철·서보혁 옮김,《실패한 외교》(사계절, 2008),
    100쪽.

78 콘돌리자 라이스, 정윤미 옮김,《최고의 영예》(진성북스, 2012), 231쪽.

79 임동원,《피스메이커》 개정증보판(창비, 2015), 547쪽.

80 찰스 프리처드 지음, 김연철·서보혁 옮김,《실패한 외교》(사계절, 2008),
    135쪽.

81 찰스 프리처드 지음, 김연철·서보혁 옮김,《실패한 외교》(사계절, 2008),
    155쪽.

82 크리스토퍼 힐 지음, 이미숙 옮김《크리스토퍼 힐 회고록: 미국 외교의 최
    전선》(메디치미디어, 2015), 289쪽.

83 송민순,《빙하는 움직인다-비핵화와 통일외교의 현장》(창비, 2016), 182
    쪽.

84 찰스 프리처드 지음, 김연철·서보혁 옮김,《실패한 외교》(사계절, 2008),
    161~162쪽.

85 이종석,《칼날 위의 평화-노무현 시대 통일외교안보 비망록》(개마고원, 2014), 318쪽.

86 송민순,《빙하는 움직인다》(창비, 2016), 103쪽.

87 이종석,《칼날 위의 평화》(개마고원, 2014), 315쪽.

88 이종석,《칼날 위의 평화》(개마고원, 2014), 310~317쪽.

89 송민순,《빙하는 움직인다》(창비, 2016), 126쪽.

90 크리스토퍼 힐 지음, 이미숙 옮김,《크리스토퍼 힐 회고록: 미국 외교의 최전선》(메디치미디어, 2015), 307쪽.

91 크리스토퍼 힐 지음, 이미숙 옮김,《크리스토퍼 힐 회고록: 미국 외교의 최전선》(메디치미디어, 2015), 305~306쪽.

92 송민순,《빙하는 움직인다》(창비, 2016), 144쪽.

93 송민순,《빙하는 움직인다》(창비, 2016), 179~181쪽.

94 크리스토퍼 힐 지음, 이미숙 옮김,《크리스토퍼 힐 회고록: 미국 외교의 최전선》(메디치미디어, 2015), 304~305쪽.

95 송민순,《빙하는 움직인다》(창비, 2016), 111쪽.

96 크리스토퍼 힐 지음, 이미숙 옮김,《크리스토퍼 힐 회고록: 미국 외교의 최전선》(메디치미디어, 2015), 311~312쪽.

97 크리스토퍼 힐 지음, 이미숙 옮김,《크리스토퍼 힐 회고록: 미국 외교의 최전선》(메디치미디어, 2015), 312쪽.

98 스키타 히로키 지음, 이용빈 옮김,《미국의 제재외교-피 흘리지 않는 전쟁, 그 위력과 어두운 이면》(한울, 2021), 84쪽.

99 송민순,《빙하는 움직인다》(창비, 2016), 203~205쪽.

100 크리스토퍼 힐 지음, 이미숙 옮김,《크리스토퍼 힐 회고록: 미국 외교의 최전선》(메디치미디어, 2015), 312, 322쪽.

101 크리스토퍼 힐 지음, 이미숙 옮김,《크리스토퍼 힐 회고록: 미국 외교의 최전선》(메디치미디어, 2015), 319쪽.

102 송민순,《빙하는 움직인다》(창비, 2016), 203쪽.

103 스키타 히로키,《미국의 제재외교》(한울, 2021), 10, 90쪽.

104 크리스토퍼 힐 지음, 이미숙 옮김,《크리스토퍼 힐 회고록: 미국 외교의 최전선》(메디치미디어, 2015), 350~351쪽.

105 송민순,《빙하는 움직인다》(창비, 2016), 211쪽.

106 크리스토퍼 힐 지음, 이미숙 옮김,《크리스토퍼 힐 회고록: 미국 외교의 최전선》(메디치미디어, 2015), 316~323쪽.

107 크리스토퍼 힐 지음, 이미숙 옮김,《크리스토퍼 힐 회고록: 미국 외교의 최전선》(메디치미디어, 2015), 317~326쪽.

108 크리스토퍼 힐 지음, 이미숙 옮김,《크리스토퍼 힐 회고록: 미국 외교의 최전선》(메디치미디어, 2015), 312쪽.

109 송민순,《빙하는 움직인다》(창비, 2016), 211쪽.

110 〈조선민주주의인민공화국 외무성 대변인 담화〉,《조선중앙통신》, 2006년 10월 11일.

111 이혜정,《냉전 이후 미국 패권-자본주의와 민주주의, 전쟁의 변주》(한울, 2017), 50쪽.

112 김만복·백종천·이재정,《노무현의 한반도 평화구상-10·4 남북정상선언》(통일, 2015), 106쪽.

113 김만복 백종천 이재정 공저,《노무현의 한반도 평화구상》(통일, 2015), 107쪽.

114 송민순,《빙하는 움직인다》(창비, 2016), 403~404쪽.

115 〈노 대통령 '임기 얼마 안 남아도 남북정상회담 가능'〉,《한겨레》, 2007년 6월 15일 1면.

116 노무현, 남북정상회담 자문위원단과 회의, 2007년 9월 5일.

117 노무현, 남북정상회담 자문위원단과 회의, 2007년 9월 5일.

118 노무현재단 엮음, 유시민 정리,《운명이다-노무현 자서전》(돌베개, 2010), 263쪽.

119 노무현재단 엮음, 유시민 정리,《운명이다-노무현 자서전》(돌베개, 2010), 264~265쪽.

120 노무현재단 엮음, 유시민 정리,《운명이다-노무현 자서전》(돌베개, 2010),

264쪽.

121 유시민,《노무현 김정일의 246분-남북정상회담 대화록의 진실》(돌베개, 2013), 44~48쪽.

122 〈탑승객들 붉어진 눈시울…감격의 환성〉,《한겨레》, 2007년 5월 18일 3면.

123 임동원,《피스메이커》개정증보판(창비, 2015), 78~79쪽.

124 임동원,《피스메이커》개정증보판(창비, 2015), 473~474쪽.

125 통일부,《2009 통일백서》(통일부, 2009), 78~79쪽.

126 임동원,《피스메이커》개정증보판(창비, 2015), 500쪽.

127 임동원,《피스메이커》개정증보판(창비, 2015), 500쪽.

128 임동원,《피스메이커》개정증보판(창비, 2015), 501~502쪽.

129 임동원,《피스메이커》개정증보판(창비, 2015), 502쪽; 〈유엔사 '금강산관광 사전허가' 방침, 남북교류 간섭 '주권침해'〉,《한겨레》2002년 11월 30일 2면.

130 〈서울평양서 오늘부터 중점협의, 남북 도로철도 개통 막판 걸림돌 '군사분계선을 넘어라'〉,《한겨레》2003년 1월 21일 8면.

131 임동원,《피스메이커》개정증보판(창비, 2015), 501쪽.

132 〈장관 일행 외교 사절 DMZ행까지 막는 '유엔사 횡포'〉,《한겨레》2019년 11월 19일 1면.

133 〈장관 일행 외교 사절 DMZ행까지 막는 '유엔사 횡포'〉,《한겨레》2019년 11월 19일 1면.

134 이승만,〈국군통수권 이양에 관한 이승만 대통령의 각서 및 MacArthur 유엔군총사령관의 회한 1950.07.14 및 1950.07.16.〉, 외무부 보존문서.

3부

1 〈통일부 폐지…국회 통과 진통 예고〉,《한겨레》, 2008년 1월 17일 1면.

2 〈'반통일적 처사', 시민단체 반발〉,《한겨레》, 2008년 1월 17일 3면.

3 〈DJ '통일부 놔두면 나라 망하나'〉,《한겨레》, 2008년 1월 25일 8면.

4 〈이 대통령 '통일부, 대북협상 자세 바꿔야'〉,《한겨레》, 2008년 3월 27일
   1면.

5 《노동신문》, 2008년 4월 1일 논평.

6 국회 외교통상통일위원회 남북 경제협력 실태조사단 백서. 2011년 9월
   발간.

7 〈민간인 2명 피폭 사망 확인〉,《한겨레》, 2010년 11월 25일 1면.

8 《조선중앙통신》, 2010년 8월 30일.

9 Wit·Poneman·Gallucci 지음, 김태현 옮김,《북핵위기의 전말》(모음북스,
   2005), 315쪽.

10 〈위대한 수령 김일성동지께서 서거하신 것과 관련하여 미합중국 대통령
   이 조문성명을 발표하였다〉,《노동신문》, 1994년 7월 11일 3면.

11 김연철,《70년의 대화》(창비, 2018), 186쪽.

12 통일부,《2023 통일백서》(통일부, 2023), 261쪽.

13 임동원,《피스메이커》 개정증보판(창비, 2015), 491쪽.

14 임동원,《피스메이커》 개정증보판(창비, 2015), 492쪽.

15 임동원,《피스메이커》 개정증보판(창비, 2015), 492쪽.

16 《조선중앙방송》, 2002년 7월 25일.

17 황준호,〈서해 평화정착 구상과 공동어로구역 협상〉(북한대학원대학교 박사
   학위논문, 2022), 67쪽.

18 김대중,《김대중 자서전 2》(삼인, 2010), 469쪽.

19 김종대,《시크릿 파일 서해전쟁-장성 35명의 증언으로 재구성하다》(메디
   치미디어, 2013), 96쪽.

20 합참정보참모본부,《군사정전위원회 편람 제4집》(합참정보참모본부,
   1999), 451~454쪽.

21 〈조선인민군 총참모부 특별보도〉,《조선중앙방송》, 1999년 9월 2일; 〈조
   선인민군 해군사령부 중대보도〉,《조선중앙통신》, 2000년 3월 23일.

22 해군 누리집,〈천안함 '피격' 사건〉.

23 〈국정원, 무단으로 '대화록' 비밀해제…공개 강행〉,《한겨레》, 2013년 6월

25일 1면.

24 유시민,《노무현 김정일의 246분-남북정상회담 대화록의 진실》, 23~57
쪽.

25 〈박근혜 말 한마디로 개성공단 폐쇄됐다〉,《한겨레》, 2017년 12월 29일 1
면.

26 김연철, 〈개성공단 폐쇄, 12년 만에 무너진 공든 탑…갈 곳 잃은 한국 중소
기업의 절망 북한군 전진 배치로 인한 정세 불안만 남을 것〉,《한겨레21》,
1099호, 2016년 2월 22일.

27 〈개성공단 박창수 사장 이야기, 북측 노동자들과의 실랑이조차 그립습니
다〉,《한겨레》, 2016년 2월 20일 3~4면.

28 〈북 '김 위원장 17일 8시 30분 열차 안 서거'〉,《한겨레》, 2011년 12월 20일
1면.

29 〈김정은 집권 첫날 '세상에 좋다는 경제관리법 다 가져다 쓰라'〉,《한겨레》,
2019년 2월 12일 8면.

30 김정은, 〈조선로동당 중앙위원회 2013년 3월 전원회의에서 하신 보고〉,
《조선중앙년감 주체103(2014)》(평양: 조선중앙통신사, 2014), 23~27쪽.

31 이동복,《통일의 숲길을 열어가며 2》(삶과 꿈, 1999), 87~90쪽 참조.

32 김정은, 〈조선로동당 제7차 대회에서 한 당중앙위원회 사업총화 보고〉,
《노동신문》, 2016년 5월 8일 1~9면.

33 〈조선민주주의인민공화국 표준시간을 제정함에 대하여〉,《노동신문》,
2015년 8월 7일.

34 〈경애하는 최고령도자 김정은 동지께서 조선민주주의인민공화국 표준시
간을 다시 제정할 데 대하여 제의하시였다〉,《노동신문》, 2018년 4월 30
일 1면.

35 〈우리 식 사회주의 건설을 새 승리에로 인도하는 위대한 투쟁강령, 조선로
동당 제8차 대회에서 하신 경애하는 김정은 동지의 보고에 대하여〉,《노동
신문》, 2021년 1월 9일 1~6면.

36 이종석·최은주 편저,《제재 속의 북한경제, 밀어서 잠금해제》(세종연구소,

2019), 82쪽.

37 〈경애하는 최고령도자 김정은 동지께서 남조선대통령의 특사대표단 성원들을 접견하시였다〉, 《노동신문》, 2018년 3월 6일 1면.

38 〈35명이 만든 빙판 위 평화…하나 된 감동, 가슴에 남다〉, 《한겨레》, 2018년 2월 21일 9면.

39 한국갤럽 데일리 오피니언, 제293호, 2018년 2월 1주(1월 30일~2월 1일).

40 한국갤럽 데일리 오피니언, 제295호, 2018년 2월 4주(2월 20~22일).

41 박주화, 〈평창 동계올림픽 여자 아이스하키 단일팀에 대한 (절반의) 기억〉, 통일연구원 온라인 시리즈, 2021년 10월 20일.

42 〈35명이 만든 빙판 위 평화…하나 된 감동, 가슴에 남다〉, 《한겨레》, 2018년 2월 21일 9면.

43 김연철, 《70년의 대화》(창비, 2018), 176쪽.

44 〈단일팀 평화 메시지, 전 세계 기대 분단 세대들에 설명하고 미래 봐야〉, 《한겨레》, 2018년 2월 2일 5면.

45 〈조선로동당 위원장 김정은 동지께서 병진로선의 위대한 승리를 긍지높이 선언하시고 당의 새로운 전략적 로선을 제시하시였다〉, 《조선중앙통신》, 2018년 4월 21일.

46 〈조선민주주의인민공화국 핵무기연구소 성명〉, 《조선중앙통신》, 2018년 5월 25일.

47 〈력사적인 제4차 북남수뇌상봉 진행, 경애하는 최고령도자 김정은 동지께서 문재인 대통령과 또다시 상봉하시고 회담을 하시였다〉, 《노동신문》, 2018년 5월 27일 1~2면.

48 〈조선민주주의인민공화국 외무성 대변인 담화〉, 《조선중앙통신》, 2018년 7월 7일.

49 〈경애하는 최고령도자 김정은 동지께서 우리 나라를 방문한 미합중국 국무장관을 접견하시였다〉, 《노동신문》, 2018년 10월 8일 1면.

50 히가시 다이사쿠 지음, 서각수 번역, 《적과의 대화-1997년 하노이, 미국과 베트남의 3박4일》(동아시아, 2018), 217쪽.

51   〈조선로동당 위원장이시며 조선민주주의인민공화국 국무위원회 위원장
      이신 우리 당과 국가, 군대의 최고령도자 김정은 동지께서 제2차 조미수
      뇌상봉과 회담을 위하여 평양을 출발하시였다〉,《노동신문》, 2019년 2월
      24일 1면.

52   임동원,《다시, 평화》, 522쪽.

53   통일부,《북한 주요 인물정보 2022》(통일부 정세분석국 정치군사분석과,
      2022), 412쪽.

54   〈경애하는 최고령도자 김정은 동지께서 미국 워싱톤을 방문하였던 제2차
      조미고위급호담 대표단을 만나시였다〉,《조선중앙통신》, 2019년 1월 24
      일.

55   셀리그 해리슨 지음, 이흥동 외 옮김,《코리안 엔드게임》(삼인, 2003),
      321~323쪽.

56   〈'비운의 2인자' 북 장성택, 결국 반혁명분자 낙인〉,《연합뉴스》, 2013년
      12월 9일.

57   〈천하의 만고역적 장성택에 대한 조선민주주의인민공화국 국가안전보위
      부 특별군사재판 진행〉,《조선중앙통신》, 2013년 12월 13일.

58   〈조선노동당 중앙위원회 정치국 확대회의에 관한 보도〉,《조선중앙통신》,
      2013년 12월 8일.

59   〈라종일 '장성택의 길' 출간 기념 간담회 '재능 있는 폭군 김정일…장성택
      은 경계인'〉,《연합뉴스》, 2016년 3월 2일.

60   〈조선로동당 중앙위원회 제7기 제3차 전원회의 진행〉,《조선중앙통신》,
      2018년 4월 21일.

61   〈작은 충돌이 전쟁으로 번지지 않아야〉,《한겨레》, 2022년 10월 7일 4면.